『股票实战技巧经典作品系列』修订版

沪深股市专业投资原理

十炼成妖

修订版

花荣 著

经济管理出版社
ECONOMY & MANAGEMENT PUBLISHING HOUSE

图书在版编目（CIP）数据

千炼成妖——沪深股市专业投资原理/花荣著. —修订本. —北京：经济管理出版社，2019.5（2021.10重印）

ISBN 978-7-5096-6495-7

Ⅰ.①千… Ⅱ.①花… Ⅲ.①股票投资—基本知识—中国 Ⅳ.①F832.51

中国版本图书馆 CIP 数据核字（2019）第 058280 号

组稿编辑：陈　力
责任编辑：朱江涛
责任印制：黄章平
责任校对：赵天宇

出版发行：经济管理出版社
　　　　　（北京市海淀区北蜂窝 8 号中雅大厦 A 座 11 层　100038）
网　　址：www.E-mp.com.cn
电　　话：(010) 51915602
印　　刷：唐山昊达印刷有限公司
经　　销：新华书店
开　　本：720mm×1000mm/16
印　　张：20.75
字　　数：329 千字
版　　次：2019 年 6 月第 1 版　2021 年 10 月第 2 次印刷
书　　号：ISBN 978-7-5096-6495-7
定　　价：68.00 元

·版权所有　翻印必究·

凡购本社图书，如有印装错误，由本社读者服务部负责调换。
联系地址：北京阜外月坛北小街 2 号
电话：(010) 68022974　　邮编：100836

职业股民的七大使命
（代修订版序）

来股市的目的要明确。是来理财的，不是来赌博的；是来把你的优秀兑现成现金的，不是来当傻瓜还晚上睡不着觉的；是来改变命运实现财富自由的，不是一不小心扑通掉到井底有苦说不出的；是来让生活更美好像毒邪西毒那样的，不是来当柯镇恶大侠谁都打不过还谁都不服气的。

总而言之，来到股市，股民有下列七大使命，一条不能少，条条要做到。

一、在熊市跌势中保住本金

1. 牛市顶部的暴跌一定规避掉，这种暴跌最容易让人万劫不复

行为措施：在嫌疑指数位，要短线思维，要控制仓位，要注意进出的灵便性，要注意对冲措施，要设立最后防线。

2. 熊市过程中，必有阶段性的大跌，每隔一段时间就会来一次，这种大跌不仅会损失你的金钱，还会让你成为智商植物人

行为措施：在熊市过程中，要控制仓位，放弃常规化的技术分析、基本面分析，只做无风险套利和暴跌短线反弹，要防止老手死在反弹，出小错后赶紧清零，千万别被小错拖成大错。

3. 可能归零的交易品种不能碰，那些有小诱惑的可能归零品种更坏，常在悬崖边走，一定会掉崖

行为措施：可能归零的品种坚决不碰，短线也不行，小仓位也不行，另外在牛市顶部、熊市过程中，可能长时间停牌的股、进出困难的股也要万分警惕。

4. 加杠杆遇上暴跌，无论如何不能让自己遇到这种情况，尤其是对现状满意的人，杠杆最容易毁灭聪明人和已成功者

行为措施：不逆势上杠杆，杠杆只做顺势的短线，不做商品期货的重仓投机。

二、在大底部时做好准备

1. 要准备好备选品种

行为措施：选好绩优金融小盘股、借壳上市大概率股、低估的小盘次股、新高效率的转债。

2. 对时机有心理准备

行为措施：好的时机是，底部暴跌的指标股，底部放量的点火股，重要消息出台的利好股，成名机构有实力大股东的基本面稳健股。

3. 咬定无风险品种

行为措施：要注意效率，要分批定投，要坚持到底。

4. 耐心与灵活兼备

行为措施：持仓结合短线，股外结合股票，手段组合结合重点品种。

三、在一轮牛市中要发大财

1. 牛市一定不能辜负

行为措施：要根据上升到原理中线波段+短线爆破点，主流热点要参与。

2. 要适当的上短线杠杆

行为措施：要适当的短线用杠杆，要适当的运用社会资源。

3. 短线暴跌敢抄底

行为措施：主要是射击线强势股和前热点强势的暴跌股。

4. 跟上主流指数

行为措施：这部分的指数期货和指数基金也是很好的工具。

四、在牛市顶部要保住胜利果实

1. 一定要保住胜利果实

行为措施：控制仓位、短线操作、设立防范线、进出灵便、注意对冲，实在不行提前退场也可以。

2. 适当把握反向机会

行为措施：要注意反向品种的操作，要避免与救市措施对抗。

3. 做反弹一定细致

行为措施：做反弹一定要看准、耐心、分批，千万不能提前，提前了跟没逃顶一样会毁人的，不做反弹不算错。

4. 不要迷信消息或者其它因素

行为措施：只信止损防范线，其他的一概不信，他们斗不过熊，熊最大。

五、要有全天候获稳利的手段

1. 固定收益

行为措施：货币基金、逆回购。

2. 顺势做空收益

行为措施：股指期货只做顺势，只做波段爆破点。

3. 牛市要有效率

行为措施：牛市中要注意时间和效率。

4. 机构大户俱乐部

行为措施：不能闭关锁国，别人有优势资源的要借势。

六、要有异于业余股民的特殊合法手段

1. 交易手段

行为措施：要有合格机构投资者的交易权限。

2. 网下渠道

行为措施：网下渠道不能忽视，特别是好的定向增发、银行低价拍卖。

3. 信息渠道

行为措施：要会应用政府部门的网上审批平台。

4. 无成本杠杆

行为措施：无成本的杠杆要适当的拥有。

七、要活的比其他行业人有意思

1. 身体要比别人健康

行为措施：乒乓球、羽毛球、爬山要坚持到老。

2. 追求精神境界

行为措施：不断地设立一些新目标，为新目标努力。

3. 花钱买幸福

行为措施：别小气，花出去的钱才是自己的。

4. 不故步自封

行为措施：活到老，学到老，有新知识不惜代价要学会弄懂，不能落伍于时代。

《百战成精》《千炼成妖》出版后，深受读者欢迎，常销畅销。为了使得这两本书的质量更精益求精，本次对这俩本书的内容做了一次修订，以此文为修订版的序。

花　荣

2019 年 4 月

序言一 修身，投资，助人，玩天下

证券投资是个伟大的职业，也是个异常"毁人"的职业，如果你是股市投资者，对此一定感受颇深。

现代社会，每个人都有事业和财富的梦想。相对来讲，男人，年轻人，更需要一份责任，你的成功与否，决定着一个家庭的生活质量。如果你没有一个有钱的父亲，也没有遇上一位家财万贯的公主，那么你别无选择，只有想办法让你自己成为一个有钱的父亲，让你的女儿成为骄傲的公主。

这样，"修身，投资，助人，玩天下"就成了现代人的必要过程和最终目标！

无疑，我们生活在一个不可预见的社会，生活在一个意外之财随时出现的时代，没有人能无视"财富非常道"这一事实。要想获得人生中的这种"非常财富"，希望自己幸运的人们必须学会新的生存方式，及时顺应社会发展的新变化。

我们目睹了21世纪的快速发展，20世纪80年代，"万元户"是令人羡慕的一个称号，而现在1万元早已不是个新奇的数字，许多人一个星期就可能轻松赚到。在瞬息万变的社会环境下，死守着一份打工薪水是不够的，必须想办法获得第二份或者其他更快捷一些的收入。

股市则给稳健者提供了第二份薪水，给聪明人提供了更快捷的收入可能。

大多数中国人更注重传统知识的学习，而忽视胆识的积累。而"修身，投资，助人，玩天下"正是胆识积累和精彩人生的四步骤。

笔者作为中国第一代职业操盘人士，长久以来一直想写一部中国股市专业投资原理的技术书籍，精研理论和亲身经历都是股民积累胆识、运气和提高技能不可或缺的途径。

如果你爱他，送他去股市，那里是天堂；如果你恨他，送他去股市，那里是地狱！

在纷繁的股市秘闻中，精英投资高手总是最变幻莫测、最引人关注的人物。人们对于这些处于股市食物链最上端的猎食者又爱又恨，职业操盘手的命运在中国股市中有很强的传奇性和神秘性，一般人很难接触到，而本书总结的正是他们炒股的独到思想、纪律和原则。

没有品尝过牛市的浓浓烈酒，没有经历过熊市的漫漫长夜，就很难说对资本市场有充分而全面的了解。

淘尽黄沙始见金，股市交易史如一条不息的川流。江面的波澜与涟漪，或许更能吸引眼球，但真正的负重致远，却还在深层厚处。

股海江湖上的高手，莫不是从无数的激烈战斗中成长起来的。他们在股海江湖上翻过风，起过浪，也被风刮过。被浪冲过的人都知道，股海江湖其实是一条惨烈的金色大道，看上去全部是金银珠宝，上了阵却需流血拼杀。

股海江湖上风云诡奇，谁有一套听风观浪的绝技，谁就可以在这股海中捞上几笔。股海自有黄金屋，股海自有颜如玉，但是如果没有正确的理论指导，没有上乘的武功研习，恐怕股海就不那么温柔了，美人鱼会变成大鳄鱼的。

本书是笔者多年炒股心得的浓缩总结，希望有缘、有慧根的人读完本书后，在"修身，投资，助人，玩天下"的途中少走些弯路，在股海中让自己少流些血，多钓几条能为自己带来自由的"大金鱼"。

为了生活的精彩、家庭的幸福，把你的潜能多贡献出来一些吧！

百战成精，千炼成妖，成精成妖之前最起码要做到百看不糊涂吧？

休闲工程师

花 荣

序言二　股市投资是美好的职业

一位财经记者问股海大鳄安德烈·科斯托拉尼："您希望您的儿子做股市投资者吗？"

回答：假如我只有一个儿子，我将把他培养成为音乐家。假如我有第二个儿子，我将把他培养成画家。假如我有第三个儿子，我将把他培养成作家或记者。而假如我有第四个儿子我一定要把他培养成投资者。因为总要有一个人养活他的三个穷哥哥。

股市投资者是多么高贵的职业啊！他可以超越尘世的喧嚣，置身于自己的独立意志之中。他可以随身带着他的赚钱工具：一台看行情、下买卖单的电脑，也许还有一份操盘手册《百战成精》，他没有老板，也没有雇员，他可以随心所欲地支配自己的时间，可以想干自己一切想干的事情，吃、喝、玩、乐、游、秀、骂等。

人不一定要富有，但一定要独立。当然，富有也是很重要的。所以，要做股市投资者，就要做一个成功的股市投资者。要成为一个成功的股市投资者，就必须学会"自我造钱"的本领。把你的金钱种子投在神奇的股市里，然后很快地收回更多的钱。这样的生活多么值得人们去追求，许多人也会因此羡慕你、效仿你、帮助你、嫉妒你。

投资者是一个美好的职业，但是追求任何美好的东西都是需要付出代价的，做一个股市投资者也是这样。要想做一个合格的股市投资者，就必须学会像孙悟空那样的七十二变，会腾云驾雾，会耍金箍棒。也就是说，要当人间神仙，就得先修成神仙的武功。股市投资者武功的最高境界是"超级系统""盲点获益""热点投资""人生赌注股""凌波微步"。

有缘人即将阅读的是一本专门讲述关于股市投资者修炼武功的技术读本。与其他讲解股市投资技术的书籍不同，本书涉及股市最优投资技术的理论。其中的主要内容代表了中国股市投资技术的"少数人"的水平。其核心思维是许多先驱付出了难以想象的代价铸成的。有缘的读者如果能够在这些高级投资技术上多下些工夫，同时清醒地认识自己，可能会有意想不到的收获。

好书改变命运，智慧创造人生！投资岁月，快乐者一点儿也不痛，但是如果武功不到家时，有时也会很痛。

事实已经证明，读有用书，需要多读、多理解、多琢磨；练成某项高级武功，也需要一些时间的反复磨砺，这种努力是值得的，也是成为股市"斗战胜佛"的必经之路。

美好的未来在等着我们！下面就让我们跟随老投资侠客们的最优投资思维，踏上一条崭新的、神奇的、充满诱惑的投资之路吧！

来吧，伙计，不要客气！

股市投资者

花　荣

目 录

上篇　独门技

第一部分　花狐狸系统 / 003

花狐狸系统第一式　操作系统的结构及设计 / 003
花狐狸系统第二式　花狐狸系统的设计原理 / 011
花狐狸系统第三式　常用选股方法的核心思维 / 014
花狐狸系统第四式　股市常见盈利机会汇总 / 017
花狐狸系统第五式　股价下跌情况的不同分类 / 020
花狐狸系统第六式　盘局阶段的短线投资术 / 022
花狐狸系统第七式　综合指标排名表实战总结 / 025
花狐狸系统第八式　实战买卖应变操作原则 / 028
花狐狸系统第九式　短线动态异动快速获益法 / 031
股海加油站 / 035

第二部分　弱势子系统 / 037

第一章　高概率收益 / 037

高概率收益第一式　国债逆回购 / 037

高概率收益第二式　场内交易货币基金 / 040

高概率收益第三式　债券和债券基金 / 042

高概率收益第四式　可转债 / 045

高概率收益第五式　双轨价格 / 047

高概率收益第六式　现金选择权 / 049

高概率收益第七式　要约收购 / 052

高概率收益第八式　ETF 基金 / 054

高概率收益第九式　新股申购 / 057

股海加油站 / 059

第二章　戏熊术 / 061

戏熊术第一式　春雷惊蛰 / 061

戏熊术第二式　绝地反击 / 064

戏熊术第三式　诏令天下 / 066

戏熊术第四式　公增博弈 / 068

戏熊术第五式　债股博弈 / 070

戏熊术第六式　老鼠偷油 / 072

戏熊术第七式　敬小爱新 / 074

戏熊术第八式　绝地苍狼 / 076

戏熊术第九式　土鸡变凤 / 078

股海加油站 / 080

第三部分　强势子系统 / 081

第一章　短线投资 / 081

短线投资第一式　顺手牵龙 / 081

短线投资第二式　堆量王子 / 083

短线投资第三式　多线开花 / 085

短线投资第四式　树旗造梦 / 087

短线投资第五式　回马拖刀 / 089

短线投资第六式　逆流勇进 / 091

短线投资第七式　猛龙翻江 / 094

短线投资第八式　涨停贯日 / 096

短线投资第九式　顺风袖箭 / 098

股海加油站 / 100

第二章　中线波段 / 103

中线波段第一式　顺风行船 / 103

中线波段第二式　当红大神 / 106

中线波段第三式　流行时尚 / 108

中线波段第四式　虎贲铁军 / 110

中线波段第五式　饿虎出笼 / 112

中线波段第六式　土鸡变凤 / 115

中线波段第七式　利空逆反 / 117

中线波段第八式　愤怒小鸟 / 119

中线波段第九式　传统股性 / 121

股海加油站 / 123

第四部分　通用子系统 / 125

第一章　猎庄狐狸 / 125

猎庄狐狸第一式　破解主力 / 125

猎庄狐狸第二式　螺旋桨王 / 128

猎庄狐狸第三式　公募基金 / 130

猎庄狐狸第四式　定增机构 / 133

猎庄狐狸第五式　券商自营 / 135

猎庄狐狸第六式　市值管理 / 137

猎庄狐狸第七式　信托基金 / 140

猎庄狐狸第八式　职业主力 / 142

猎庄狐狸第九式　价值投资 / 145

股海加油站 / 148

第二章　题材王 / 149

题材王第一式　天掉馅饼 / 149

题材王第二式　黄道吉日 / 151

题材王第三式　夺宝大战 / 153

题材王第四式　鸡犬升天 / 155

题材王第五式　含权获益 / 157

题材王第六式　乌鸡变凤 / 160

题材王第七式　年报题材 / 162

题材王第八式　融资博弈 / 164

题材王第九式　题材逻辑 / 166

股海加油站 / 168

第五部分　补丁子系统 / 169

第一章　超限侠 / 169

超限侠第一式　股指期货 / 169

超限侠第二式　新股实战 / 172

超限侠第三式　杠杆基金 / 174

超限侠第四式　融资实战 / 176

超限侠第五式　融券实战 / 178

超限侠第六式　权证实战 / 180

超限侠第七式　ST股实战 / 182

超限侠第八式　盘中选股 / 185

超限侠第九式　开盘选股 / 187

股海加油站 / 189

第二章　金补丁 / 191

金补丁第一式　投资要素 / 191

金补丁第二式　投资逻辑 / 194

金补丁第三式　投资博弈 / 196

金补丁第四式　投资准星 / 198

金补丁第五式　投资系统 / 200

金补丁第六式　次级强震 / 202

金补丁第七式　特别时间 / 205

金补丁第八式　通用指标 / 207

金补丁第九式　国债期货 / 210

股海加油站 / 212

第六部分　风控子系统 / 213

风控王第一式　拜熊为友 / 213

风控王第二式　空趋无量 / 215

风控王第三式　利好出尽 / 217

风控王第四式　熊市轮跌 / 218

风控王第五式　箩筐套鸟 / 220

风控王第六式　天灾人祸 / 222

风控王第七式　铁钩钓鱼 / 224

风控王第八式　趁火打劫 / 225

风控王第九式　恶性圈钱 / 227

风控王第十式　退潮裸身 / 229

风控王第十一式　主力无奈 / 230

风控王第十二式　彩色泡沫 / 232

风控王第十三式　战场哗变 / 234

股海加油站 / 236

下篇　千年狐

第一部分　人物志 / 239

旺夫术——红拂 / 239

女侠——聂隐娘 / 243

智侠——红线 / 246

一等男人——王阳明 / 248

超限师——侯景 / 252

解套大师——布扎蒂 / 261

沙陀人——石敬瑭 / 264

咸鱼翻身——耶律大石 / 270

歌手——王杰 / 275

没法说——李成栋 / 277

海盗——汪直 / 282

不倒翁——冯道 / 288

桃花扇——李香君 / 294

股海加油站 / 296

第二部分　孙子兵法 / 297

计　篇 / 297

作战篇 / 298

谋攻篇 / 299

军形篇 / 301

兵势篇 / 302

虚实篇 / 303

军争篇 / 305

九变篇 / 307

行军篇 / 308

地形篇 / 310

九地篇 / 311

火攻篇 / 314

用间篇 / 315

股海加油站 / 316

最后的话 / 319

上篇
独门技

我已经闻到了血腥味,什么东西能让人长生不老,神通广大,自由自在?让我们去寻找自己的猎物吧!

第一部分 花狐狸系统

> **关键语：**
> 股市，没有用兵布阵，一样两军对垒；没有刀光剑影，一样充满杀机；没有硝烟弥漫，一样惊心动魄。
> 花狐狸投资系统中最重要的一个概念是：了解哪些事情是必然事件、不可能事件、随机事件、高概率事件。我们倡导的投资活动是：不放过必然事件，不触碰不可能事件，关注高频率组合高概率事件，尊重随机事件。你做的每笔交易及其结果，属于哪个事件，你都必须清楚并应该事先有网状习惯规划。

花狐狸系统第一式 操作系统的结构及设计

股市操作系统是投资者管理股市机会与控制风险的原则和方法，是投资者与无形之手博弈时为争取胜利而必须遵守的行为纪律，是股侠高手长久智慧与经验的有效积累与应用，是职业杀手兵来将挡、水来土掩的武器和兵法。

能否拥有一套既能切合客观实际又能熟练应用的股市操作系统，是区分职业投资者与业余消费者的重要标志。也就是说，拥有适合自己的有效操作系统的炒股人是合格职业投资人，他们有可能依托股市用智慧猎取金钱与自由；缺乏适合自己的有效操作系统的炒股人为股市赌客，赌客在股市中存在的意义是娱乐消费和爱心捐献，且久赌必输。

一、操作系统结构的构成

股市操作系统由控制系统与子系统两部分组成。

我们用收音机的功能结构来比喻形容，这样更容易理解。

（一）控制系统

控制系统相当于收音机的开关（开关能够控制收音机是否通电应用，以及音量的大小），根据市场的多空背景情况或者投资者自身能力的情况，决定此时是否操作，以及决定投资者操作时持仓量的大小。

（二）子系统

子系统相当于收音机的频道（中波、短波，以及选择交通台、音乐台还是体育台等），投资者根据市场的波动特征，决定自己应采取什么样的具体投资行为，使用哪种兵器和何种打法。

控制系统解决"干不干"和"干多少"的问题，也就是解决选时和持仓量的问题。子系统解决"干什么"以及"怎样干"的问题，也就是解决选股和持仓方式（短线、中线）的问题。

二、建立操作系统的目的

建立自己的股市操作系统，其目的是：最大可能地抓住获利机会，最大可能地规避风险，并兼顾两者。好的操作系统应能抓住明显机会，规避明显风险，持续应用当能持续稳健获利，并能保证自己活得还不错。在市场弱势时获利，不亚于其他多数行业的收益；在市场强势时获暴利，超越其他多数行业的收益。

三、完善操作系统的意义

创建自己的操作系统是投资者入门和出师的必要途径。操作系统的骨干内容是稳定的，而枝节会随着市场的变化而进行删减和增补，删减和增补的过程也是投资者提高自己武功的过程。

四、花狐狸股市操作系统

笔者股海生涯20多年，几乎所有大家熟悉的投资方法笔者都尝试过，感觉太多的方法是在赌运气，靠天吃饭，缺乏稳定持续性。直至总结出自己的股市操作系统，心态才处于"有知者无畏"的平和状态，并且借此解决了自己的自由问题，实现了快乐投资，成为三好股民——炒得好，睡得好，玩得好！

（一）控制系统

花狐狸操作系统的控制系统由 4 个关键因素构成：大盘成交量、30 日均线趋势、MACD 技术指标、有效题材。由这 4 个因素来定义市场所处周期的强弱以及即时的操作应对策略。

1. 强势周期

当沪市大盘的成交量持续超过 1500 亿元，且沪市 30 日均线呈现多头趋势时，我们定义这个时期的市场为活跃强势周期，投资获利的概率比较高。这个时候的操作策略是，长多短空，追击高效率活跃强势股，多股车轮战，主要目标是那些处于相对低位的强势异动股、即时题材股、强势筹码集中活跃股，配合量能（换手率）选股法，持仓比例大数概率原则设定为 1∶1。

"1∶1"的具体解释是，当市场处于强势的时候，第一个"1"代表先买进总资金 50%的股票。已经盈利 3%以上的股票可以视作资金，此时可以用纯现金继续开新仓买股票，也可以补仓处于浅套但依然有潜力的股票，直至股票满仓。当持有的股票短线涨幅过大，则进入调整期时可以选择卖掉换股。第二个"1"代表被套的股票持仓量超过总资产的 50%时要谨慎重新分析市场和审视自己的状态，剩下 50%的资金只有等到大盘再次明显强势时才能继续投入，否则风险将失去控制。

2. 弱势周期

当沪市大盘的成交量持续低于 800 亿元，且沪市 30 日均线呈空头趋势时，我们定义这个时期的市场为低迷弱势周期，投资获利的概率比较低。这个时候的操作策略是：逢高减仓，逢低观望，暴跌短线抢反弹。长空短多，短多时只做一只股票，主要目标是超跌反击股、即时题材股，持仓比例大数概率原则可设为 0∶1∶1∶2。

"0∶1∶1∶2"的具体解释是，当市场处于弱势的时候，即使大盘具有反弹的可能性，"0"代表不做不算错；第一个"1"代表当市场出现反弹征兆时，只能投入资产的 25%做反弹，如果做反弹成功则减仓等待下次机会；第二个"1"代表如果第一次抢反弹失败被套，只能动用资产的 25%资金救一次，不管是否成功，都要尽快地清仓，保持持币状态；"2"代表在熊市中，必须要保持50%以上的资金做绝对高概率收益的品种。

3. 中性周期

当沪市大盘的成交量持续为800亿~1500亿元时，且沪市30日均线呈多头趋势（横向趋势也可）时，我们定义这个时期的市场为中性平衡周期，投资获利的概率为中性。根据均线系统和MACD指标给出的高低指示，以适当资金量进行低吸高抛短线投机，做熟悉的少数股票，主要目标是强势回调到位股、即时题材股，持仓比例大概率原则设为1∶1∶1。

"1∶1∶1"的具体解释是，第一个"1"代表当市场处于中性的时候，第一次低吸投入的资金只能占总资产的1/3，用这1/3的资金高抛低吸地做短线；第二个"1"表示只有在特别明显的超短线机会时，才能再投入总资产的1/3买股票，这部分资金的运用要格外严格；第三个"1"表示剩下的1/3资产应该做无风险的固定收益。

4. 特殊周期

这里的特殊周期，主要是指数处于极端的顶底部区域的时期，以及大盘强势转向弱势或者弱势转向强势的转折时期。

当市场的市盈率达到60倍以上的时候，属于高位泡沫区，见顶后的市场很容易出现股灾，此时只能控制持仓量而短线操作，并要做好随时清仓的准备。当市场出现批量的分红满意的上市公司时，此时可以对分红满意的公司、小盘绩优成长公司进行价值投资。

30日均线是强势多头趋势市场的支撑线，是弱势空头市场的压力线，是高位多翻空的最后止损线，是低位空翻多的最后出击线。

支撑线和止损线的判断，压力线和转势线的区分，要考虑当时市场的气势和氛围，也要考虑当时的价量关系。价涨量增、价跌量增通常是趋势有效的特征，价涨量平、价跌量缩为趋势不可靠。

重大系统性消息的出现，常常会使得市场发生重大变化。对于这类消息一定要重视，因为它可能会改变大盘的趋势性质，甚至构造重大趋势反转。

（二）子系统

花狐狸系统的子系统分为弱势子系统、强势子系统、通用子系统、补丁子系统、风控子系统。

控制系统的功能是选时控制持仓量，子系统的功能是积累捕捉有效机会的招数。

五、花狐狸系统结构示意图

花狐狸操作系统的投资思想可浓缩为时间确定，价格确定！这个确定性是你可以接受的。

大概率投资的核心要素是：重复的品种组合，或者次数组合，必然使得你的投资结果落在那个希望的概率上。

系统操作的核心要素是：成交量是动能，均线指向是趋势，MACD指标提示相对高低位，题材是第一生产力。

图1-1是花狐狸系统的结构示意图。笔者认为，建立自己的操作系统，随着市场的变化改善微调自己的操作系统，是投资者入门功夫，是保持和提高投资者股海功夫的很好手段。

为了更清晰地了解投资操作系统，投资者有必要画出自己的操作系统图，并根据市场变化和自己的能力变化，对自己的操作系统进行修改、强化和简化。

图1-1~图1-4是花狐狸操作系统的4种表现方式，基本上包含了笔者的全部股市操作理论。

(a)

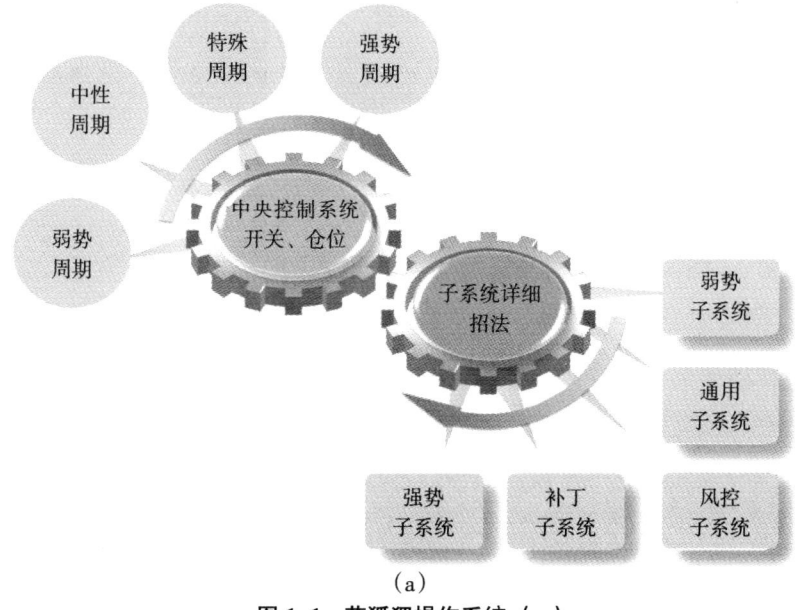

图1-1 花狐狸操作系统（一）

强势周期
- 成交量持续超过 1500 亿元
- 30 日均线呈现多头趋势
- 操作策略：长多短空，追击高效率活跃强势股，多股车轮战
- 持仓比例 1∶1

弱势周期
- 成交量持续低于 800 亿元
- 30 日均线呈现空头趋势
- 操作策略：逢高减仓，逢低观望，暴跌短线抢反弹
- 长空短多，短多时只做一只股票
- 持仓比例 0∶1∶1∶2

中性周期
- 成交量持续在 800 亿~1500 亿元波动
- 30 日均线呈现多头趋势（横向趋势也可）
- 以适当资金量进行低吸高抛短线投机，做熟悉的少数股票
- 持仓比例 1∶1∶1

特殊周期
- 市场的市盈率达到 60 倍以上，高位泡沫区，控制持仓量而短线操作，并要做好随时清仓的准备
- 市场出现批量的分红满意的上市公司，可以对分红满意的公司、小盘绩优成长公司进行价值投资

(b)

操作子系统

弱势子系统
高概率收益
- 国债逆回购
- 场内交易货币基金
- 债券和债券基金
- 可转债
- 双轨价格
- 现金选择权
- 要约收购
- ETF 基金
- 新股申购

戏熊术
- 春雷惊蛰
- 绝地反击
- 诏令天下
- 公增博弈
- 债股博弈
- 老鼠偷油
- 敬小爱新
- 绝地苍狼
- 土鸡变凤

强势子系统
短线投资
- 顺手牵龙
- 堆量王子
- 多线开花
- 树旗造梦
- 回马拖刀
- 逆流勇进
- 猛龙翻江
- 涨停贯日
- 顺风袖箭

中线波段
- 顺风行船
- 当红大神
- 流行时尚
- 虎贲铁军
- 饿虎出笼
- 土鸡变凤
- 利空逆反
- 愤怒小鸟
- 传统股性

通用子系统
猎庄狐狸
- 破解主力
- 螺旋桨王
- 公募基金
- 定增机构
- 券商自营
- 市值管理
- 信托基金
- 职业主力
- 价值投资

题材王
- 天掉馅饼
- 黄道吉日
- 夺宝大战
- 鸡犬升天
- 含权获益
- 乌鸡变凤
- 年报题材
- 融资博弈
- 题材逻辑

补丁子系统
超限侠
- 股指期货
- 新股实战
- 杠杆基金
- 融资实战
- 融券实战
- 权证实战
- ST 股实战
- 盘中选股
- 开盘选股

金补丁
- 投资要素
- 投资逻辑
- 投资博弈
- 投资准星
- 投资系统
- 次级强震
- 特别时间
- 通用指标
- 国债期货

风控子系统
十三式
- 拜熊为友
- 空趋无量
- 利好出尽
- 熊市轮跌
- 笋筐套鸟
- 天灾人祸
- 铁钩钓鱼
- 趁火打劫
- 恶性圈钱
- 退潮裸身
- 主力无奈
- 彩色泡沫
- 战场哗变

(c)

图 1-1 花狐狸操作系统（一）（续）

第一部分　花狐狸系统

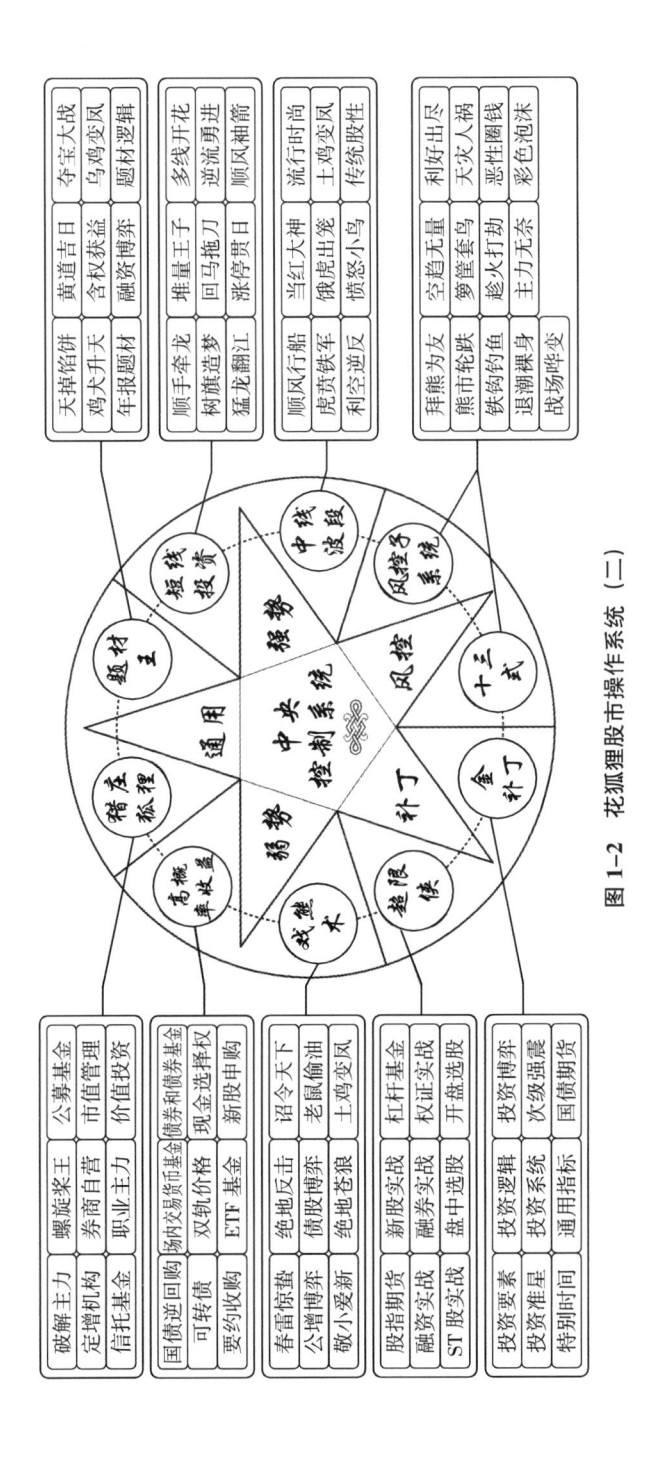

图 1-2　花狐狸股市操作系统（二）

上部标签（从左至右各组）：

- 天赐馅饼／鸡犬升天／年报题材　——　黄道吉日／合权获益／融资博弈　——　夺宝大战／乌鸡变凤／题材逻辑
- 顺手牵龙／树旗造梦／猛龙翻江　——　堆量王子／回马拖刀／涨停贯日　——　多线开花／逆流勇进／顺风袖箭
- 顺风行船／虎贲铁军／利空逆反　——　当红大神／饿虎出笼／愤怒小鸟　——　流行时尚／土鸡变凤／传统风格
- 拜熊为友／熊市轮收／铁钩钓鱼／退潮裸身／战场哗变　——　空箱无量／萝筐套鸟／趁火打劫／主力无奈　——　利好出尽／天灾人祸／恶性圈钱／彩色泡沫

中央八芒星标签：
- 中央控制系统（通用）
- 题材王／趋势／波段／风控多系统／十三式／金补丁／超限侠／战略术／高抛低吸王／猎庄猫／极级投资

下部标签（从左至右各组）：

- 破解主力／定增机构／信托基金／可转债／要约收购　——　螺旋桨王／券商自营／职业主力　——　公募基金／市值管理／价值投资
- 国债逆回购／场内交易币基金和债券／双轨价格／ETF 基金　——　现金选择权／新股申购
- 春雷惊蛰／公募博弈／敬小爱新　——　绝地反击／债券博弈／绝地苍狼　——　诏令天下／老鼠仓油／土鸡变凤
- 股指期货／融券实战／ST 股实战　——　新股实战／盘中选股／权证实战／开盘选股　——　投资博弈／投资逻辑／投资系统／投资准星／特别时间　——　次级强震／国债期货／通用指标

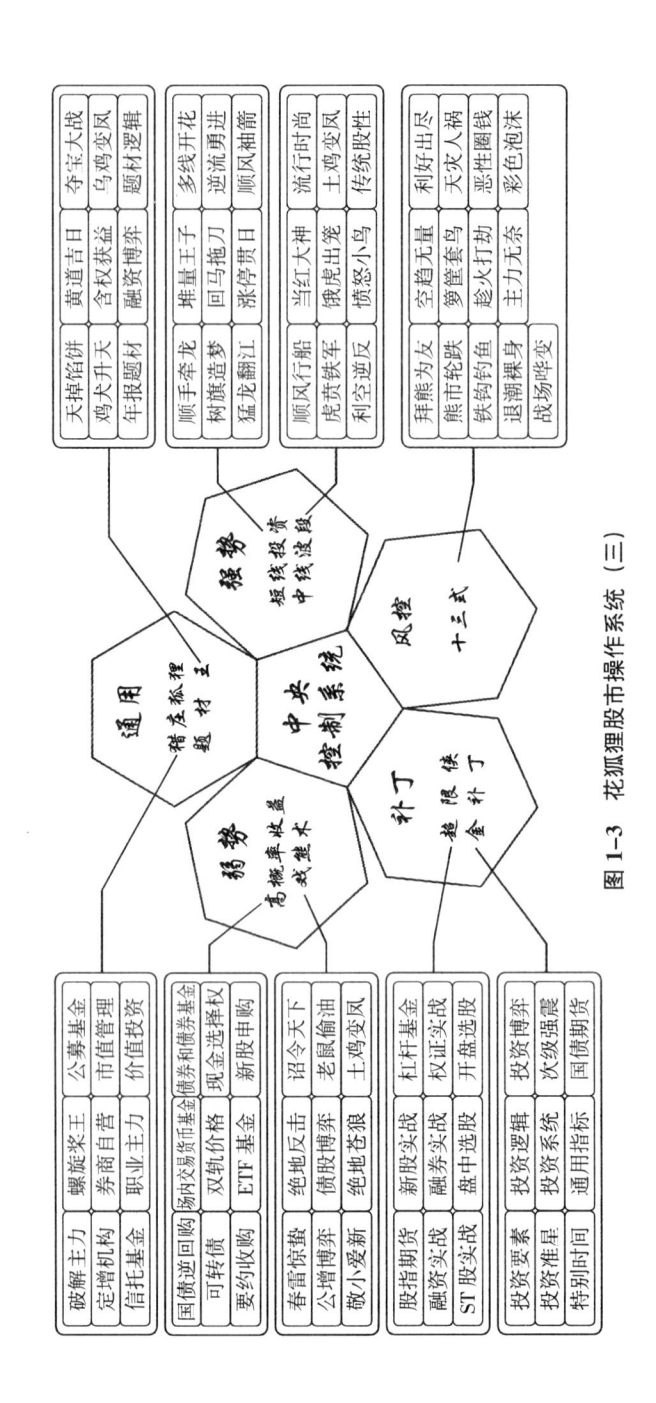

图 1-3 花狐狸股市操作系统（三）

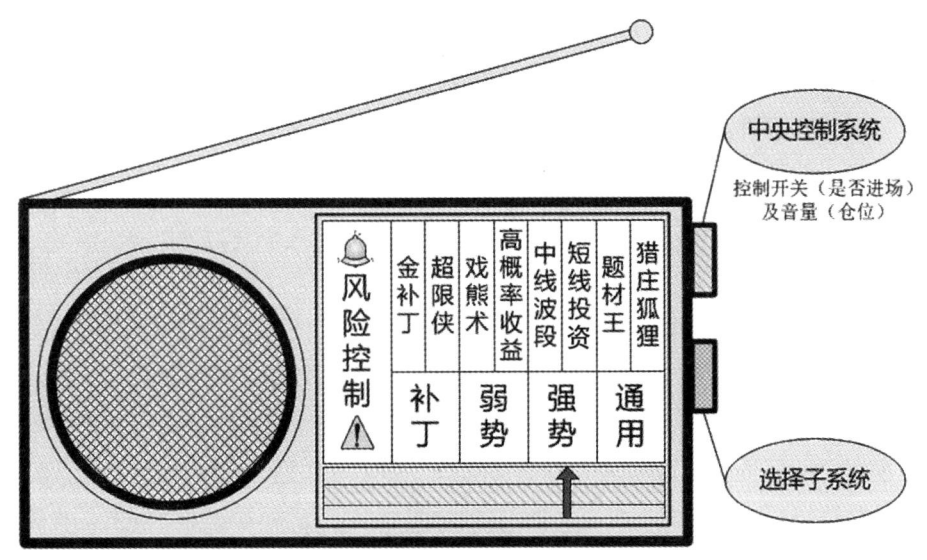

图 1-4 花狐狸股市操作系统（四）

花狐狸系统第二式
花狐狸系统的设计原理

每个人的处境、追求、经历、认识、能力都是不同的，因此每个人喜欢的股市操作系统也必然是不同的。从理智上说，对现状满意者应追求稳健，对现状不满意者应追求变化，拥有资源者使用资源和智慧，未拥有资源者使用勤劳和智慧。但总体来说，建立操作系统的目的是使自己的投资行为更合理、更理智、更容易实现自己的追求，而不是让自己变为"股神"——股市神经病。

一、花狐狸系统的设计出发点

（一）追求大概率

投资者希望做简单容易的事情，做了就尽量赚钱，不冒无谓的风险，追求有知者无畏，确定性投资，稳定可持续性投资，快乐投资！

为了保证大概率，花狐狸系统是顺势的思维，先看大盘后考虑个股，只在市场总体处于强势、大多数股票处于上涨的时候才进行操作。

在大盘强势时，为了与大盘一致，投资者应采用多品种的策略。超越大盘主要依靠选股能力和短线波段复利的自然科学手段。

操作自己熟悉的可控的机会，在市场处于不明朗的时候，在场外观望。即使是成熟机会，也要依据分批投入资产的原则，采取应对市场的策略。

（二）实战忌讳

反对情绪化操作，比如说有压力的操作，证明自己的操作，有扳本情绪的操作，赌气争胜的操作。不要预测市场、不追求完美，放弃难度大的投资方法，比如说逆势的价值投资，逆势的不管大盘炒个股，归零游戏，波浪理论，时间之窗，夜观天象，等等。不是说这些方法不好，而是学习和把握的难度太大，不适合普通的凡夫俗子，也不合适笔者自己。

坚决反对幻想赌博，不可控的消息传闻必须服从操作系统的指引，犹豫不决的时候接受静止的可接受的结果，不能让资产处于风险失控的状态。

错过机会不是错，勉强冒险是大错！

二、花狐狸系统的技术保障因素

（一）最常用选时工具

1. 大盘成交量的意义

大盘成交量的大小，代表着市场交投活跃度。本书认为，在绝大多数情况下，市场的成交量大，代表着系统机会大而风险相对较小，是投资者入场的适合时机。

花狐狸操作系统引入的是沪市大盘成交量的概念。写作本书时的关键成交量界限数字是 800 亿~1500 亿元。其实 800 亿元和 1500 亿元这两个数字并不是一成不变的，操作系统的设计者可以根据市场的容量变化，利用统计学的统计结果设定不同时期的强势、弱势和均衡市的定义，投资者也可以根据市场指数的高低，以及自己把握机会能力的强弱进行适当的微调。但是这种微调不能是随意和频繁的，尤其是初学操作系统的投资者。

成交量界限数字定得越高，说明系统防范风险的意识越高。

目前，市场中的指数逐渐多样化，比如上证综合指数，沪深 300 指数，深证成份指数，深证中小板综合指数，深证创业板综合指数，未来还会有国际板指数。随着市场容量的变化和周期演变，可能会出现在某段时间，某一个指数的走势会明显强于其他指数，这时可以专门为这个指数的成份股操作设定一个临时的操作系统。

2. 大盘 30 日均线的意义

大盘 30 日均线的趋势预示着大盘最有可能的趋势。当大盘 30 日均线处于多头趋势时，指数非破坏性的下跌，容易在 30 日均线附近处获得支撑；主流板块出现第一次急跌时，获得反弹的机会较大。当大盘 30 日均线处于空头趋势时，指数非决定性的上涨，容易在 30 日均线附近处出现压力；指数出现突然性的量能不充裕的急涨时，"一日游"的可能性比较大。

短线敏感者也可以用 10 日均线作为短线的操作参考，大盘股的趋势有时是沿着 60 日均线发展的。

3. MACD 指标的意义

大盘强势背景的时候，常用技术指标的买进信号常常比较有参考意义；大盘弱势背景的时候，常用技术指标的卖出信号常常比较有参考意义；大盘横盘背景的时候，常用技术指标的买进信号对强势股比较有参考意义，卖出信号对弱势股比较有参考意义。

许多有经验的投资客最喜欢用的技术指标就是 MACD，并把它作为成交量和均线趋势的细化指标。

4. 题材是第一生产力

题材消息是快速扭转人们原有看法，改变供求关系的最重要因素。在沪深股市，技术面服从基本面，基本面服从主力面，主力面服从题材面，题材是第一生产力。

对于个股来说，题材更是选股时必须考虑的因素。

（二）次级回荡判断工具

当市场处于强势时，大批的股票涨停，甚至连续涨停后，指数容易出现短线急速调整；当市场处于弱势时，大批的股票跌停，甚至连续跌停后，指数容易出现短线急速反弹。

三、子系统的修正

主控系统的主要功能是防范风险，子系统的主要功能是捕捉机会。子系统中的招数，有时会发生一些变异，此时需要阶段性的修正和补充。

子系统由通用技术和独特绝招构成。在使用具体招数的时候，不能忘记大盘背景因素，以及网状思维。

在投资领域，成功者的共性经验是：先有能力才有信息，有了信息就有信心，信心又会带来好运。

花狐狸系统第三式
常用选股方法的核心思维

职业投资客选股的时候，比较重视下面几个因素：即时活跃性、热点题材性、主力能量性、股性习惯、投资者的目的。

一、效能最重要

投资客都希望买进的股票在短时间内就能上涨，甚至涨停或者连续大涨。因此，他们选股的时候，考虑的第一个因素就是即时的活跃性。

大盘的分时线可以分为大盘股线和小盘股线。在指数处于短线强势时：

（1）如果大盘股更强劲，选股应该在成交量总排名靠前的股票中选择。

（2）如果小盘股明显是强势板块，选股应该在换手率排名靠前的股票中选择。

（3）个股最近一段时间的量能也很重要，最近一段时间成交量持续比较大的股票，平均活跃性应该高于成交量不活跃的股票。

（4）适当考虑 30 日均线对股价的弹力作用，以及 MACD 的金叉作用。

二、题材是第一生产力

股价涨跌的最直接因素是供求关系，而题材是改变股票短期供求关系的最常见、最有效的因素，选股时一定要考虑到题材的重要性，同时要避免撞上具有负面题材的个股。

最常见的题材重要性次序依次为：

1. 阶段板块热点题材最为有效

市场每个阶段都存在着热点活跃板块。特别是在市场处于阶段强势时，是否重仓持有热点题材板块决定着投资者的收益能否超越大盘。在投资热点板块时，应注重其中的龙头股和低价低市值股。

2. 个性利好题材易出黑马

最常见的个性利好题材是公司的基本面出现利好。个股的利好可以分为两种：一种是公司的"自然的"利好，这种利好的力度决定着股票的涨升力度；一种是"认为的"利好，这种利好如果是为上市公司的某个融资目的而发的利好，表现力度常常不太大，如果是筹码集中股的主力所为，涨升力度通常会比较大。

3. 常规制度题材

常规制度题材主要指的是：年报、半年报、季报的发布时间，股东大会召开时间，公司向管理部门申报的重要事项批准时间，上市公司再融资的实施时间，上市公司的分红时间，基金公司的资金进出情况，券商的个股推荐报告时间。

这些题材对股价会有一定的影响，我们要熟悉其中的逻辑关系。

4. 突发事件题材

突发性的，事先几乎所有投资者都不知道的利好，往往更有爆发性，反应的速度也更快。对于这类股票，小仓量的第一时间"抢帽子"也是非常愉快的。

三、主力的能量

在证券市场中，主力的能量是不容忽视的，主力机构的买卖行为和买卖习惯将会极大地影响其买卖的股票的股价变化。

有主力的股票，常见的波动特性是：

（1）主力静止时，股价表现为落后大盘运动幅度的抗涨、抗跌，窄幅波动，K线显现螺旋桨组合，有时会制造开盘价或者收盘价，要注意其规律。

（2）主力活跃时，股价表现超越大盘的运动幅度，盘面大单买卖比较明显，甚至有很强的爆发性，可顺势而为。

（3）有主力的股票，有时走势具有独立性，在大盘涨时不一定涨，在大盘调整时反而逆势表现。也常常较大盘波动趋势慢一拍，给有经验的投资者一些思考时间。

（4）在大盘安全时，那种沿着上升通道上涨的股票比较好；在大盘弱势时，那种指数反弹而股价没有反应的股票短线特别不好。

四、股票的性格不能忘

股票与人一样，也是有性格的，如果我们熟悉了某只股票的波动规律，操作起来就得心应手一些。所以，每个时间段，有经验的老手，常常会跟踪一批自选股，熟悉它们的股性。

沪深市场常见的股票波动规律有：

（1）低市值股票的活跃性大多数时间强于大市值股票的活跃性，筹码集中股的活跃性在整体行情中会强于筹码分散股。

（2）沪深市场有"炒新"的习惯，即炒新股、新品种、新概念，而有些行业的大盘绩优股的股性非常呆滞，不能碰。

（3）强势市场中的贴着重要均线走上升通道的股票容易操作，弱势市场时做短线反弹可多考虑那些严重超跌股（中线超跌+短线超跌）。

（4）由于公募基金有最低的持仓限制制度，应熟悉公募基金的操作风格。在行情强势时，相对低市值的金融股容易受到基金机构关注；在行情弱势时，基金喜欢换仓买那些有防守性的消费品股（每个阶段板块不一样，须当时分析）。

五、追求的目的

有经验的职业投资者，在进行一项操作时，都是先设定一个较为具体的目标和相应的操作方法。追求不同的目标，所选的股票标的是不同的，所面临的风险也不同。

（1）参加炒股比赛，娱乐赌博，自我理财，杠杆投资，这四种投资方式是不一样的，激进性是递减的，防范风险的意识是要渐强的。

（2）追求改变命运，稳健保值增值，所选的品种也是不一样的。前者注重低市值的乌鸦变凤凰股，后者注重确定性强的品种。

（3）大盘强势与大盘弱势能实现的收益率目标设定不同，所采取的方法也应该有所不同，大盘强势时可以多品种中长线，大盘弱势时应是极少数品种超短线。

（4）自己追求的目标，应与自己的能力和大盘背景匹配；如果不切实际地追求超越客观不能实现的目标，会适得其反，南辕北辙，结果更差。

花狐狸系统第四式
股市常见盈利机会汇总

投资者在进行证券投资活动时，必须考虑四个重要因素：风险防范、效率利润、时间选择、风险和利润的概率均衡。即你能赚谁的钱，什么事情能让你亏钱，怎样做到多赚少赔。

花狐狸系统股市投资机会可汇总为以下几个方面：

一、固定收益

这里的固定收益是指法律、交易制度固化的完全无风险的投资收益。既包含银行定期存款、协议存款、国债、金融债、企业债、可转换债券、债券型基金，也包括股市中的现金选择权、特定要约收购和其他具有双轨交易价格的品种（后面会详细举例）。

固定收益是职业投资者生存的基础，是职业投资者必须掌握的技能。职业投资者利用固定收益投资手段获得不次于其他行业的稳定收益，获得生存保证并保持稳定、正常的心态。

证券市场的价格波动是周期运动，在市场处于不利于投资者施展杠杆技能时，我们必须耐心等待有利周期的来临，这时就是你的资本获得固定收益的时间。

其实，固定收益是无论何时何人都可以实施的理财手段，是否愿意做，取决于你的满意度比较，以及你是否知道这些手段并学会它。

二、高概率收益

这里的高概率，是指通过数次交易的重复，或者多品种的组合而获得的大概率。

比如说，某个交易技能，它的准确性是90%，如果你只做一次，因为运气的原因，有失败的可能，但若是连续 10 次，则是成功的。

比如说，某个行业板块是强势持续上涨的热点，如果你只持有其中的一只股票，可能会因某种特殊原因，这只股票并不一定涨，但是你持有几只这个行业的股票，就不会失误。

花狐狸系统认为，沪深股市最常见的高概率收益机会有如下四类：

（一）强势高概率收益

在大盘处于强势持续上涨时，持有多数量的股票组合是安全的和有利可图的，这也是我们股票投资的最重要、最常见的获利手段。

根据数据统计，大盘处于强势上涨时，所伴随的指标是：大盘的成交量持续比较大，重要均线趋势向上移动，MACD 持续保持良性变化，有重大利好支撑市场信心。

（二）弱势短线超跌反弹

大盘在下跌趋势中，会出现短线抛压衰竭的时段，这个时候市场会出现短线反弹性的上涨。根据数据统计，在市场出现大规模的个股跌停板后，指数又出现止跌征兆时，这个时间段的市场容易出现短线快速反弹。

在弱势中做超跌反弹，需要较强的技术和敏感的盘感，熟练者也只是少量地控制仓位，技术不过关者则不做。

（三）市场习惯规律博弈

沪深市场中存在着一些习惯，这些习惯已经变成了常识，尽管它们不一定合理，但是它们是一种规律。发现、跟踪以及运用这种规律，也是一种职业性素养高的技能。

我们举个简单的例子吧。比如说，新股的炒作循环规律是：高开高走—高开低走—低开高走—低开低走。

（四）特定利益博弈

在市场中，投资者的综合资源和力量是不均衡的。机构大资金往往能够决定市场或者个股的短期强弱，有一些机构资金为了实现某个短期目的也会这样做。洞悉市场中的这些事件并从中获益，就是一种智慧的利益博弈。

最常见的特定利益博弈有：大机构重仓被套后的解套努力，为再融资成功的一些机构努力，等等。

三、人生赌注

有些人进入股市中是来理财的,有些人进入股市是为了改变命运的。毋庸置疑,在资本市场中进行投资确实是年轻人、穷人改变命运的一个途径。

对于一些高概率潜在质变股,或分红率满意股,在合适的时机分批选时下注,是男性贫民、年轻人改变命运,富人、妇幼娱乐的常见手段。

把这种机会从希望变成现实,既需要较强的个人素质,也需要大盘和运气的配合。

四、主要风险

证券市场是一个高风险市场,大家都知道"1 赢 2 平 7 亏"的股谚。

在证券市场中如果能够有效地防范风险,赚得再少也比多数的其他行业赚得多;如果不能够有效地防范风险,那么很可能人生遭受最大的一次打击就发生在股市里。

在股市处于高概率风险周期,不赔、少赚就是赢。

沪深股市最常见的风险有:

(一)技能不够就盲目入市

股票市场进入的门槛较低,许多投资者进入市场,明显准备不足,相比他们的资金投入来说,智力技能的投入明显跟不上。就像没有经过基本训练的新兵就单独上战场,流血牺牲是大概率事件。

本书认为,合格操盘手的出师,花费的精力不能次于高中生为高考所做的准备。

(二)技能误入歧途

也有的投资者很刻苦地学习研究投资技能,但是由于环境和天赋所限,误入歧途,其掌握的技能不足以获得成功。

有的人是把运气当成了技能,有的人是被股海信仰所误。

(三)忽视系统风险逆势持股

市场处于高风险周期时,操作次数越频繁,持股时间越短,距离失败就越近,这是由概率决定的。

本书认为,好的投资方法应该是大概率的,比较容易的,心情快乐的,顺势而为是实现这些的前提。

（四）心态失去控制赌博成性

财不入急门，要防止越急越败。败坏投资者心态的主要常见原因有：不切实际的贪婪，亏钱后的扳本心理，有时间压力的行为，坏习惯如赌博行为无法克服等，死猪不怕开水烫。

久赌必输，明明不行，却又不认错改正的人，熊瞎子一定会狠狠地教训他的。

花狐狸系统第五式
股价下跌情况的不同分类

无论是在强势市场，还是在弱势市场，股价下跌都是投资者经常遇到的事情。没有经验的投资者，常常由于不清楚股价下跌的原因，故而也不能做出相对正确和及时的应对操作。许多投资者还常常出现"一卖就涨，不卖继续跌"的情况。许多投资者可能情感比较丰富，一旦买入某只股票，会很快产生感情，很难看见这些股票的缺点，或者无法接受亏损的结果并及时抛掉，从而出现失控的损失。

哪些股价下跌是良性的、短线暂时的、可以继续持股甚至加仓的？哪些股价下跌是恶性的、长时间较大幅度的、趋势性的、需要尽快处理的？我们下面就来总结分析一下。

一、因大盘下跌导致的个股股价下跌

大盘指数出现下跌时，多数股票会跟随下跌，这时对大盘的下跌性质判断是关键，因为本书倡导的是"顺势投资"理论。

（一）大盘强势背景的股价下跌

在大盘强势背景下由于大盘的技术性回档导致的个股股价下跌，对于近期有连续量能支持的个股、可能成为热点的个股和筹码集中股可以继续持有。对于近期成交呆滞又明显表现沉闷的股票应趁机换股。

需要注意的是，本书判断大盘强弱的主要依据是市场的成交量和 30 日均线的运行方向，同时也要考虑当时的消息面因素。

（二）大盘弱势下的股价下跌

在大盘弱势时导致的股价下跌，除了少数运行在上升通道中的筹码高度集中股，大多数股票应该设立止损位和止损时限，如果持筹仓位比较重，第一时间逢高卖出一半至少是稳健的做法。

对于大盘单边下跌的途中以及大盘弱势反弹后的再次下跌而出现下跌的个股，减仓的态度应该是坚决果断的。在大盘弱势中的暴跌后，持有的个股可以稍微等等，可选在反弹后减仓。

对于强势中大盘，指数跌向 30 日均线附近时，后市结果是破位还是遇到支撑，这是个比较难的课题。笔者的经验是，大盘指数在 30 日均线附近的下跌是非常凌厉的，有利空支撑，量能明显弱势的，笔者会按照弱势处理；大盘指数在 30 日均线附近的下跌是和缓的，成交量缩量但依然够强，板块依然活跃的，笔者会按照强势处理。这时的判断确实需要经验，也是体现投资者个人天赋的时候。

二、因基本面导致的股价下跌

（1）如果个股的基本面发生较为实质性的问题，应坚决清仓；但如果仅是一些不疼不痒的非实质利空，则可以等待观望一下，如果个股出现反击的强势走势，还可加仓追击。

（2）因行业明显不被市场看好导致股价下跌，应尽快考虑换股操作。

（3）因消息题材兑现，出现个股的下跌，不论利好利空，都应该清仓，对于高位利好兑现的下跌个股更应该高度警惕。

（4）主营产品有商品期货交易的品种，需要注意现货与期货有连动性，而商品期货的走势容易出现中长线趋势。

三、因技术面导致的股价下跌

（一）根据 MACD 指标判断量能技术选股

那些 MACD 指标处于良性的股票可以持有，而 MACD 指标处于恶性的股票需要卖掉。当然前提是，大盘是强势，所选的个股不是大黑马或者大黑熊。

(二）根据 10 日均线、30 日均线判断短线爆发股

连续攻击性大阳线的个股，出现高位的均线调整征兆时可以选择分批减仓。

（三）强势板块的第一次大跌

当强势市场中的强势板块发生第一次大跌时，可继续持有，并可根据情况加仓。

（四）用 K 线形态判断股价下跌性质

最为典型的是，正反击是良性的，负反击是恶性的。

四、筹码集中股的股价下跌

（一）因主力出货股价下跌

一旦主力机构出货，应以最快的速度出局。判断大主力出局与小主力震仓的标准是，一旦量能放出，股价无支撑，要格外警惕。

高开急挫，低开急挫，都要十分地小心。

尾市拉高，第二天低开要警惕；尾市无量急跌，第二天高开是好事。

（二）需要注意筹码集中股的股性

有的筹码集中股，特别是单一机构的筹码集中股，常常有这种股性，在大盘指数强的时候涨势一般，在大盘调整时反而发力上攻。

花狐狸系统第六式
盘局阶段的短线投资术

股价波动的主要形式有升势、落势、盘势，而盘势在每年的交易时间中所占的比重是比较大的。盘势中的操作结果，更能体现投资者的综合盈利能力。职业经验告诉我们，在盘局中，中长线技术体现不出非常大的优势，此时是短线投资者的天堂。在这个时间段，个股波动存在着震动幅度小、频率快的特点。因此，获益者要获得满意的收益率，需要自己掌握良好的短线技术。下面，笔者重点就这方面的技术要点做些原则性的总结。

一、盘局的形成与表现特征

1. 强势盘局

行情上涨了一阵之后,新增资金已经进入市场,后续资金不如前期充裕,大盘无力再向上强劲攀升,但人们对市场依旧有信心,此时指数只好停顿盘旋,这样形成的盘局我们称为强势盘局。

2. 弱势盘局

行情经过较大下跌后,市场普遍惜售,大盘涨跌无力,也会窄幅波动。这种盘局我们称为弱势盘局。

盘局阶段,个股会出现分化:

(1) 在前阶段主力持有的品种数量较多,投资者此时经过对个股的股价潜力重新评估,会进行调整,腾出部分资金买进重点股票。

(2) 此时个股行情会有一定的活跃度,市场个股板块存在轮涨、补涨的情况,或者局部的自救行为。

二、强势盘局的投资注意点

在强势市场中,主力为了维持人气,且较为隐蔽地顺利调整筹码,常常会发动一些市场形象好并有一定规模的、相应的热点板块行情,比如说金融板块,可以为市场带来一些习惯性的短线投资机会,注意点有:

(1) 有板块效应的热门股是重点,如果金融股表现强也是很好的投资目标。

(2) 横盘无量震荡的控盘筹码集中股短线机会较大。

(3) K线处于低位,即时成交窗口连续给出大手(小盘5万股,大盘10万股)成交的个股机会较大,包括换手率比较大与新出现量比较大的个股。

(4) 操作动作要快,不能过分追高,可同时买进几只股票,通常情况在大盘出现短线下跌时选取K线在次高位横向震荡(通常带有上下影线)的个股介入,股价显弱势时出局。

(5) 避免买进出现放量破位和均线空头排列的个股。

三、弱势盘局的投资注意点

（1）弱市市场中获益的主要目标以阶段热点板块为主，弱势中的热点板块一旦形成，会持续一段时间并活跃。

（2）信仰价值投资思维的机构在每阶段都有主打股，如果这类股处于相对低位，可以适当考虑买入。

（3）如果小盘次新股、低价超跌股、即将实施再融资的股比较活跃，也可适当考虑买入。

（4）弱势盘局中的操作，要注意控制仓量，买进股票的数量应比较少，买货要以低吸为主，要注意均线的压力，买卖可适当参考 MACD 指标。

（5）避免买进短线技术指标超买股和流通市值比较大的股性沉闷股。

四、盘局个股的盘面语言

影响盘局的个股波动节奏的短线因素还有大小非上市、股东大会、分红派息、同概念新股上市、短线消息、报表公布、板块联动、重要事项审批等。

盘面的上下三档买卖盘特征：

（1）上档卖挂盘较大，短线买盘较活跃，该股有短线上攻潜力。

（2）上档卖挂盘较大，短线买盘不活跃，该股可能有主力在短线诱多。

（3）下档买挂盘较大，并持续不间断变化上挂，该股有出货嫌疑。

（4）下档买挂盘较大，并跳跃有大买单出现，该股有短线上攻潜力。

（5）上下档买卖挂盘均较大，该股波动幅度不大，该股有出货嫌疑。

（6）尾市单笔砸盘，短线有上攻潜力；尾市单尾上拉，短线有诱多嫌疑。

五、盘局变化的主要导因

盘局突破有向上与向下两种可能性，无论哪个方向，高位突破后应果断减仓，低位突破后应果断加仓。

在大盘成交量强势时，指数一旦受到重要均线多头支撑，指数上涨的可能性大。在大盘成交量弱势时，指数一旦受到重要均线空头压制，指数下跌的可能性大。

最为常见的向上突破契机有：

（1）低位的突发利多消息，或者利空明朗化。

（2）低位的成交量逐渐放大，重要均线发展进入初步的多头排列。

（3）低位的大盘进入春节前后。

（4）成交强势时的突发非实质性利空出现。

（5）低位的进入报表公布期。

最为常见的向下突破契机有：

（1）高位的突发利空消息，或者利好明朗化。

（2）高位的成交量逐渐萎缩，重要均线形发展进入初步的空头排列。

（3）高位的大盘的10日前后。

（4）成交弱势时的较大利好公布。

（5）高位的进入报表公布期。

花狐狸系统第七式
综合指标排名表实战总结

股市短线变化莫测，在市场中时刻都存有大量面目各异的主力机构，它们对自己所持有的个股价格波动具有举足轻重的作用，甚至可以局部阶段性地翻手成云、覆手为雨。中小投资者要想在这个多维博弈的市场获得满意的收益，不能不对机构的情况及惯用操作手段进行研究。下面是本书总结的利用综合指标排名表来发现主力机构以及主力机构近期的短线目的，可能对于喜好短线投资的股民朋友会有一些帮助。

一、当日涨幅排名表的分析

（1）在该表中有多只股票同属一个板块概念，说明该板块概念已成为短期市场热点，投资者应该注意其中成交量较大的个股，涨幅不大的小市值个股以及次新品种。

（2）没有明显基本面原因而经常出现在该排行榜上的个股属于长线机构活跃股，可以中长线反复注意跟踪，发现机构的活动规律，在合适时机伏击获利。

（3）因基本面成长性突出出现在该排行榜的个股，如果其技术走势是上升通道形式的，需要分析其题材的有效时间以及机构操作这类股票的习惯。

（4）前期经常放量的个股，一旦再次价量配合出现在该榜，那么有短线关注价值。如果是逆势表现的，可能还会有中线价值。

（5）在交易日偏早时间进入该榜并表现稳定的个股，会有连续潜力；在交易日偏晚时间进入该榜的个股，其连续潜力一般（剔除突发事件影响）。

（6）长时间不活跃的相对低位股连续两天进入该榜，说明该股有新机构资金介入的可能，其短线涨升力度可能较强。

（7）在K线连续上涨到高位后进入该榜的股票，应随时小心机构出货，对这类股票不应过分留恋。

（8）在相对低位或者上升途中，先出现较大的下跌，第二天就进入涨幅榜，说明该股处于强势过程中，有短线机会。

二、当日跌幅排名表的分析

（1）在该表中有多只股票同属一个板块概念，说明该板块概念成为短期市场抛售热点，投资者应该避开中线投资该类股票。

（2）没有明显基本面原因而经常出现在该排行榜上的个股属于机构退出股，包括绩优股板块，需要中长线回避。

（3）因基本面情况出现在该排行榜的个股，需要分析其题材的有效时间，对于无量下降通道走势的个股要格外警惕。

（4）前期经常放量的个股，一旦再次价量配合地出现在该榜，会有较大的危险。如果逆涨势下跌，则更要警惕后续的下跌空间。

（5）在交易日偏早时间进入该榜并表现稳定的个股有连续下跌的可能，在交易日偏晚时间进入该榜的个股需要看第二天的表现（剔除突发事件的影响）。

（6）长时间活跃的高位个股连续两天进入该榜，说明机构持股信心已经动摇，做短线有一定的下跌风险。

（7）在K线连续下跌到低位后进入该榜，应小心这类股短线有反弹上涨的可能，可以适当注意。

（8）在相对高位，或者下跌途中，先出现较大的反弹上涨，第二天就进入跌幅榜，说明该股依然处于弱势过程中，做短线风险较大。

三、当日振幅排名表的分析

（1）在K线高位经常进入该榜的个股应当心机构出货。

（2）在K线低位经常进入该榜的个股应留心是否存在机会。

（3）有除权、事件公布的个股容易进入该榜。

（4）准备发动单边走势总攻（涨跌可能都有）的个股容易进入该榜。

四、5分钟涨速排名表的分析

（1）在强势市场，选股可以注意进入该榜且K线处于低位基本面有保证的个股。

（2）在弱势市场，应果断卖出进入该榜K线处于高位的个股。

（3）在强势市场周末尾市，进入该榜的个股容易被股评推荐。

（4）早盘开盘就进入该榜的股票，如果没有消息配合，有一些股票容易涨停。

五、5分钟跌幅排名表的分析

（1）在强势市场，应避免买进进入该榜K线处于高位的个股。

（2）在弱势市场，可短线买进进入该榜K线处于低位的筹码集中股。

（3）在强势市场，尾市因为大盘急跌进入该榜的强势个股，第二天容易大涨。

（4）早盘开盘就进入该榜的股票，如果没有消息配合，需要警惕大跌。

六、当日量比排名表的分析

（1）该表是发现新强势股的重要窗口。

（2）该表是选择候选股买进时机的重要窗口。

（3）该表是引导投资者分析目标股趋势的重要窗口。

（4）进入该榜的股票容易短线连续大涨或者大跌。

七、今日委比排名表分析

（1）凡是进入该排行榜的个股可能属于主力已经重仓的品种。

（2）凡是进入该排行榜的个股属于主力有短线急切意图（出货、吸货或护盘）的品种。

（3）凡是进入该排行榜的个股（没有很快打破该迹象）短线波幅小。

（4）保险公司重仓的股票容易出现这种情况。

八、当日总金额排名表分析

（1）该榜上多数股上涨代表近期股指有继续上涨的可能，反之亦然。

（2）该榜上的个股可能是近期的热门股与龙头股。

（3）首次进入该榜的上涨冷门股有较强短线爆发动能。

（4）首次进入该榜的下跌热门股有较强短线杀伤动能。

（5）该榜与量比排名、涨幅排名有中线分析价值，其他表的价值主要体现在短线上。

（6）小盘股指数明显活跃时，应用"换手率排行榜"替代这个分析方法。

花狐狸系统第八式
实战买卖应变操作原则

人脑是个复杂的系统，不能程序自动化。股市变化多端，有时在短短的几分钟内就能使投资者的投资心态发生较大的变化，提前几分钟的果断操作与拖后几分钟操作会产生较大差异。因此，一些职业投资者为了能够有效把握一些绝佳的投资机会和避险机会，而给自己制定了买卖应变操作要术。

下面，笔者就对一些熟悉的操作要求做介绍。希望读者阅读后能受到启发，可以根据自己的情况制定自己的操作铁律并形成本能，使投资水平上一个台阶。

一、黄金买进铁律

在大盘背景安全的情况下：

（1）小盘次新股在上市的最初几天出现连续大阴线，止跌后，有中线中等仓量买进机会。

（2）长时间低位横盘的个股因大盘急跌原因出现破位，止跌后有短线少量买进机会。

（3）出现规律上升通道的个股在首次大跌止跌后有中线中量买进机会。

（4）在大盘暴跌中上市的最新股，首日换手率70%~80%又出现阳线，有轻仓短线买进机会。

（5）低位连续两天放大量涨幅第一板的冷门股有短线少量买进机会。

（6）在大盘大跌中放巨量上涨的个股有中线中仓买进时机。

（7）低位突然出现意外重大利好的大盘与个股有中线中量买进机会。

（8）因非实质性利空影响，股价出现急跌的个股有中线重仓买进机会。

（9）"老鸭头图形"遇重要均线支撑有短线重仓买进机会。

（10）股价与多条均线集于一线的强势股，一旦活跃，有短线重仓买进机会。

（11）SSL指标显示筹码高度集中，股价在密集区下方，或者股价刚刚强势越过密集区的个股有中线重仓买进机会。

（12）基本面尚可，股价低于15元，流通盘低于4000万元（总股本低于1亿元）的个股在大盘低迷期，技术上量能发出买进信号有中线少量买进机会。

（13）有未来社会大题材，经常放量的个股有中线中等仓量机会。

（14）在指数低位出现连续放量逆势K线的个股有中线重仓买进机会。

（15）低位出现明显螺旋桨组合的基本面好的股票有中线中仓买进机会。

（16）信息显示有主力重仓，在大盘出现较大跌幅后放量上涨，有中线中仓买进时机。

（17）基本面突出、有股本扩张潜力且有主力控盘的个股有长线重仓持有机会。

（18）处于低位尾市急跌的个股有短线少量买进机会。

（19）有量能支持的"F形态"的K线组合股有短线少量买进机会。

（20）在强势市场中成交量最大之一的低价股有中线少量买进机会。

二、必杀卖出铁律

无论任何时候，都要有防范风险的意识，情况不明时，可按照"坏的可能"处理：

（1）前期大涨过后出现常量空头排列走势的个股，必杀。

（2）高位连续上涨后出现尾市无量大阳线走势的个股，必杀。

（3）题材兑现或者热点已过的前期热门股，必杀。

（4）给出漂亮图形或者规律图形的个股，一旦有下跌征兆，必杀。

（5）短线见效快的利好消息力度不够大的个股一旦走软，必杀。

（6）券商研究报告发布推荐的个股没有见效，或者见效走软后，必杀。

（7）散户都在买，股价没有急升的个股，必杀。

（8）大盘有明显危险，指标形态与大盘一致的个股，必杀。

（9）连续无理由放量下跌的个股，必杀。

（10）大盘中期趋势不好，基本面一般的大盘股，必杀。

（11）出较大利好，股价没有明显上涨的个股，必杀。

（12）高位放量滞涨的股票，必杀。

（13）大盘行情火爆时出现重大利空，或者大涨后出现利好，通杀。

（14）指数中期连续涨势后出现大阴线，反弹后再度下跌，通杀。

（15）高平台破位的个股或在该位经典头部的个股，必杀。

（16）第一个逃逸型缺口出现的个股，必杀。

（17）基本面明显变坏或者大小非高管减持，股价走弱的股票，必杀。

（18）换手率不足、基本面一般的新股首日，必杀。

（19）投资计划目的已经达到，或者投资根据发生改变的个股，必杀。

（20）大盘强势后指数凌厉地跌破30日均线，或者大盘弱势反弹后MACD变坏，通杀。

花狐狸系统第九式
短线动态异动快速获益法

沪深股市的个股波动频率比较快，买卖时机具有较强的"瞬间点"的特点，机会的把握与风险的防范常常取决于短短一段时间的快速决策，能否较好地把经典操作技术与预计方案动态地和实战结合起来，是判断投资者是否具备职业素质的重要标准。不少投资者在非对抗性的分析活动中能够达到一定的水平，但在具有强烈对抗性质的实战中却发挥不出应有的水平，其中原因有三点：一是欠缺全局观，二是心态脆弱，三是没有掌握动态技术。本节着重讨论职业机构投资者的超短线动态获益技术。

一、涨停板的追寻方法

在强势市场时，机构的操作心态同普通投资者一样乐观，因此其短线初步发动的最大活动就是冲击涨停板。现在不少机构操盘手在决定发动总攻时的口头禅是"为了打开尴尬的局面，先来一个涨停板再说"。有经验的操盘手都知道，在大盘处于强势时，越是走势强劲的个股，其跟风助涨的资金越多，抛压也更轻松。这样，在实力能够保证的情况下，主力机构也愿意采取连续拉升的办法提升市值，有时甚至存有与其他个股进行涨幅比较的思想，这就为洞悉机构心理的职业人士带来了机会。在市场大盘成交量够强的时候，比如说沪市的大盘成交量持续达到1500亿元以上时，一些短线高手就会专门瞄着股价处于低位的股票在其产生第一个涨停板的时机跟进，因此常常能取得较大的短线投资收益。

需要说明的是，这种方法只有在沪市大盘的成交量持续超强时才有用，如果在大盘成交量较小时，容易出现失误。在大盘弱势情况下，低位第一个涨停的股票，常常会出现第二天直接低开走弱的情况。

二、连续量能的追寻方法

这里所提到的量能包括三个概念：

1. 个股每天的总成交量能

凡第一天成交量第一次占据了两市成交量总排名靠前、量价配合又比较理想的个股在其后有短线潜力，这种股票容易成为领涨股。

2. 个股当天的换手率

凡第一天的换手率超过该股流通盘子 10% 的股票在其后容易连续上涨，容易成为黑马股。

3. 个股盘中的即时量比

凡第一天的量比指标第一次进入量比排行榜的个股，在当天就应在大盘安全的基础下逢低进入，该股容易成为热门股。

当然，仅凭成交量这一项指标，还不能保证你选股的质量，应该配合其他的技术指标进一步完善。但是成交量这个指标是动态选股的第一重要因素，也是选择时机的一个最好指标。

三、信息术的追寻方法

短线信息有三点：

1. 联动信息

如果某只股票走势非常强劲，并且引人瞩目，那么与其关联紧密的个股会有跟风上涨的可能，特别是同板块的品种。

2. 滞后信息

在大盘出现了酣畅淋漓的较大升势时，当天停牌的股票，特别是有一些利好配合的热门强势股，补涨的力量不可忽视。

3. 提示信息

有些股票在大盘上涨的初期股价表现一般，一旦其后这类股票出现一些利好——这常常是主力刻意制造的，这类股票上升力度就会比较突出。

四、特殊时间的追寻方法

（1）开盘后半个小时，即 9：30~10：00，这个时间段，投资者需要注意成交量与量比明显放大拉升的股票。

（2）闭市前半个小时，需要经常看那些处于 5 分钟涨幅前列的并以最高价收盘个股，这类个股容易在第二天高开大涨。

（3）在其他时间段则需要经常盯在即时成交视窗上，看见有即时大笔成交的品种，需要立刻观察分析其走势特点，是否含有明显机会。

（4）动态买股时，需要注意大盘的短线买卖比指标所暗示的时机。

需要说明的是，用这种方法只能在每只股票上投入少量资金，但可以多选一些品种。

五、发现热点股票的转换时机

在强势市场中，时间也是非常宝贵的机会，因此此时需要抛弃中线思维，及时跟进当时的最新热点。市场热点的轮次首先是与点火品种相同的板块，其次是当年潜在的题材板块，再次是价格较低业绩尚可的小盘股板块，最后是指标股与垃圾股。

在一个板块呈现明显的疲态后，不应再用太多资金关注这个板块，应立刻果断换股。判断行情力度大小时应注意，短线行情重消息，中线行情重题材，长线行情重业绩。

六、大盘出现罕见涨跌的应变技术

1. 指数连续上涨或者连续下跌的单边走势机会

市场每年都有几次这样的走势，把握住这种机会是确立投资者一年稳健收益的关键。因此，投资者以 30 日均线为依据判断大盘最后的行动点，还要应用"连续""反击""消息"等细节技术，以更细致地应对可能出现的初始单边走势机会。

2. 大盘突然的暴跌或者暴涨

在市场遇到暴跌时，应在止跌征兆出现时，分两批大胆重仓出击：一批是跌幅较大的前期强势股，一批是当时抗跌的逆势上涨股。从沪深股市存在以来，这种操作较少出现失误，不要考虑造成大跌的原因。

在市场遇到暴涨时，可以在第一时间分散组合性地买一些股票。有时投资者有追高的心理障碍，但事实常常会证明，这种追高是值得的、有效率的。第二天要注意大盘的强弱性质变化，大盘继续强势则可选择继续持股和做多。而熊市中的单日大涨，在第二天就会显露出明显的疲态，这时需要注意防范风险。

七、大盘单向持续运动时的应变技术

大盘与 30 日均线同步运行在上升趋势时，在指数上涨时应该坚决追量买进初步运行的强势股。

在强势市场指数出现次级性的下跌调整时，判断原则为：大盘有量时看多，大盘无量时谨慎，同时考虑 K 线运行的 4 个逻辑。

大盘与 30 日均线同步运行在下降趋势时，在指数下跌时应该坚决减仓，不能轻易地买进股票，除非是价格确定的股票，或者是见到大涨或者大跌，再者就是出现重大消息变化。

八、大众的情绪化

在证券市场中，人们实战操作时常常具有较强的情绪，对于这种心理情绪的把握应从强势群体的利益角度分析：

（1）分析大盘的宽幅区间应主要以管理层的稳定意图为主，主要是跟随管理层的真实明确导向运作。在大盘两极时，大机构重仓的个股常会先于其他个股起到反大盘的运作。在以往的重要指数低点与重要节假日，大机构概念股常常在尾市集体发动"拉旗杆"。

（2）在分析大盘的短线区间时应主要逆散户而为，当大多数散户都在满仓等待见高点抛股票时，这个高点就没有了。

（3）在个股方面，则需要注意"大家都说好又敢买的股"与"大家都说不好又敢买的股票"，而"大家都说好但不敢买的股"与"大家都说不太好但不跌的股"是技术性短线好股票。

（4）人们情绪的极端一致化常常会导致行情的快速反转。

（5）在盘中非常明显的上涨量能出现（如连续大买单出现）但股价没涨的情况，需要高度警惕，反之亦然；主要的技术分析手段（如波浪技术指标）只有在大盘出现单方向运行时才有指导作用，在大盘盘整时反而没有独立性的指导作用。沪深股市的个股技术分析必须要有动态量能分析的配合。

（6）投资者常常会遇到市场已经出现新变化，但由于自己没有把握住最佳时机，而导致自己心中无数的情况，此时可以采取折中的方式处理。

股海加油站

1. 又踏空了吧

有一个哥们儿被套在 3100 点，2200 多点时得知我在 2132 点时只买了 100 股的 002132，给我发了一条私信："活该！又踏空了吧！我现在满仓，你羡慕不？"

我回复："我不但羡慕，而且心如刀绞。哈哈——"

2. 路线之争

一球技高于我的羽毛球球友听说我对波浪理论不是完全信服，非常生气，约我球场见证，看看波浪理论是否厉害！比赛很激烈，意识形态之争从来都是这样。从 1 平打到 19 平，我随口说了句："波浪理论害人不浅。"对手气得嘴唇发抖，发球失误了，随后一个恶狠狠的扣球扣出界。21∶19……

3. 配套

一个新入市的股市大户让几个不同风格门派的股市老手给他推荐几本提高技术的学习书籍。

一个技术派的老手给他推荐了《波浪理论》和《金刚经》，一个价值派的老手给他推荐了《价值投资》和《金刚经》……

我给他推荐的是《千炼成妖》和《花花公子》！

第二部分
弱势子系统

关键语：
在大盘处于弱势阶段依然具备获得不低于其他大多数行业收益的能力，是对股市职业投资者最基本的要求。这个技能是职业投资者和业余理财者都必须掌握的，是职业投资者生存的保证，是业余理财者使自己的资产保值增值的最常用手段。

在大盘处于弱势阶段时，投资者的最重要任务不是获得超额收益，而是规避风险，以及获得最稳妥最安全的收益。

第一章 PART ONE 高概率收益

高概率收益警语：
投资的最高境界是无风险获益，这里所指的无风险主要是指获得投资收益的确定性极大。这里的确定性又指时间的确定性和价格的确定性。

高概率收益主要是指投资者能接受的、满意的固定收益，也包含了一些习惯性的比较明确简单的高概率收益。

1.01 的 365 次方等于 37.8，0.99 的 365 次方等于 0.03；1.02 的 365 次方等于 1377.4，0.98 的 365 次方等于 0.0006。这些等式告诉我们，持续小额盈利伟大，持续小幅亏损很可怕。

高概率收益第一式
国债逆回购

一、战法定义

国债逆回购就是客户放弃一定时间内的资金使用权，在约定时间内按成交时确定的利率获取利息收入的一种投资品种。它是超短期现金管理的一个工具。

普通个人投资者账户资金在 10 万元以上即可参与沪市交易，交易的直接对手方是上海证券交易所；深圳股市的每手交易金额为 1000 元，交易的直接对手方是深圳证券交易所；交易风险基本为零，只是赚多赚少的问题。

国债逆回购收益率常常高于同期银行存款利率水平，有时短时间的年化利息可以达到10%以上，甚至出现过50%、90%的情况。

沪市204×××的国债回购，根据约定回购的天数不同，共9个品种。深市131×××的国债回购，也是9个品种。

有的券商，客户的这项交易权利是自动开通的；有的券商，客户需要在柜台办理开通手续。客户开通之后跟股票差不多操作，很方便，其交易方向是"卖出"。

二、战法要点

1. 日规律

每天的国债逆回购利息价格波动是有一定规律的。常常是，上午高于下午，上午10:00左右容易出现高点，尾市半个小时容易急速跳水。在特殊时间，比如月底、季度底也会在下午收盘前2:45左右出现短时间的急速火箭发射。

2. 周规律

每周的国债逆回购利息波动价格也是有一定规律的，周一、周二、周三的逆回购利息正常，周五相对低一些，周四最高，且不论是204001、204002、204003、204004，资金在周五上午回到股票账户的逆回购品种利息都相对比较高。

3. 月规律

在月底、季度底、半年底、年度底的最后一个周四，逆回购的利息往往会短线暴涨。如果是闲置资金，在长假前可以用中短期逆回购品种增强收益。

4. 与股市关系

逆回购利息价格高，预示着社会资金紧张。在股市处于弱势时期，如果在逆回购持续较高的时间段，股市大盘的走势常常不会太好。

三、战法举例

（1）图2-1是沪市一天逆回购204001的利息价格长期波动K线图，其中的规律还是比较明显的。

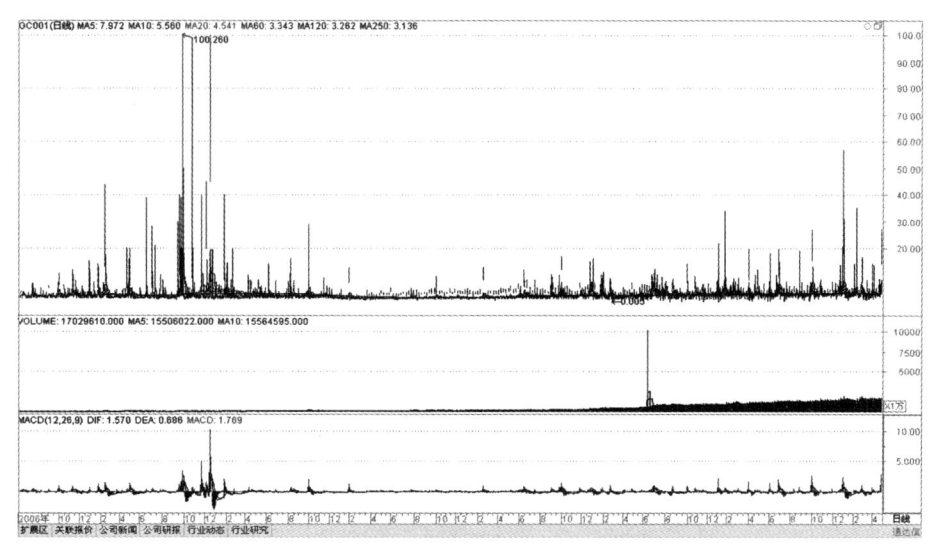

图 2-1

（2）图 2-2 是沪市一天逆回购 204001 在 2013 年 4 月 25 日（星期四）的利息价格当天波动分时图，其利息价格明显较平常时间高，且尾市上攻。

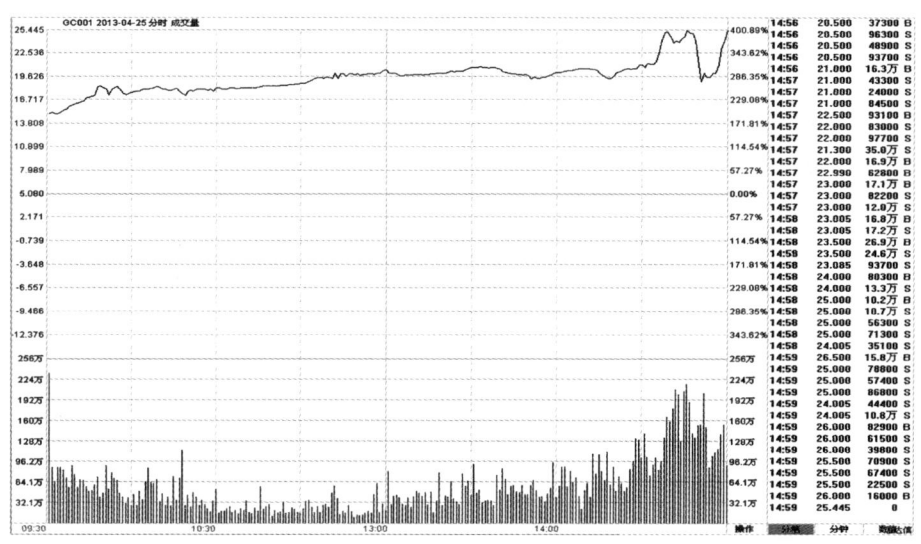

图 2-2

高概率收益第二式
场内交易货币基金

一、战法定义

货币基金是聚集社会闲散资金，由基金管理人运作、基金托管人保管资金的一种开放式基金，专门投向无风险的货币市场工具，区别于其他类型的开放式基金，具有高安全性、高流动性、稳定收益性，具有"准储蓄"的特征。

场内交易货币基金是指只能用证券交易账户在场内买卖，场外无法买卖的货币基金。买入"T+0"计算收益，卖出"T+0"款项可用取现为"T+1"。

本书截稿时，市场上已经存在的场内货币基金有：华宝添益（511990）、汇添富收益快线（519888）、华夏保证金理财（519800）、易方达保证金（159001）、工银安心增利（519886）、大成现金宝（519898）、银华日利（511880）等。

二、战法要点

1. 资金池

在市场比较弱的时候，可以把部分资金买成货币基金，既可以获得比银行利息高的收益，也可以保持随时赎回使用的灵活性。

2. 假日池

在周末或者长假前，如果国债逆回购利息比较低，可以用货币基金替代国债逆回购。

3. 券商选择

一个货币基金，并不是所有的券商的账户都可以申购，只有与这个货币基金签订代销协议的券商才可以开通。

4. 是否可交易

有的货币基金是二级市场可交易的，比如华宝添益（511990）；有的是不能在二级市场交易的，比如汇添富收益快线（519888）。

三、战法举例

（1）图2-3是华宝添益（511990）在2013年4月27日前的二级市场所有价格波动K线图。

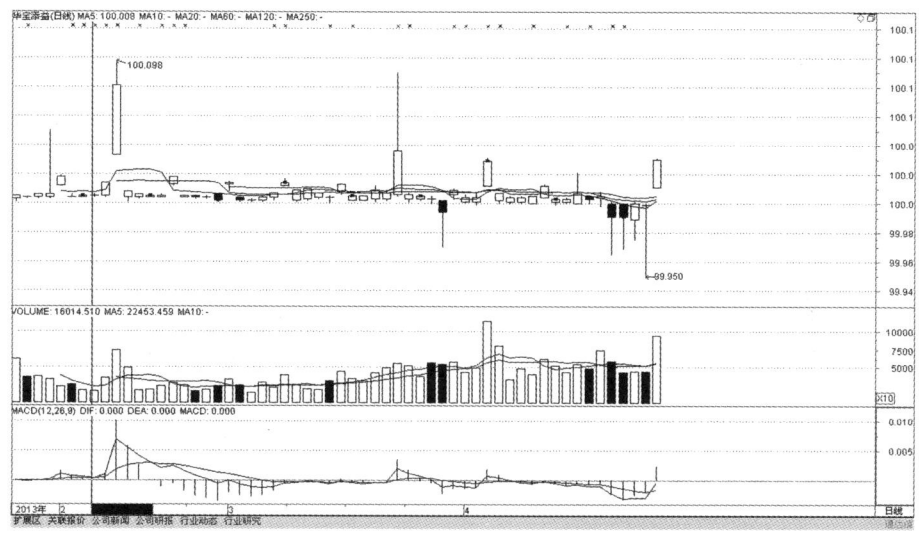

图 2-3

（2）图2-4是银华日利（511880）在2013年4月27日前的二级市场所有价格波动K线图。

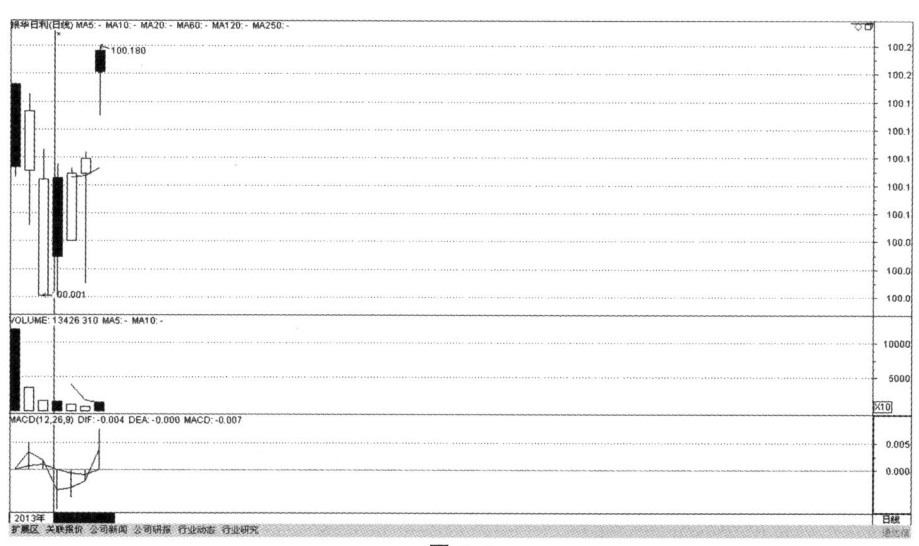

图 2-4

高概率收益第三式
债券和债券基金

一、战法定义

债券是政府、金融机构、工商企业等直接向社会借债筹措资金时,向投资者发行,承诺按一定利率支付利息并按约定条件偿还本金的债权债务凭证。

债券基金,又称为债券型基金,是指专门投资于债券的基金,它通过集中众多投资者的资金,对债券进行组合投资,寻求较为稳定的收益。根据中国证监会对基金类别的分类标准,基金资产80%以上投资于债券的为债券基金。债券基金也可以有一小部分资金投资于股票市场,另外投资于可转债和打新股也是债券基金获得收益的重要渠道。

分级债券基金在投资运作上无异于一般的债券基金,不同的是分级债券基金对权益做了分割,并按照一定的策略分配给了子基金,形成了A、B两类。分级债券基金的A类份额是低风险份额,类似于固定收益产品;分级债券基金的B类份额由于使用了杠杆,存在着一定的风险,但是同时也有可能取得较高收益。

二、战法要点

1. 债券风险

债券的风险主要体现在两方面:利率风险和信用风险。

当利率上升的时候,债券的价格会下跌;当利率下降的时候,债券的价格会上涨。总之,利率和债券的价格呈反向波动。

政府债券具有最高的信用水平,因为政府有税收作为还债的资金来源。金融债其次,金融机构也具有较高的资信。企业债的风险要高于政府债券和金融债,因为企业自负盈亏,有亏损、倒闭的可能性,因此会影响到债券的信用水平。

2. 净价交易全价结算

这一点，新债券投资者一定要注意。全价交易是指债券价格中把应计利息包含在债券报价中的债券交易，其中应计利息是指从上次付息日到购买日债券的利息。净价交易指在现券买卖时，以不含有自然增长应计利息的价格报价并成交的交易方式，即将债券的报价与应计利息分解，价格只反映本金市值的变化，利息按票面利率以天计算，债券持有人享有持有期的利息收入。计算方法为：净价=全价-应计利息。

3. 债券基金

债券基金的投资技巧与债券的投资技巧有很相似的地方，比如说，债券基金的收益率和价格波动受到所投资的债券的价格波动的影响。

除此之外，债券基金在进行封转开的前夕，有时存在市价与净值差的机会。有时，债券基金的价格波动，在股市大盘处于中级高低位时，有反向波动效应的机会。

4. 杠杆债券基金

国内的杠杆债券基金属于分级债券基金的杠杆份额（又叫进取份额）。

投资杠杆债券基金要注意：基金投资类型、杠杆大小、融资成本、折溢价率水平。

此类基金的母基金多数是半封闭式基金，即 A 类定期开放申赎。如果市场固定收益理财产品收益率高于杠杆债基对应的 A 类子基金的约定收益率，导致对应 A 类份额开放申赎后大量赎回，使得其份额杠杆变小，当 A 类份额都赎回，杠杆债基则失去杠杆成为普通封闭债基。

三、战法举例

（1）图 2-5 是 11 超日债（112061）在 2012 年 2 月 1 日前后的二级市场交易情况。该债券在 2 月 1 日出现暴跌的主要原因是，发行该债券的公司超日太阳由于所处的行业基本面恶化，公司有可能破产的消息被媒体报道。

（2）图 2-6 是增利 B（150045）在 2012 年 2 月中旬至 2012 年 6 月中旬的价格走势情况，在股市走势不佳的情况下，债券价格由不到 1.00 元涨到 1.78 元，收益十分可观。这个时期，所有债券杠杆基金都出现了类似对前期杠杆基金价格低估的纠偏行情，增利 B 是这轮行情的领头羊品种。

图 2-5

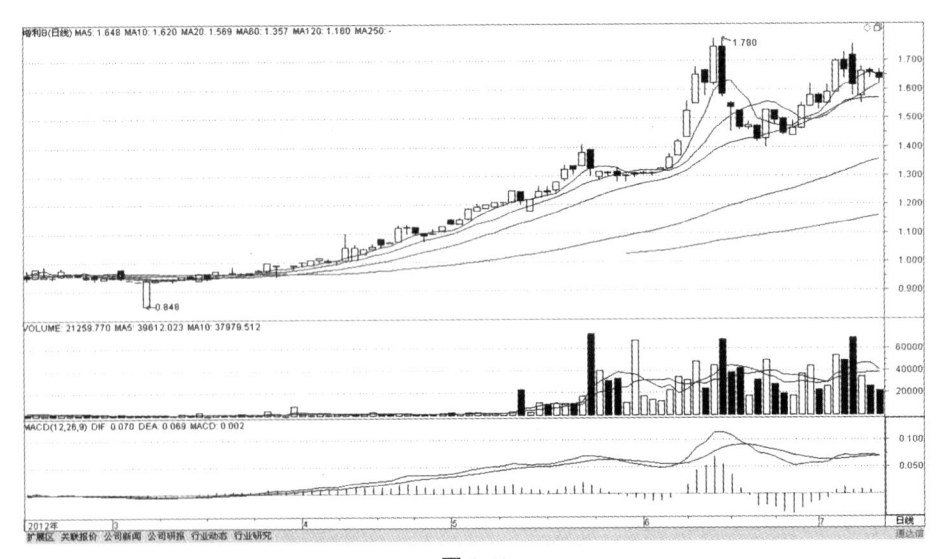

图 2-6

高概率收益第四式
可转债

一、战法定义

可转债全称为可转换公司债券。在目前国内市场，就是指在一定条件下可以被转换成公司股票的债券。可转债具有债权和期权的双重属性，其持有人可以选择持有债券到期，获取公司还本付息，也可以选择在约定的时间内转换成股票，享受股利分配或资本增值。所以，投资界一般戏称可转债对投资者而言是保证本金的股票。

二、战法要点

1. 新债

在新的可转债发行时，如果其他的高概率收益操作收益比较低，而且可转债对应的股票有一定的市场认可度，就可以认购新债。因为新债上市的第一天价格往往会高于面值。

2. 价值

如果对应的股票基本面不是太差（没有退市风险），当可转债的价格低于90.00元并且已经止跌（小盘股对应的转债价格可略高），此时的转债投资很相宜。

3. 抄底

在转债的价格处于安全区域且转股价与市价差不多的时候，如果对应的股票有抄底的吸引力，可以优先选择可转债抄底，这样比直接抄底股票更安全。

4. 效率

在市场处于强势的时候，如果可转债对应的股票出现强势，股票的转股价与市价又相近，可以考虑买进接近面值的可转债。

相比股票，可转债的优势有：无涨停板限制、"T+0"交易制度、有面值保底、无印花税。

三、战法举例

（1）图 2-7 是石化转债（110015）在 2011 年 9 月 30 日前后的 K 线图，该转债在跌到 85.95 元后，展开上攻行情，一个月就收复了面值，熊市中的无风险收益不菲。

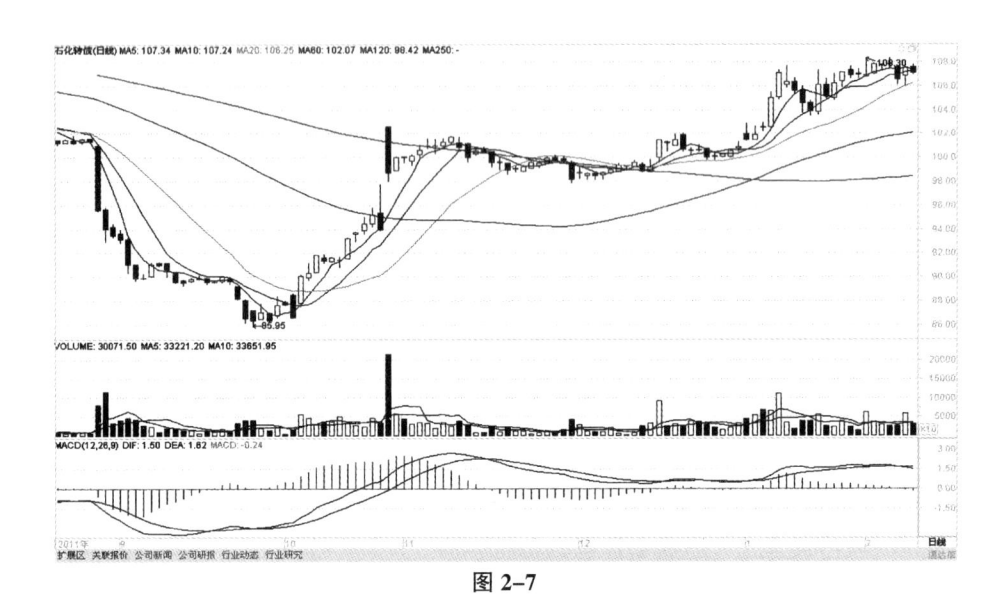

图 2-7

（2）图 2-8 是工行转债（113002）在 2012 年 12 月 4 日前后的 K 线图，该转债的价格在面值附近，且市价与转股价接近。此时，银行股的市盈率很低，只有 5 倍左右，且一直有大主力在增持。在 2012 年 11 月底 12 月初抄底工行转债是"进可攻、退可守"的策略，其后银行股在 2012 年 12 月及 2013 年 1 月，出现了一轮较大的行情。

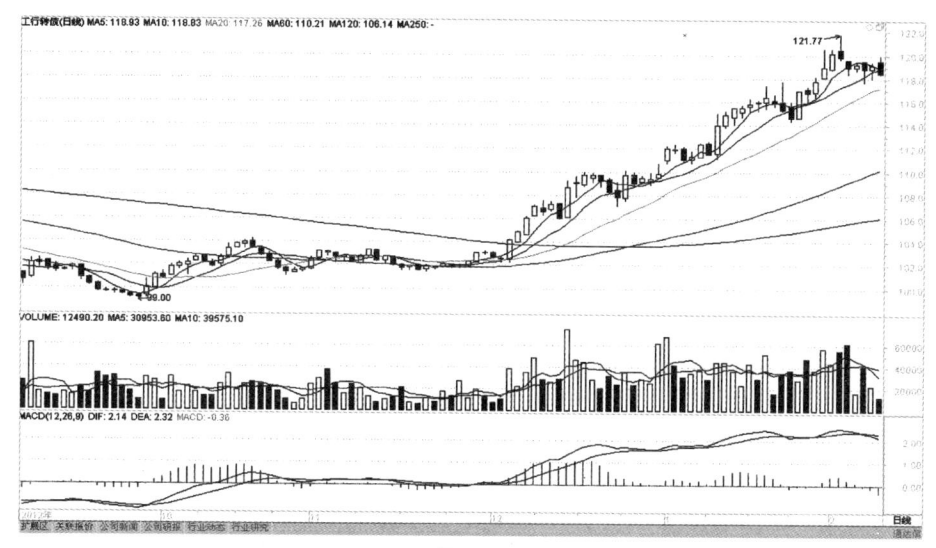

图 2-8

高概率收益第五式
双轨价格

一、战法定义

证券市场中的双轨交易价格是指用不同的交易方式获得同一只股票的不同交易价格。

二、战法要点

1. 对冲风险

许多衍生品种的设计初衷是为了对冲风险，防范风险，而一些情绪型投资者把衍生品种做成了高风险品种（甚至归零操作），但是有经验的投资者不会忘记衍生品种的原本属性。

2. 特定时间转股

最常见的短线双轨价格是转债、权证转股。在市场某个阶段买进转债、权证转股，会比直接买进股票成本低，这样就存在短线获益机会。这是由大多数投资者的眼界盲点造成的。

　　3. 封转开

　　在封闭基金的交易价格比基金净值低且折价较满意的时候，如果封转开的时间临近，且大盘短线系统风险又不大，这时候可买进封闭基金，当基金开放时赎回获益。

　　4. 大宗交易

　　在市场处于强势的时候，有些上市公司大小非减持常常会把股票折价大宗交易给职业机构，职业机构存在着高概率机会。

三、战法举例

　　（1）图2-9是富国天丰（161010）在2011年8月9日封转开时的K线图。在富国天丰即将转开放的前期，富国天丰债券基金的净值是0.99元，而二级市场的价格最低跌至0.92元，此时具有高概率盲点利润。

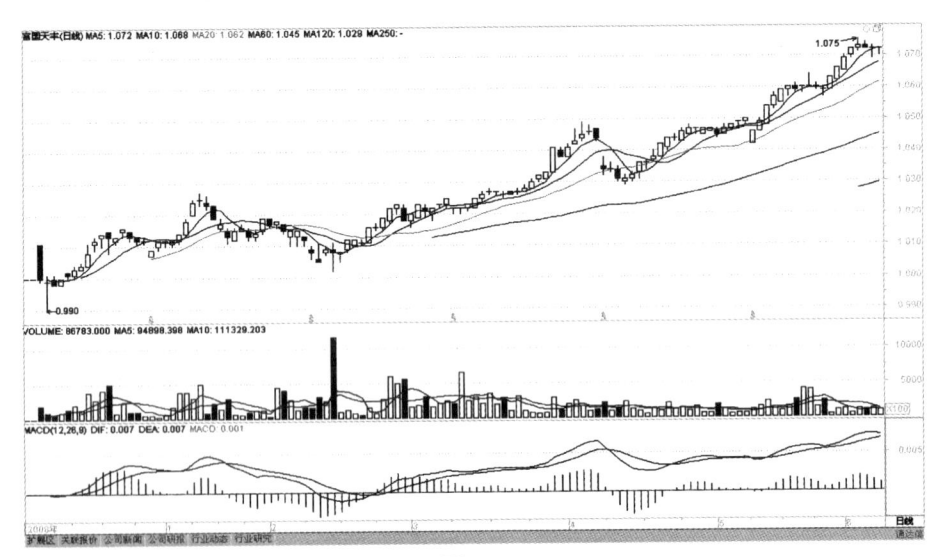

图2-9

　　（2）图2-10是江西铜业（600362）在2010年9月28日前后的K线图，9月28日是江铜CWB1（权证）最后一个交易日，其行权期为9月27日至10月8日。理论上讲，江铜CWB1的交易价格在2.78元，溢价率-10.36%。处于深度折价内，该权证的行权价为15.33元/股，行权比例为1∶0.25，亦即每 4 份江铜 CWB1 可以 15.33 元/股的价格认购 1 股江西铜业的 A 股股票。此时江西铜业的价格为 29.00 元左右，买进权证转为股票，短线利润丰厚。

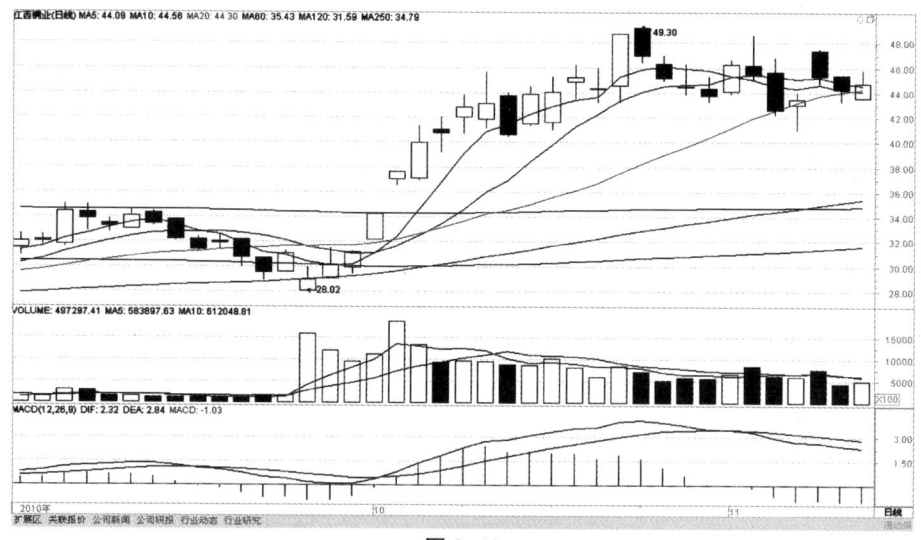

图 2-10

高概率收益第六式
现金选择权

一、战法定义

在投资市场中，现金选择权的含义是交易过程结束后，需要支付交易标的物的一方可以选择实际支付交易标的物，也可以选择以现金方式履行交割手续。

在证券市场，这类允许以现金支付替代实物支付的方式就称为现金选择权。

根据《公司法》第 75 条的规定，有下列情形之一的，对股东会该项决议投反对票的股东可以请求公司按照合理的价格收购其股权：

（1）公司连续 5 年不向股东分配利润，而公司该 5 年连续盈利，并且符合本法规定的分配利润条件的；

(2) 公司合并、分立、转让主要财产的；

(3) 公司章程规定的营业期限届满或者章程规定的其他解散事由出现，股东会会议通过决议修改章程使公司存续的。

二、战法要点

1. 完全现金选择权

在现金选择日给予所有流通股东现金选择权，为完全现金选择权。对于具备这个题材的获益操作，主要注意题材的确定性、价格的确定性、时间的确定性，根据投资者对三个确定性的满意程度和可靠性决定买进时机，即在可靠性的基础上获得能接受的满意度收益，不用考虑大盘背景的强弱。

2. 异议股东现金选择权

只给在股东大会上异议表决股东现金选择权，为异议股东现金选择权。如果投资者不含现金选择权，可以把目标股视为一个有强题材的主力股，除了考虑时间的确定、价格的动力，还得考虑到大盘背景和主力的能力。

3. 换新股

一些具有现金选择权的股票，如果不选择现金选择权，是可以换成新股重新上市的，如果新上市的股票在基本面、热点题材、股东背景、大盘背景上有一定保证，新上市的股票在首日没有涨跌停板限制，往往表现优异。其中，上电股份吸收合并回归后变身上海电气，首日涨45.4%，中国交建（吸收路桥建设）上市首日涨23%，金隅股份（吸收太行水泥）上市首日涨67.22%。

4. 现金选择权之后

现金选择权实施后继续存续的股票，其股性在初期有如一个筹码集中股，股性相对比较活跃，但要考虑大盘背景因素。

三、战法举例

（1）图2-11是攀钢钒钛（000629）在第一次现金选择权和第二次现金选择权实施前后的股票走势图，两次选择权的过程中股价跌宕起伏，是近些年选择权中的经典案例。

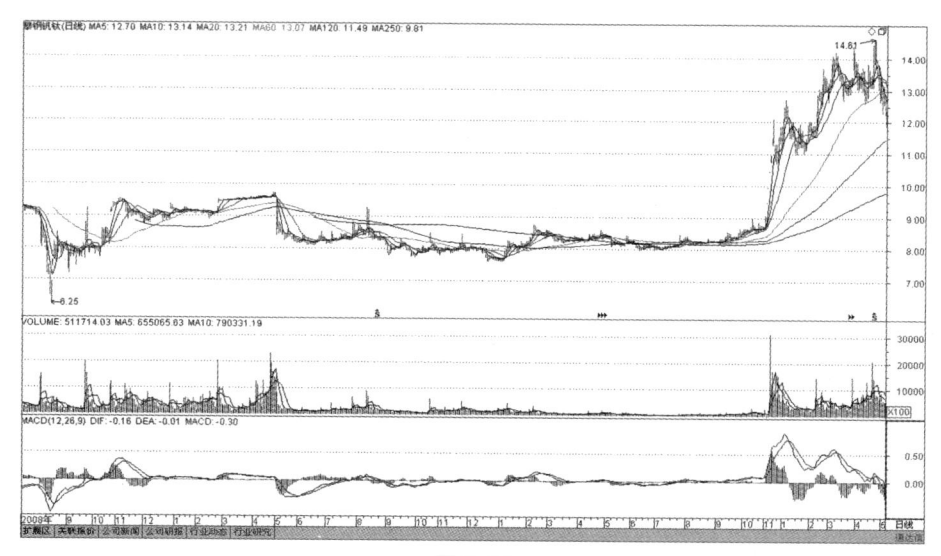

图 2-11

（2）图 2-12 是金隅股份（601992）吸收合并太行水泥上市后的股票走势图，该股成为这个阶段的热门强势股。

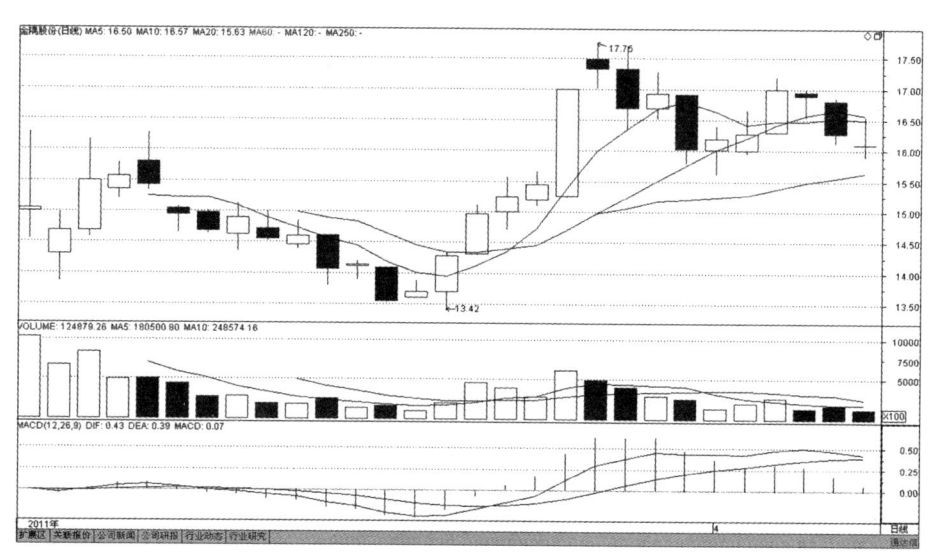

图 2-12

高概率收益第七式
要约收购

一、战法定义

要约收购是指收购人向被收购的公司发出收购的公告,待被收购上市公司确认后,方可实行收购行为。它是证券市场最主要的收购形式,通过公开向全体股东发出要约,达到控制目标公司的目的。要约收购是一种特殊的证券交易行为,其标的为上市公司的全部依法发行的股票。

二、战法要点

1. 接受收购要约的方式

同意接受收购要约的股东(以下简称预受股东),应当委托证券公司办理预受要约的相关手续。在要约收购期限届满3个交易日前,预受股东可以委托证券公司办理撤回预受要约的手续,证券登记结算机构根据预受要约股东的撤回申请解除对预受要约股票的临时保管。在要约收购期限届满前3个交易日内,预受股东不得撤回其对要约的接受。在要约收购期限内,收购人应当每日在证券交易所网站上公告已预受收购要约的股份数量。出现竞争要约时,接受初始要约的预受股东撤回全部或者部分预受的股份,并将撤回的股份售与竞争要约人的,应当委托证券公司办理撤回预受初始要约的手续和预受竞争要约的相关手续。

需要注意的是,有的证券公司的网上交易软件具有接受要约收购的委托功能,有的券商的网上交易软件没有接受要约收购的委托功能,需要到柜台委托。遇到你持有的股票有要约收购题材的,应事先与券商联系,明确要约收购程序细节,不能事到临头才咨询,因为券商的工作人员对这项业务也不一定清楚。

2. 终止上市

收购要约的期限届满,收购人持有的被收购上市公司的股份数达到该公司已发行的股份总数的75%以上的,该上市公司的股票应当在证券交易所终止上市。

3. 要约概念操作要领

操作要约收购题材股,要注意该题材最后实现的确定性。过去曾经有失败案例。在大盘强势背景下,股价低于要约收购价的股票明显有潜力;在大盘弱势背景下,股价低于要约收购价的,且是部分要约收购的股票还要考虑题材结束后的除权效应,股价高于要约收购价的则机会较少。

4. 要约收购实施日前后

在要约收购实施日临近的时候,聪明的投资者可以获知收购方收购的大概数量,这时可以投资逻辑博弈,比如说可以在收购结束前对可能完全收购的股票短线获益,可以对收购流通股数量大的小盘股进行卖盘衰竭性的短线获益。

三、战法举例

(1)图2-13是沈阳化工(000698)在实施部分要约收购过程中的股价表现。题材爆发时,股价连续涨停越过要约收购价格;但随后随着大盘的弱势下跌,股价跌到了要约收购价4.55元附近,在股权登记日下午收盘前半个小时,股价一直在4.50元附近波动。由于实施要约收购收益只有1%多一

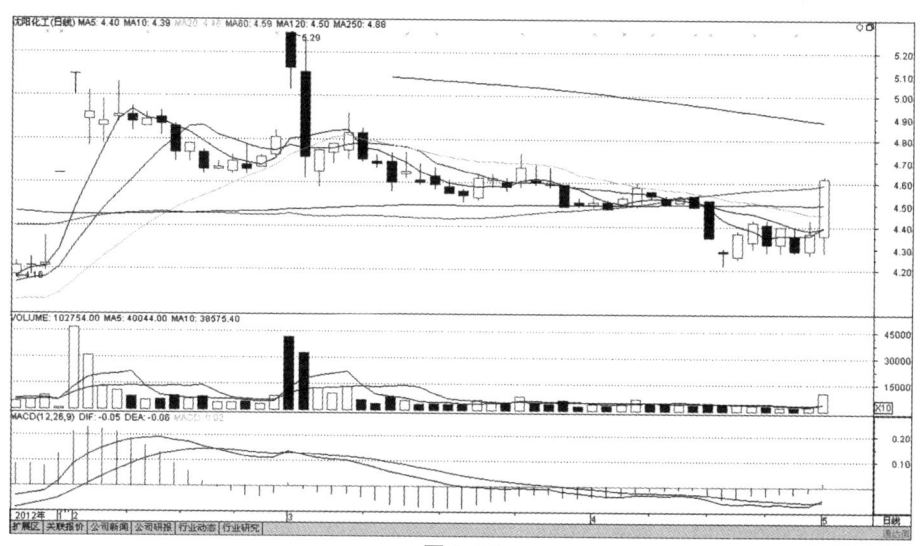

图2-13

点，原本大股东预备要约收购 1.1841 亿股没有完成，只有 986.5417 万股接受了要约收购，凡是申报接受要约收购的股东全部达成愿望。

（2）图 2-14 是雷鸣科化（600985）在实施部分要约收购过程中的股价表现。在这个过程中，大盘始终处于弱势下跌过程，雷鸣科化的股价在中国证监会上市公司并购重组审核委员会审核前股价连续上涨，中间停牌，复牌后题材短线出尽且有补跌需求，股价大跌一天。股价在股权登记日前后有逃权和反击的走势，这种走势对于该类题材的小盘股有一定规律性。另外，可以参考鄂武商 A（000501）在 2012 年 7 月 20 日前后股价的短线表现。

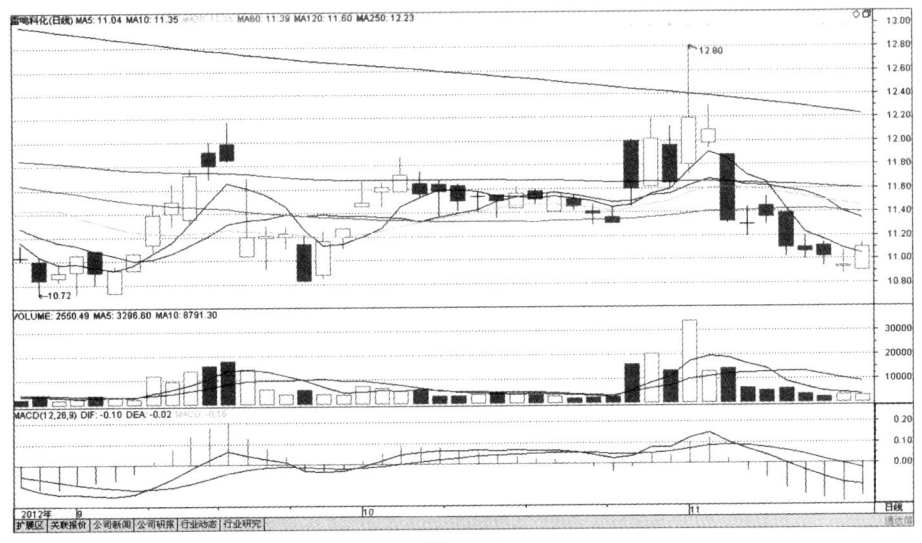

图 2-14

高概率收益第八式
ETF 基金

一、战法定义

交易型开放式指数基金，通常又被称为交易所交易基金，简称"ETF"，是一种在交易所上市交易的、基金份额可变的一种开放式基金。

二、战法要点

1. 专用获益软件瞬时获益

瞬时获益是指获益者在 ETF 二级市场交易价格与它的净值出现瞬间偏差（专门的获益软件能够捕捉这种机会）时，获益者立即参与获益。整个交易过程由软件自动下单操作，获益流程在 10 秒内就可以全部完成。因为速度快，这种操作模式称为 ETF 的瞬时获益。

2. 延时获益

利用 ETF，投资者也可以实现"T+0"波段行情投资，即变相的获益操作。理论上也可以在一个交易日内反复交易，因为获益时间被人为拉长，所以称延时获益。但需要注意，不同的 ETF 基金可能实施的"T+0"方式不同，具体的要了解特定的 ETF 基金规则。

3. 事件型获益

在 ETF 成份股因消息等事项造成当日 ETF 市值预期和 ETF 目前净值可能出现明显偏差时，获益者根据偏差的程度买进相对便宜基金，然后按成份股赎回，最后将赎回的资产抛出，赚取差价。

4. 以股换基金

ETF 在发行的时候，最后一个交易日可以用成份股认购基金。如果机构投资者买进某成份股，该成份股又出现短线大涨，机构可把该股票换成 ETF 基金，可以省却在单一股上出货的难题，固化收益。

三、战法举例

（1）图 2-15 是美的电器（000527）在 2012 年 4 月 1 日前后的 K 线图。4 月 1 日，停牌 7 个月之久的美的电器（000527.SZ）带着整体上市（提供高价现金选择权）的利好复牌，该股开盘便连续 3 个交易日呈现"一字"涨停。当日，市场中持有美的电器的十几只 ETF 里，只有博时深证基本面 200ETF 的申赎清单中将美的电器设为了"允许"现金替代，也就是说，该基金接受以现金替代申购、以股份赎回。如此，该 ETF 成为市场上唯一可买入美的电器的通道。就在 4 月 1 日 9：30~10：32，博时基金旗下博时深证基本面 200ETF 出现了 2011 年成立以来前所未有的天量成交，并被全部换手。

这 1 个小时内，该 ETF 所持约 37 万股美的电器被获益盘洗劫一空。原本由该 ETF 持有者的美的电器连续涨停收益，成为获益资金的"美餐"。

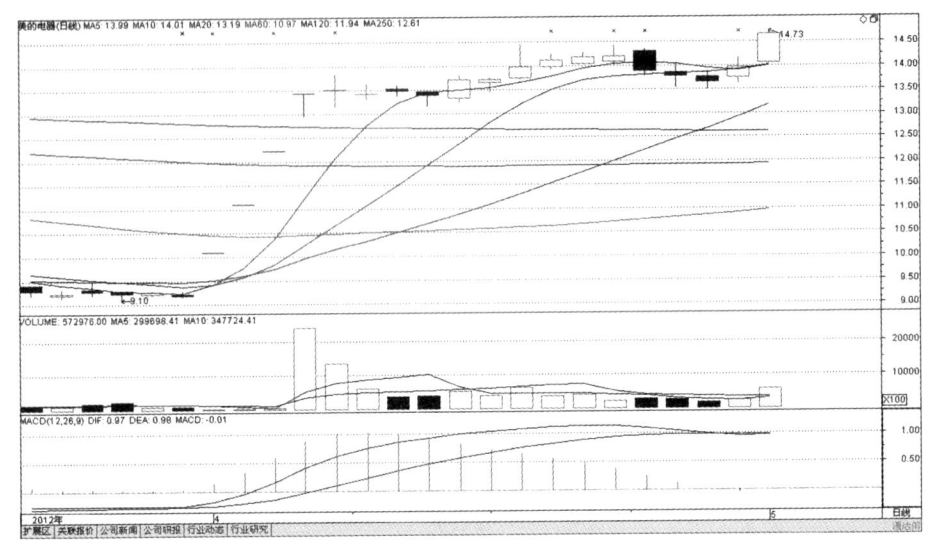

图 2-15

（2）图 2-16 是永泰能源（600157）在 2013 年 4 月 3 日前后的走势图。4 月 15 日，永泰能源又跌停了，这是该股自 4 月 3 日复牌以来遭遇的第三个跌停板，4 月 14 日虽然股价小幅微涨，但该股复牌以来，最大跌幅已达

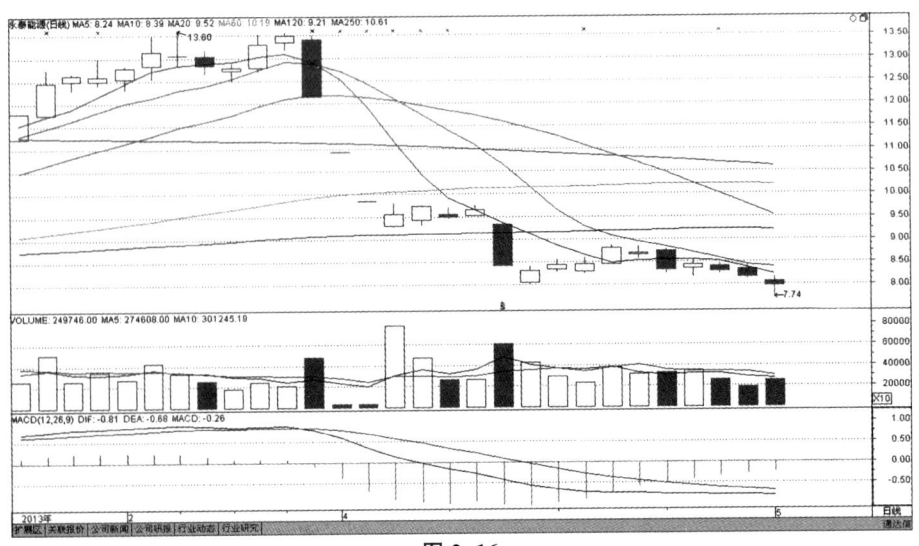

图 2-16

38%。2月25日至3月11日，南方300ETF展开了集中申购份额发售，投资者可以用指数基金的单只或者多只成份股或者备选成份股换购这只基金的份额。值得注意的是，就在4月7日晚间的公告中，某机构以持有近2亿股成为南方沪深300ETF第一持有人，占该基金比重的5.05%。而永泰能源2012年的年报中，该机构为永泰能源的第三大股东，其持有的1457万股永泰能源在南方沪深300ETF申购期间的3月7日刚刚解禁。由此可见，该机构可能是在3月6~11日即永泰能源停牌期间，将其持有的部分永泰能源股份与南方沪深300ETF基金份额进行了换购。

高概率收益第九式
新股申购

一、战法定义

新股申购（Initial Public Offerings，IPO），是指企业通过证券交易所首次公开向投资者发行股票，以期募集用于企业发展资金的过程。

新股申购是为获取股票一级市场、二级市场间风险极低的差价收益，不参与二级市场炒作，追求本金安全，为有这方面经验的稳健投资者所偏好。

新股申购在A股史上很长时间曾经属于无风险获益。在新股发行价格市场化后，在弱势市场也出现了许多首日破发的新股，但如果有一定的选择技术，获益成功的概率依然较高。

二、战法要点

1. 周期效应

新股上市常常有周期的效应，其效应规律是：高开高走—高开低走—低开低走—低开高走。可注意这个规律，选择申购新股的时机。

2. 热点选择

每一个阶段，市场都存在着投资者的热点偏好和冷门厌恶，根据这点选择品种是否申购。

3. 市值偏好

一般情况下，绝对价格低、流通市值小的品种市场表现要好于绝对价格高、流通市值大的品种。

4. 绿鞋制度

有的股票属于重点央企，这样主承销商会实施"绿鞋制度"，有绿鞋制度保证的大盘新股，虽然可能获利不高，但上市初期也不会很快破发。

三、战法举例

（1）图 2-17 是浙江世宝（002703）在 2012 年 11 月 2 日上市时的价格定位图。该股的发行价为 2.58 元，发行量 1500 万股，由于绝对价格低流通市值小，上市首日表现惊艳，定位在 18.75 元，中签率获利丰厚。

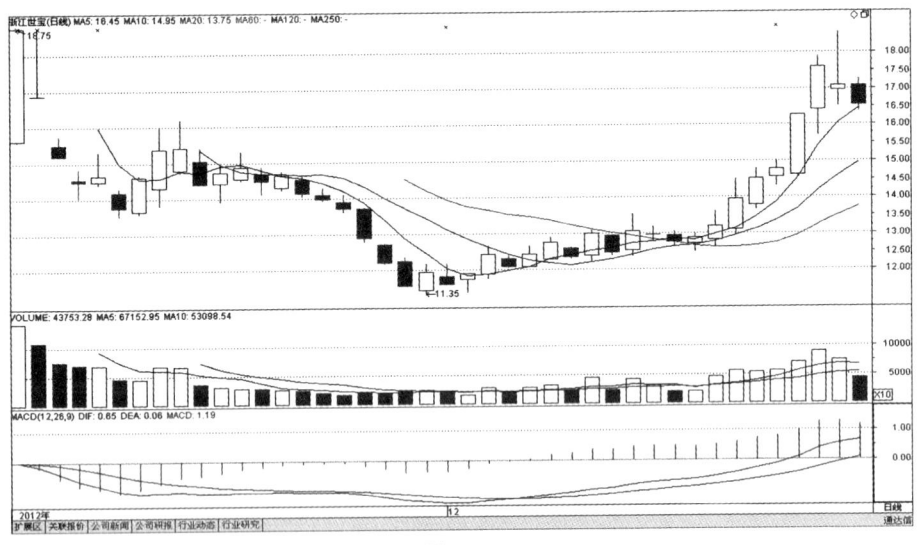

图 2-17

（2）图 2-18 是中国水电（601669）在 2011 年 10 月 18 日上市时的价格定位图。该股流通盘子较大，不为市场看好，网上中签率达到 9.6953%。但由于是重点央企，且水电行业当时是热点，上市首日价格定位也有利可图，5.27 元的收盘价比 4.50 元的申购价高出不少。

图 2-18

股海加油站

1. 活地图

某家养一猪,欲弃之,然而猪认识归途,屡弃皆返。

男主人复驾车弃猪于荒野,当晚致电其妻:"猪归否?"妻答:"归。"男怒吼道:"叫猪听电话,我迷路了。"

2. 作文

写一篇关于爱情的文章。要求:①语言简洁,语句精练;②故事必须以悲剧结尾;③字数不限。

最优文章选:"嫁给我好吗?""滚!"

3. 最佳职业

小学生开班会,老师让学生介绍自己的父母的职业。父母干什么的都有,同学们都没有反应,只有老师在记录。

忽然一个小学生说:"我爸爸卖香肠,妈妈卖烧鸡。"

全班同学都"哇"了一声!

该学生的爸爸妈妈被评为最佳父母。

第二章 戏熊术
PART TWO

> **关键语：**
> 高手没有神奇，只有纪律习惯保证的大概率稳健复利，及其必然衍生的偶尔好运暴利，当然花天酒地、吃喝玩乐不可避免；股神没有神奇，只有与熊拼到底的决心，以及坐老虎凳、喝辣椒水的嗨皮和幽默。

戏熊术第一式
春雷惊蛰

一、战法定义

春雷惊蛰是指大盘在弱势低量运行中，在没有明确消息刺激的情况下，突然连续两天价涨量增，而且有明显的热点板块出现。这种情况说明，有场外资金进场，市场存在着波段反弹行情发生的可能，有时波段反弹行情也会延续成为中级行情，甚至演变成反转行情。在大盘连续价涨量增的情况下可以考虑进场做多。

二、战法要点

1. 连续的概念

市场处于弱势下跌途中时，顺势而为的思维是不持有股票，但当大盘出现连续两天的价涨量增走势时，可以考虑进场系统性短线做多股票。这种系统短线做多，是否只是短线，还是转为中线做多，要看大盘的成交量能够保持在什么水平，并且适当地考虑生命均线系统的指引和 MACD 指标的暗示。

2. 选股的思维

在市场放量上涨的初期，操作即时热门强势股是非常重要的，因为在大盘上涨的初期，非强势股的上涨是非常艰难的，如果遇上小反弹，也许大部分股票也就不存在可操作机会。

3. 仓量控制

在大盘上涨的初期，仓量的控制要通过大盘成交量的强弱来决定，大盘的成交量越大，投入的仓量也越大，然后根据大盘的成交量是否能持续而决定增减。要防止在反弹初期投入非常谨慎而反弹末期胆子变大的散户情绪化习惯，这样做会导致亏钱。

4. 撤退

弱势中出现反弹是正常现象，是弱势中的一部分，成交量不够时，反弹不予理会不能算错。如果参与了弱势的反弹，一定要注意退出，反弹的强度一旦减弱，就应该果断退出。许多股民刚开始做的是反弹，但后面经常做成了"短线变中线，中线变长线，长线变贡献"。

三、战法举例

（1）图 2-19 是沪市大盘在 2010 年 4 月至 2010 年 11 月的 K 线图。2010 年 4~9 月大盘的成交处于低量能，市场处于下跌、横盘、小反弹的走势；10 月，大盘成交量连续放大，大盘出现了 1 个月的中级上涨行情。

（2）图 2-20 是沪市大盘在 2013 年 3 月 20 日前后的 K 线图。大盘在下跌过程中，常常会出现单日的较大反弹，如 3 月 20 日这天，但是量能不够，反弹第二天以后量能也没有放大或者保持，市场重新回归到下跌市中。

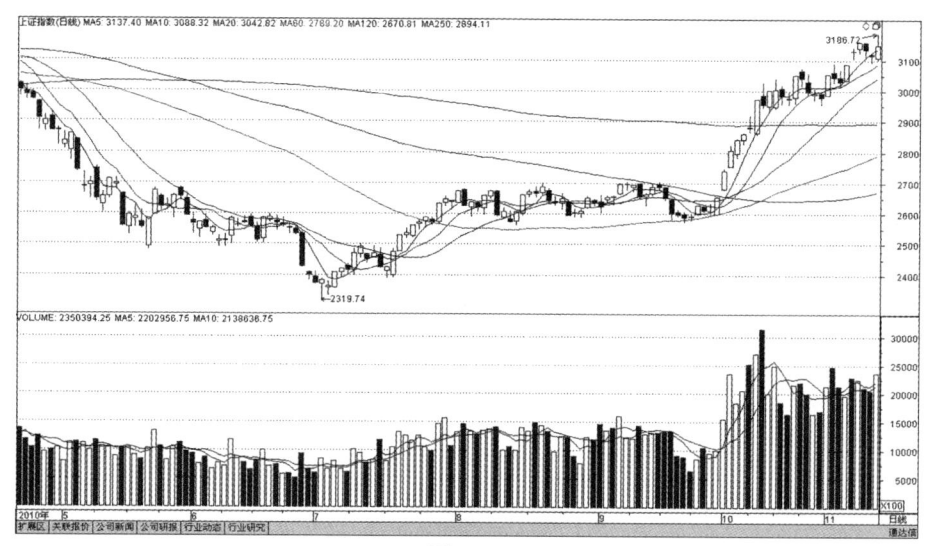

图 2-19

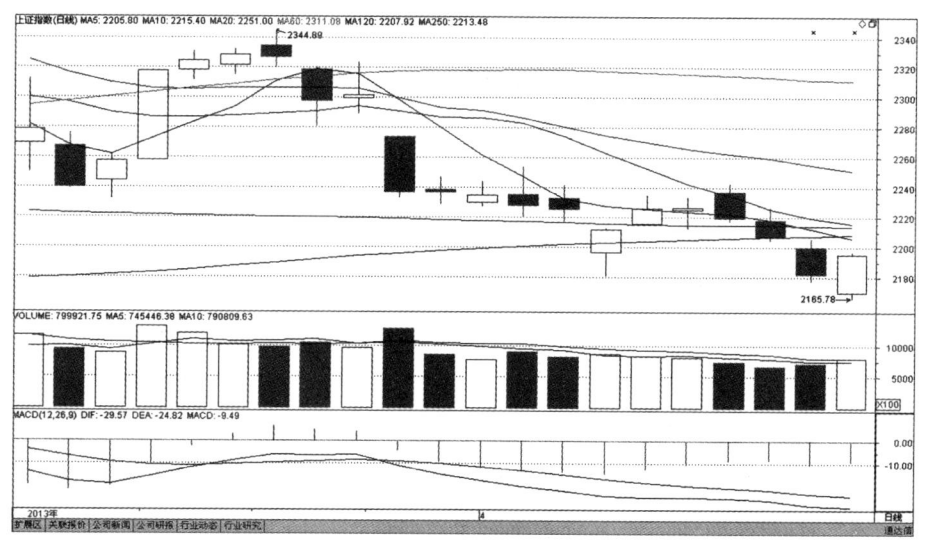

图 2-20

戏熊术第二式
绝地反击

一、战法定义

在市场处于弱势时，如果大盘出现暴跌，比如说有大量的股票跌停，其后市场又有止跌征兆出现，这个时候短线抛盘衰竭，大盘常常会出现报复性反弹，这种现象称为绝地反击。在熊市中，遇暴跌抢短线反弹，是职业投资者必须掌握的技术。这项技术新股民不一定能做好，需要股市投资经验的积累和把握好细节。

二、战法要点

1. 不同阶段的暴跌

大盘在下跌的途中，越是初期的下跌，反弹来得越快，越强烈，越短暂；越是末期的下跌，反弹来得越困难，越不强烈，越有持续性，当然是在没有救市消息的前提下。

2. 不同阶段的选股

下跌初期遇到暴跌，选股应重视当时的强势股；下跌末期遇到暴跌，选股应重视金融股、小盘次新股、筹码集中股。

3. 不同阶段的操作

下跌初期遇到暴跌，应单一集中性地快进快出；下跌末期时遇到暴跌，应分批分散进场，分批分散出局。

4. 在大盘平均股价处于历史低位时遇暴跌，强势转债和人生赌注股是最佳组合

三、战法举例

（1）图2-21是沪市大盘在2009年8月31日前后的K线图。2009年8月31日前，市场已经处于下跌初期途中，31日这天大盘暴跌192.94点，指

数下跌幅度 6.74%，属于典型的暴跌，9 月 1 日大盘低开后出现止跌征兆，其后大盘出现较强的反弹。

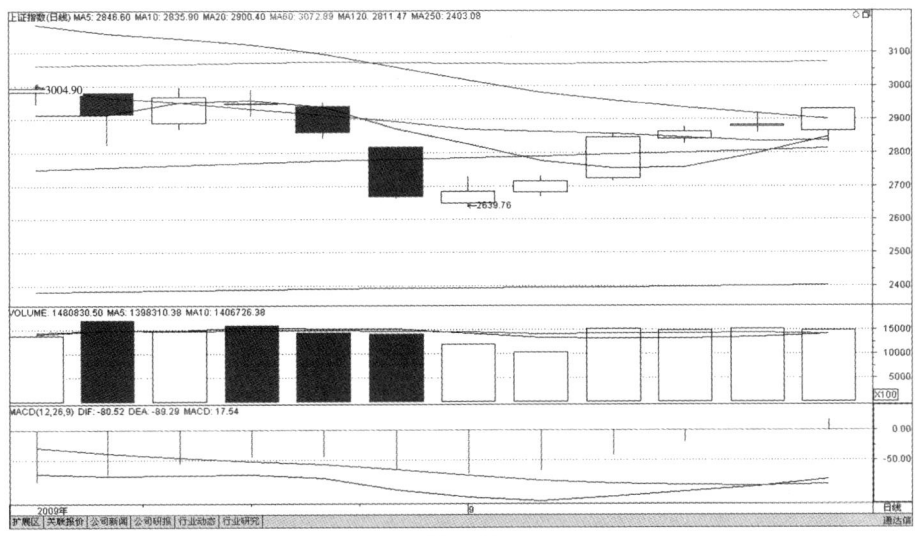

图 2-21

（2）图 2-22 是沪市大盘在 2010 年 6 月 29 日前后的 K 线图。2010 年 6 月 29 日前，市场已经处于较长下跌时间，6 月 29 日这天大盘暴跌 108.23 点，指数下跌幅度 4.27%，属于典型的暴跌，其后两天继续下跌，7 月 2 日

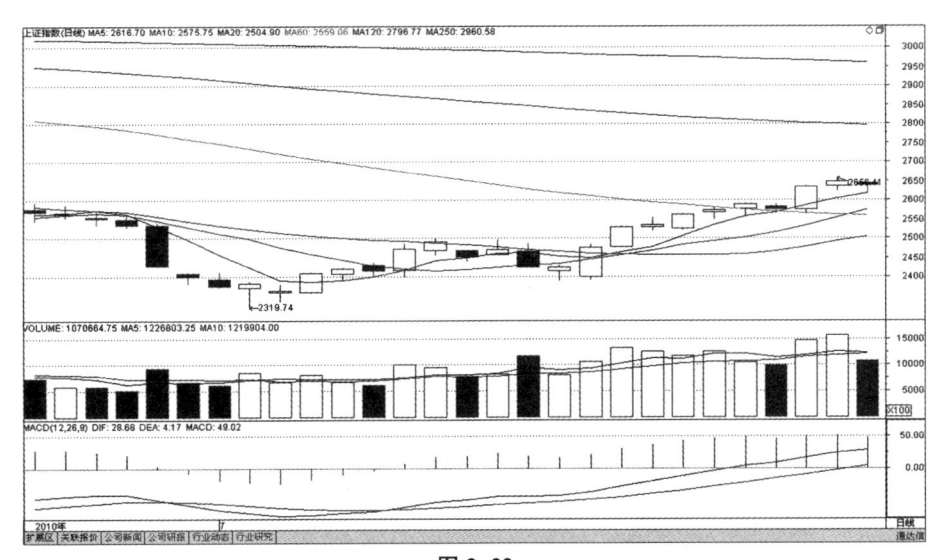

图 2-22

指数出现长下影线的止跌小阳线，接着大盘出现可操作的反弹走势。

戏熊术第三式
诏令天下

一、战法定义

中国股市是政策市、消息市、主力市，每当市场处于极端泡沫或者极端暴跌时，管理层都会出台反向调控政策，市场也会给予短线积极的反应。利用这种现象的股市获益操作招式称为"诏令天下"。

二、战法要点

1. "安慰"与"动真格"的区别

使用这招时，要注意管理层出台的消息的力度、规格和针对性，只有那些直接针对股市涨跌、较高规格、实质性的消息才能起作用；而那些安慰性、非针对性、力度有限的消息则作用有限，甚至起不到作用，反而可借高开之机减仓。

2. 第一时间适当追高

对于力度比较大的消息，做好接近涨停价格附近买进股票的准备，运气好的话，有些股票可能会连续涨停。

3. 注意超跌杠杆的作用

对于杠杆分级基金中进取基金，也可适当注意。

4. 滞后效应的利用

有时，利好出台当天会有部分股票停牌，此时可以针对在第二天或者延时几天复牌的且没有利空的股票进行适当分析，看看是否有补涨机会。

三、战法举例

（1）图2-23是沪市大盘在2008年4月23日前后的K线图。2008年4月23日前，市场从6124点跌到2990.79点，非常的惨烈；4月23日，国务院分别以第 522 号、第 523 号令发布《证券公司监督管理条例》《证券公司风险处置条例》，大盘出现强烈反弹。

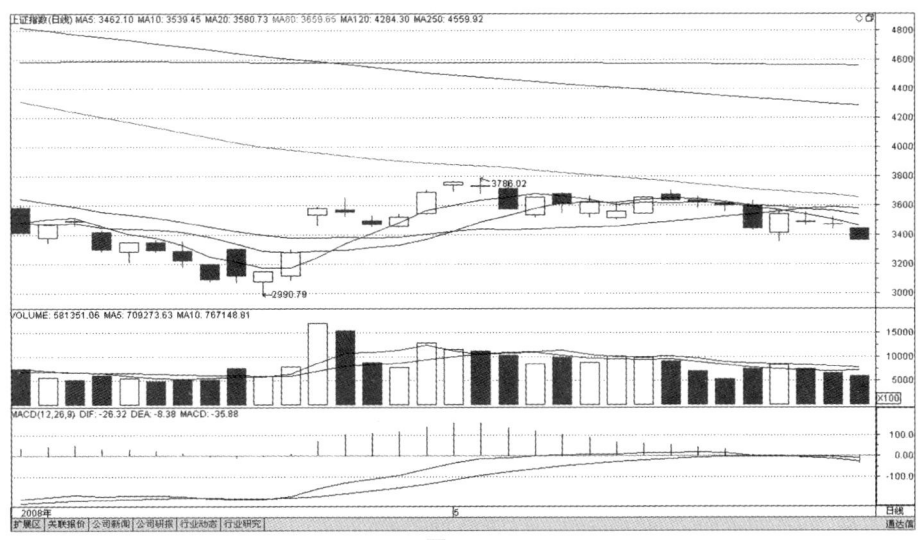

图 2-23

（2）图 2-24 是沪市大盘在 2008 年 9 月 18 日前后的 K 线图。2008 年 9 月 18 日前，市场从 6124 点跌到 1802 点，非常的惨烈；9 月 18 日晚，救市利好"组合拳"出击：股市印花税改为单边征收，中央汇金增持工中建三

图 2-24

行，国资委支持央企增持或回购上市公司股份，其后大盘强烈反弹。

戏熊术第四式
公增博弈

一、战法定义

利用公开增发题材实施的短线获益招术。

二、战法要点

1. 公开增发的定价方式

对于上市公司公开增发的定价原则，相关法规具有规定。公开增发的价格不低于公告招股意向书前 20 个交易日股票交易均价或前 1 个交易日股票交易均价。一般情况，前者居多，后者很少被主承销商采用。

2. 题材的时间控制

一般情况下，公开增发的申请被发审委审核通过后，需要在 6 个月内实施。

3. 该题材的选股问题

小盘股、筹码集中股、热门股、基金喜好股、增发项目优质股优先考虑。

4. 该题材的选时问题

该获益模式一般比较适合熊市中反弹阶段的大盘背景，目标股的股价低于 20 天均价。或者在大盘暴跌时，目标股也暴跌，做短线反弹。

如果大盘长时间走势差，公开增发存在失败的可能性。

三、战法举例

（1）图 2-25 是华海药业（600521）在 2013 年 5 月 4 日实施公开增发再融资前夕的 K 线图。该股在弱市中一直比较抗跌，随着大盘下跌一度跌破了 20 日均线，之后利用除权以及大盘企稳连续拉升，股价越过 20 日均线，实施增发。该股实施增发时的市价为 15.25 元，公开增发价格为 12.25 元。

图 2-25

这时，该股有两个投资机会：一个是增发前的短线股价投资，另一个是低价申购增发股。

（2）图 2-26 是报喜鸟（002154）在 2012 年 11 月 22 日实施公开增发再融资前后的 K 线图。该股在增发前，市场持续走弱并不断创出新低，该股股价也一直相对抗跌，但是市场一直没有提供好一点的、有利于公开增发实施

图 2-26

的大盘背景，眼看着增发时限（发审委通过后 6 个月内必须实施）已到，该股缩减了原定的增发规模，只增发了 500 万股，增发价格选择了不低于招股意向书刊登日 2012 年 11 月 20 日（T-2 日）前一交易日发行股票均价的 9.26 元，随后股价也连续下跌。

这是一个熊市中公开增发失败的案例。它说明，如果市场太弱，这个题材也不管用。

戏熊术第五式
债股博弈

一、战法定义

利用可转债的债性和回售条件进行获益的短线招术。

二、战法要点

1. 弱势中的回售条件

在弱势市场中，有时会根据转债发行时的约定，出现这种情况：在可转债最后 2 个计息年度，如果公司股票收盘价连续 30 个交易日低于当期转股价格的 70%，持有人均有权全部或部分按面值的 104%（含当期计息年度利息）回售给公司。

2. 可转债的面值

可转债的面值是 100.00 元，这是一个参考点。

3. 正股价与转股价

当正股价高于转股价时，可转债与股票同步涨跌；当正股价低于转股价时，可转债的涨幅弱于正股。

另外，要考虑到公司修正转股价的可能性。

4. 股价

在转债存续的中间时间段，有转债的股票走势常常比较呆滞。

而在强势市场中，当有转债的股票，因为股票价格连续 30 个交易日高于转股价 30%，而导致转债都转成股票后，该股容易走势渐强。

三、战法举例

（1）图 2-27 是新钢股份（600782）在 2012 年 7 月 24 日至 2013 年 2 月 20 日期间的 K 线图。新钢股份发有转债，此时可转债处于存续期最后的两年，每当股票的市价低于当期转股价格的 70% 时，当大盘企稳或者连续 30 个交易日即将实现时，新钢股份的股价都被拉回到当期转股价格的 70% 以上，这其中存在短线获益机会。

图 2-27

（2）图 2-28 是工行转债（113002）在 2012 年 8 月 28 日至 2013 年 1 月 31 日的 K 线图。在 2012 年，工商银行的股票市盈率处于极低的 6 倍情况，而且大股东汇金公司一直在大量增持，工商银行明显价值低估，具有买进的价值，但是市场持续处于弱势之中。

这个时候买进价格处于面值附近的工行转债是明智之举，既可以抄底追求工商股票的价值，又可以借助转债的面值保底债性防范风险。

图 2-28

戏熊术第六式
老鼠偷油

一、战法定义

有的筹码集中股形成规律性走势,用小资金伏击主力的打法我们称为老鼠偷油。

二、战法要点

1. 螺旋桨 K 线图

最常见的规律走势是,横向箱体的螺旋桨走势。

2. 低挂买,高挂卖

操作方法是:只能小资金,不能大资金,低挂买,高挂卖,短线见利即可。

3. 弱势盘整时操作

这种股票只适合在弱势中娱乐用,不适合做跟随大盘的反弹,因为这类股票常常短线抗涨、抗跌，中线落后大盘一个节拍。

4.放量后规律会变

这类股票出现连续的放量单边后需要放弃，因为规律可能被打破。

三、战法举例

（1）图 2-29 是兴民钢圈（002355）在 2012 年 6 月 21 日至 2013 年 2 月 18 日的 K 线图。该股形成规律性走势，明显规律是抗跌的横向箱体走势，且经常出现长上影线和长下影线，早上也经常高开，有用小资金挂低买、挂高卖的获益机会。

图 2-29

（2）图 2-30 是顺荣股份（002555）在 2012 年 4 月 11 日至 2013 年 3 月 26 日的 K 线图。该股形成规律性走势，明显规律为总体波动比较抗跌，且经常出现长上影线和长下影线，有用小资金挂低买、挂高卖的获益机会。

图 2-30

戏熊术第七式
敬小爱新

一、战法定义

沪深股市由于分红的满意度不够，因而具有较强的投资性。其投资性的最突出表现就是小盘股、次新股的活跃性要强于其他股票，在大盘背景处于弱势的时候，这个特点就更加明显，这使得创业板、中小板中的小盘次新股的总体总是要强于其他板块。

在市场处于弱势中，把选股重点投向小盘次新股的战法，我们称为"敬小爱新"。

二、战法要点

1. 大跌后机会多

投资小盘次新股的最佳时机是大盘刚刚大跌后的第一轮上涨行情中，在市场没有明显热点题材时，小盘次新股的送转股抢权填权就是题材。

2. 平稳期机会多

在每年上半年大盘背景平稳、扩容节奏较慢的时间，以及年报前后，也是比较好的炒作小盘次新股的时机。

3. 基金重仓股机会多

在小盘次新股中选择潜力股时，要注意目标股是否具备市场炒作题材，是否有较强的现时行业背景，是否为基金机构所偏好，这类股票有时走势相对独立。

4. 常见风险

投资小盘次新股时要警惕的因素有两个：一个是上市时存在业绩包装的股票容易在上市的次年业绩下滑，另一个就是大小的减持。

三、战法举例

（1）图 2-31 是泰格医药（300347）在 2012 年 8 月 17 日至 2013 年 4 月 24 日的 K 线图。从该股的走势看，根本看不出沪深股市整体上处于熊市之中，该股在大盘下跌时抗跌，在大盘平稳和反弹时，股价屡创新高。

图 2-31

（2）图 2-32 是碧水源（300070）在 2012 年 5 月 23 日至 2013 年 5 月 8 日的 K 线图。该股是创业板中少有的成长性得到机构认可的基金重仓股，走势呈现独立的单边上涨态势，算是熊市中价值投资较好的少数案例之一。

图 2-32

戏熊术第八式
绝地苍狼

一、战法定义

股价由于受到大盘暴跌或者利空打击（有时也可能是双重打击），股价会出现惨烈下跌，但是公司没有退市风险，基本面依然比较好，而股价下跌程度矫枉过正，此时对这样的股票进行抄底，我们称为"绝地苍狼"。

二、战法要点

1. 最好是筹码集中股

下跌过程，股票的筹码集中度比较高，跌到低位后股票筹码集中度依然比较高。

2. 基本面良好的股票

基本面良好的股票可能会直接出现较大的反弹上涨，股价一定程度地恢复。

3. 基本面较差的股票

短线反弹后，可能会等待重组。

4. 主要风险

不能抄底过早，绩优股可在越过 30 日均线寻机介入；绩差股应选在股价暴跌后横盘，股价再度暴跌企稳后做反弹，要防止退市风险。

三、战法举例

（1）图 2-33 是重庆啤酒（600132）在 2011 年 10 月 28 日至 2012 年 2 月 27 日的 K 线图。该股由于新药研制失败，出现连续 11 个跌停，后继续下跌，从 83.12 元一直跌到 20.16 元，然后止跌反弹，股价又反弹到 40.00 元，如果能够抓住机会，短线也能获得一定投资收益。

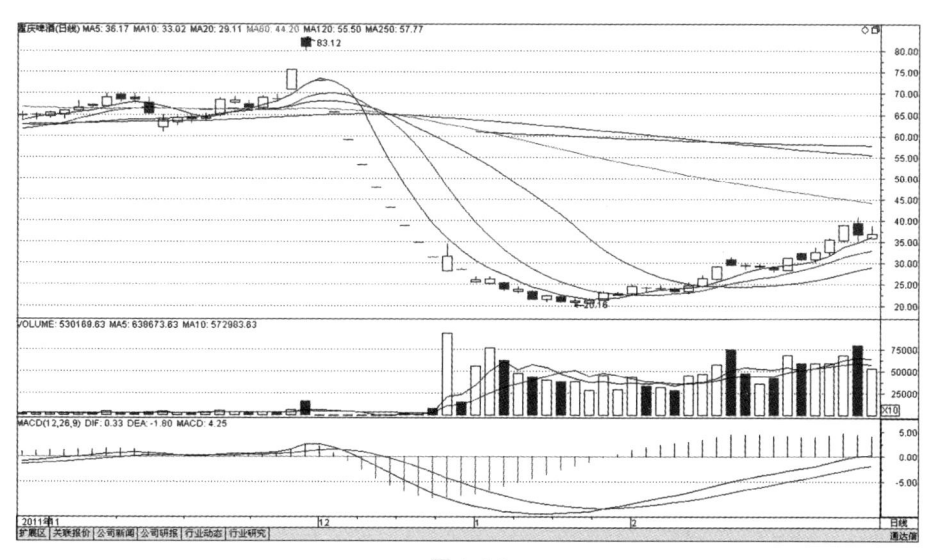

图 2-33

（2）图 2-34 是伊利股份（600887）在 2008~2010 年的 K 线图。2008 年沪市暴跌，沪市指数由 6124 点跌到 1664 点，跌幅惨烈，除此之外，伊利股份又受到"三鹿毒奶粉"事件影响，股价受到双重打击，跌幅很惨烈。由于上市公司依然存在，股价又从 6.45 元涨到 44.65 元。

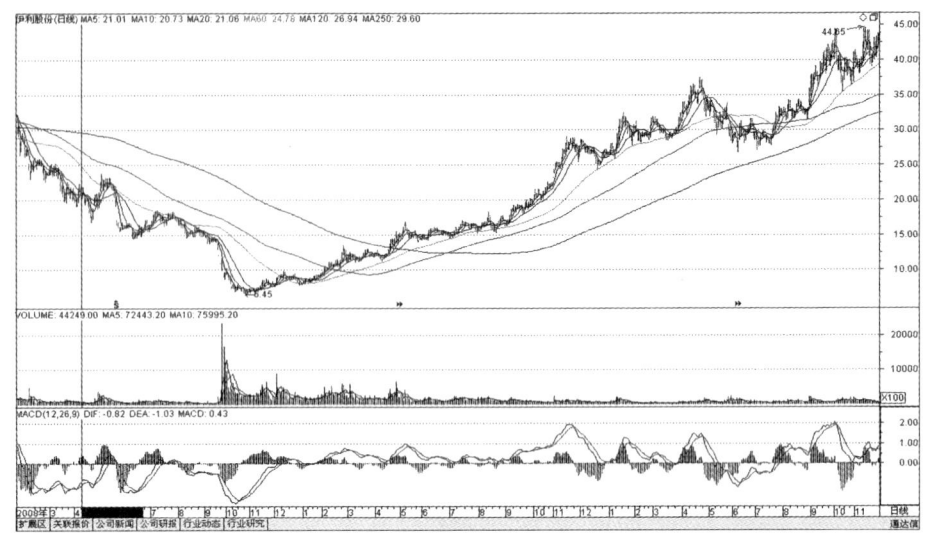

图 2-34

戏熊术第九式
土鸡变凤

一、战法定义

土鸡变凤是指基本面比较差的上市公司质变为基本面优异的上市公司，最常见的方式是资产重组，有时是存在重大政策环境改变。

二、战法要点

1. 人生赌注股

要注意分析公司的基本面是否发生了实质性变化，因为有些资产重组只是为了暂时保壳。概念性的重组、保壳性的重组都只能短线获益，不能希望太大。而实质性的重组，可能会造就人生赌注股。

2. 考察主力

要注意分析上市公司的股票是否有主力被套，是否有新主力介入。一般情况下，有新主力介入的股票中线潜力更大一些。

3. 后续资源分析

大股东后续资产资源比较多的央企绩差股是较好的赌注标的，另外有一些绩差股在股东转换时就已经有重组信息事先透露，要提前分析。

4. 要防止退市风险

不能只看见成功案例，实际上，不少绩差股存有退市风险，这一点一定要防范住，人生赌注股只能小仓位娱乐，不能重仓博，一旦失误对人生打击太大。

三、战法举例

（1）图 2-35 是中科英华（600110）在 2012 年 7 月 9 日至 2013 年 4 月 15 日的 K 线图。该股在 2012 年大盘弱势背景下，基本面较差，绝对股价低，但筹码集中，走势横向独立，在 2012 年 11 月停牌重组，2013 年 3 月复牌后连续 6 个涨停，股价接近翻番。

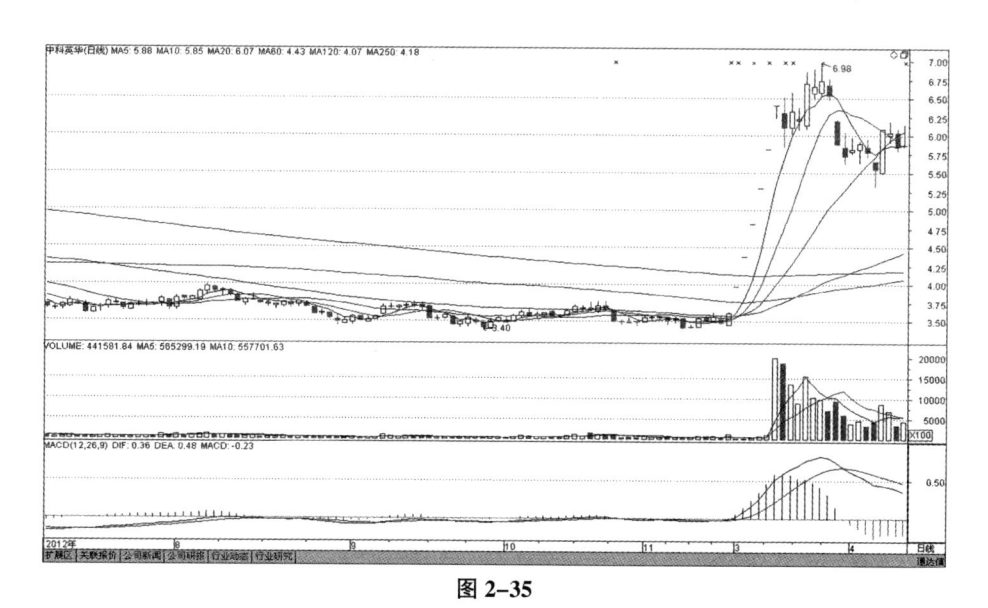

图 2-35

（2）图 2-36 是中源协和（600645）在 2011 年 1 月 11 日至 2013 年 5 月 9 日的 K 线图。该股原是一个主营为纺织的绩差股，通过资产重组，股价由低位的 8.76 元，不到 5 个月一口气涨到最高价 24.96 元。

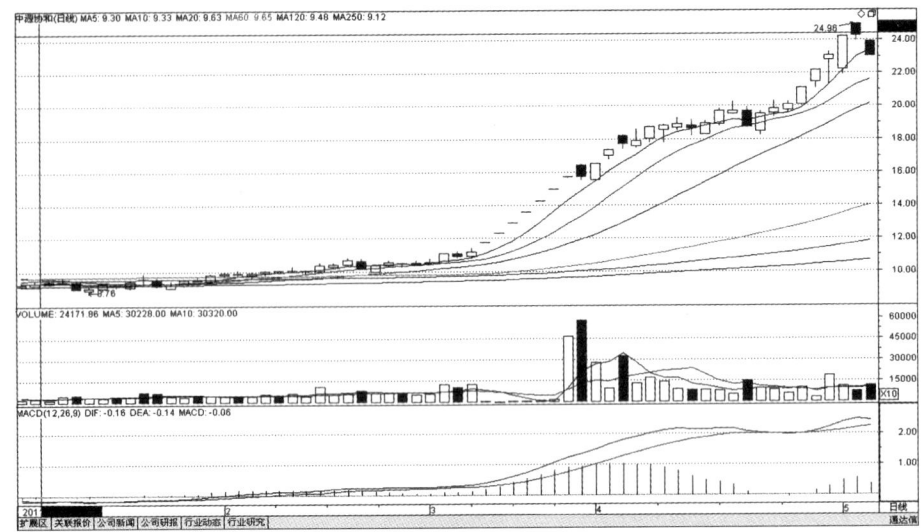

图 2-36

股海加油站

1. 气人的老公

"老公,为什么每回洗完澡都觉得自己特别美?"

"因为脑子进水了。"

"滚!"

2. 聪明的女儿

睡觉前,女儿要吃苹果,我哄她说:"苹果里面有虫子,明天爸爸把虫子洗掉了你再吃。"

女儿:"爸爸,你赶快让我吃了吧,明天苹果都被虫子吃光了。"

3. 男朋友

和男朋友吵架,他一生气摔门就走了。

我从窗户问他几点才回来,二货说他再回来就是孙子。

我果断地把门锁了!两小时后他在门口一边敲门一边喊:"奶奶,我回来了……"

第三部分
强势子系统

> 关键语:
> 无风潜海底,有风驶到尽。

第一章 短线投资
PART ONE

短线投资警语:
在强势市场中,赚钱的第一要素是效率,即买进股票后很快就上涨,这正是技术分析的优势。
技术分析的最重要因素:成交量变化,均价趋势,形态逻辑,指标暗示。
技术分析的最关键逻辑:超越,连续,反击,逆反。(参阅《百战成精》)
技术分析的辅助判断:交易制度,基本面认可度,题材热度,机构习惯。

短线投资第一式
顺手牵龙

一、战法定义

比较大的上涨行情展开时,往往有一个板块是热门板块,在行情初期掌握这个热门板块中的最强股的战法招式,我们称为"顺手牵龙"。

二、战法要点

1. 成交量最大之一

龙头股常常是这个阶段成交量排名前 10 名的股票之一。

2. 次新股

领涨股常常是新上市不久的次新股。

3. 换手充分的小盘股

最疯狂的股票常常是换手充分的小盘股。

4. 筹码集中股

筹码集中的强势股容易连续涨停。

三、战法举例

（1）图 3-1 是民生银行（600016）在 2012 年 9 月 27 日至 2013 年 2 月 6 日的 K 线图。该股在 2012 年大盘弱势背景下，走势明显强于大盘，筹码也在不断集中，12 月 5 日开始放量上涨，同时银行股也领涨大盘，该股走势最为强势，贯穿这一轮行情，股价接近翻番。

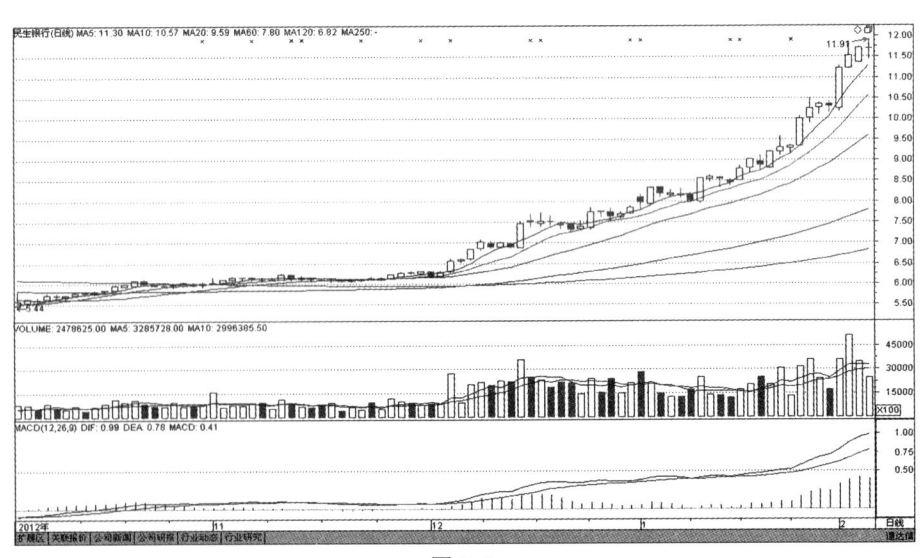

图 3-1

（2）图 3-2 是昊华能源（601101）在 2010 年 9 月 28 日至 2010 年 10 月

26日的K线图。该股是煤炭板块中的相对小盘次新股，在9月28日大盘突起的行情中，煤炭有色等大盘股是热门股，该股相对换手较高，股价由低位启动的32.00元，不到1个月内一口气涨到最高价48.00元左右，股价翻番。大盘这轮行情见顶后，股价依然走势很强。

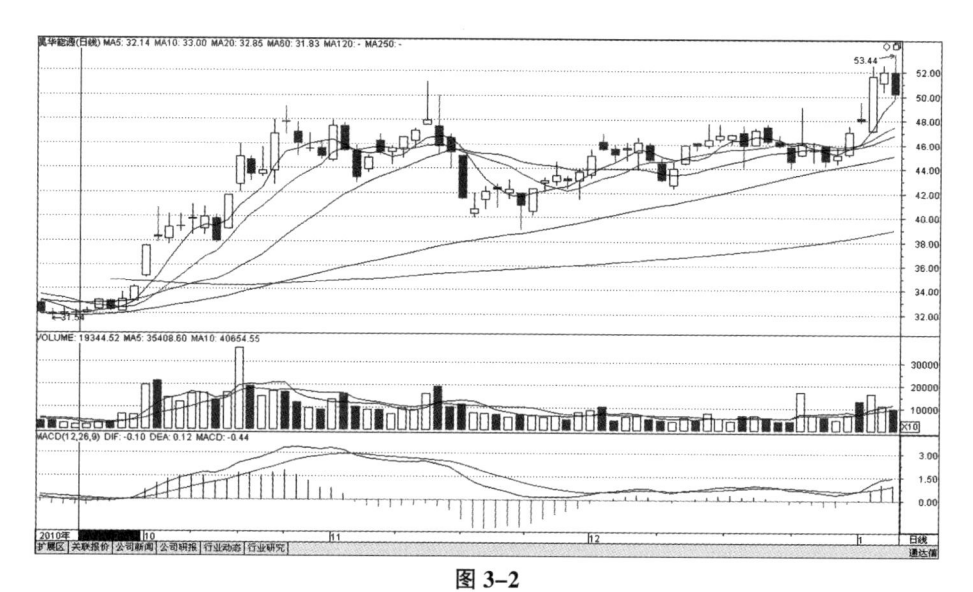

图 3-2

短线投资第二式
堆量王子

一、战法定义

在量价技术分析中，强势市场最容易与最简单的获利股票是相对低位、成交量连续大量堆积的品种。刻意捕捉这种机会的战法称为"堆量王子"。

二、战法要点

1. 换手率高

阶段换手率经常最高的这类股比较好。

2. 题材热门股

有一个即时爆发题材的这类股比较好。

3. 螺旋桨

筹码集中的螺旋桨个股比较好。

4. 冷门股

以往的冷门股出现这种情况比较好。

三、战法举例

（1）图 3-3 是浙江东日（600113）在 2012 年 3 月 28 日至 4 月 25 日的 K 线图。该股在 2012 年的大盘强势背景下，低位连续堆量强势上攻，在 1 个月内，股价由 5.28 元涨到 17.41 元。

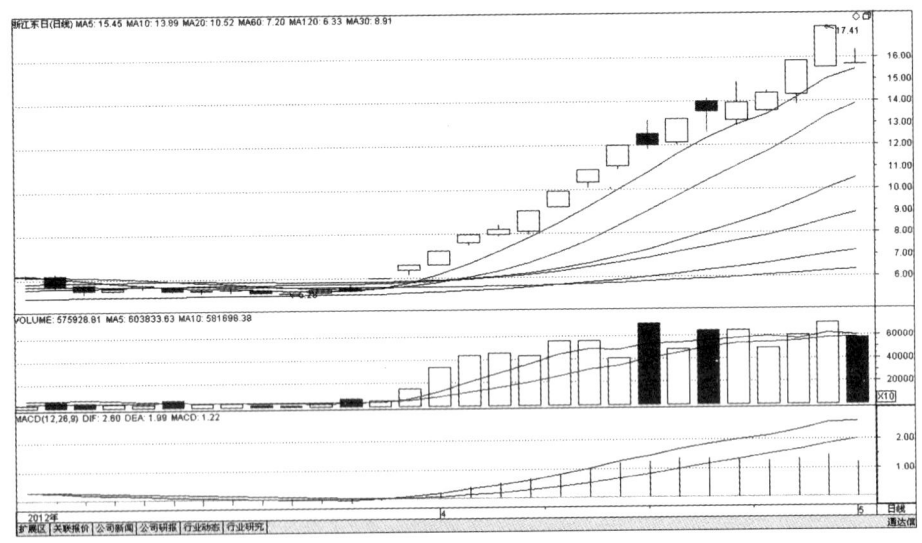

图 3-3

（2）图 3-4 是罗平锌电（002114）在 2011 年 1 月 9 日至 3 月 7 日的 K 线图。该股堆量上涨，股价由起涨点 6.01 元在两个月内涨到 16.80 元。

图 3-4

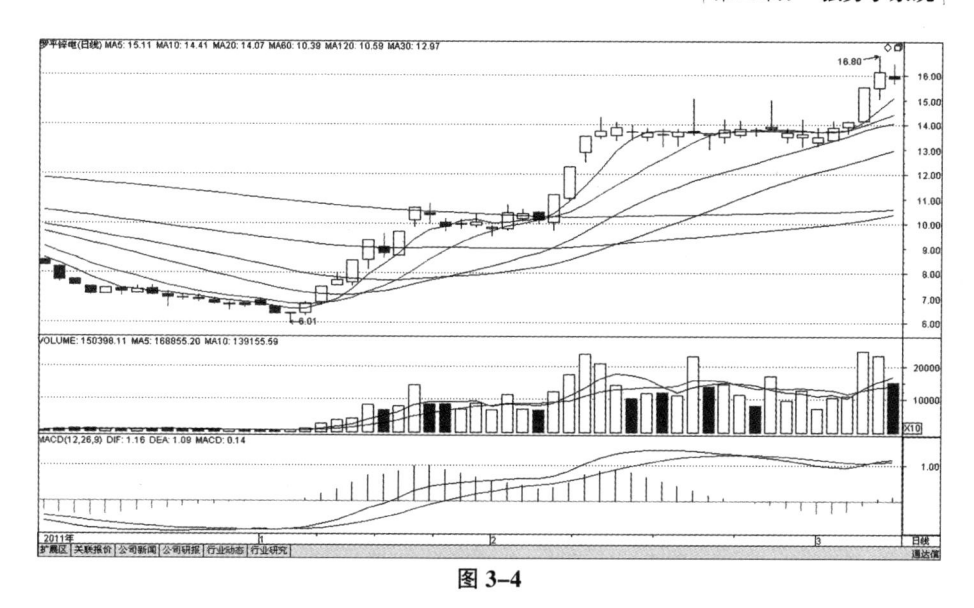

短线投资第三式
多线开花

一、战法定义

股价与 5 日、10 日、20 日、30 日、60 日等重要均线集于一线,且这些均线趋势向上,此时股价一旦起爆,常常会走出主升行情。

二、战法要点

1. 题材股
有新题材配合的该类股比较好。
2. 筹码集中股
筹码集中股走出这种情况比较好。
3. 成交量
集于一线后量比放大比较好。

4. 前期强势

前期的强势股调整到位后比较好。

三、战法举例

（1）图 3-5 是深圳惠程（002168）在 2010 年 8 月 22 日至 12 月 30 日的 K 线图。该股前期在大盘强势背景下，小箱体横盘震荡，10 月 22 日股价与 5 日线、10 日线、20 日线、30 日线集于一线，然后放量上涨，走出主升段行情。

图 3-5

（2）图 3-6 是西水股份（600291）在 2012 年 1 月 25 日至 2 月 6 日的 K 线图。该股前期在大盘强势背景下，股价横盘波动，显示筹码比较集中，1 月 25 日股价与 5 日线、10 日线、20 日线、30 日线集于一线，随后在媒体造势的作用下，股价放量上涨，走出主升段行情。

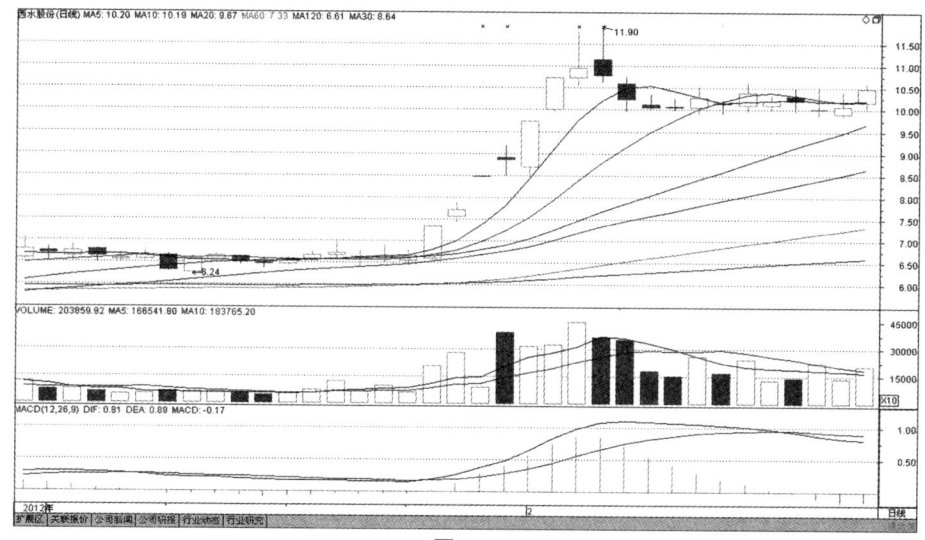

图 3-6

短线投资第四式
树旗造梦

一、战法定义

树旗造梦是一种机构造梦或者借势的主动积极战法,主力机构在大举主攻一个潜力股前,常常会根据市场背景人为地分析设计甚至策划制造题材,当然这个题材通常是比较新颖、具有高科技、有一定市盈率的。这种战法,短线力度常常会比较激烈。

二、战法要点

1. 被套重仓股

一些基本面普通的低价机构被套股,常常会设计爆发题材,比如说用定增的方式注入当时的热门行业资产,比如涉网络科技、涉矿、涉房地产、研制新药等。

2. 事先征兆

有机构在市场强势的时候，根据社会事件和新鲜事物设计题材，比如说根据新重大政策转型进军某行业、具有某新鲜科技概念，这类股票常常事先强势放量，然后强势调整。

3. 题材爆发启动

这类股票都是题材爆发后强攻制高点，而且一口气直接涨到位，如果大盘不发生意外情况，上涨过程中股价不调整。

4. 可以适当追高

对于这类股票，在涨势初期，可以适当地少量追高。

三、战法举例

（1）图 3-7 是三五互联（300051）在 2012 年 1 月 4 日至 5 月 10 日的 K 线图。三五互联 5 月 4 日晚间发布资产重组预案，拟以 2.10 亿元收购中金在线 100% 股权，公司股票 5 月 6 日复牌。同时，受移动互联网大会将于 5 月 7 日召开这一利好消息影响，互联网、4G、通信设备等相关概念股全线上涨，三五互联更是率先涨停，直至收盘。

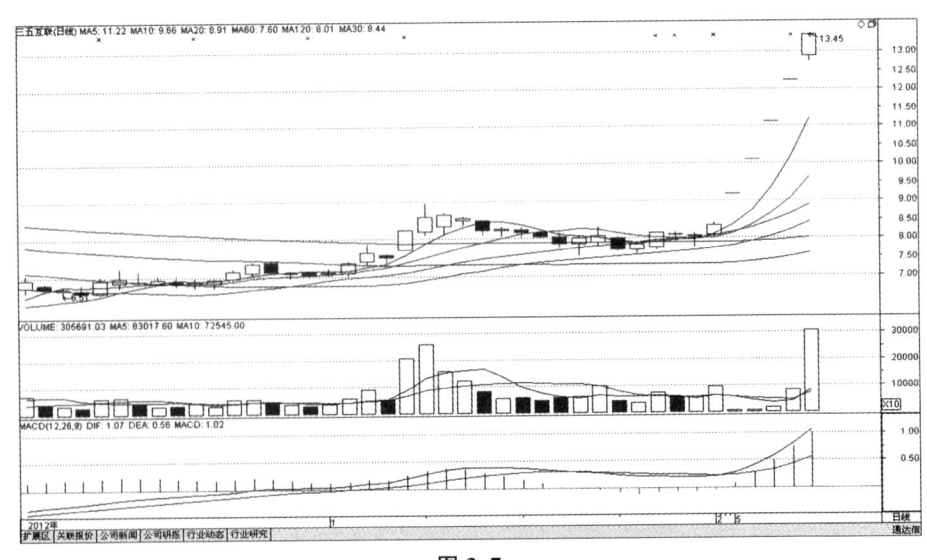

图 3-7

（2）图 3-8 是北斗星通（002151）在 2012 年 12 月 25 日至 2013 年 3 月

4 日的 K 线图。12 月 27 日，北斗卫星导航系统新闻发布会在国务院新闻办公室新闻发布厅召开并宣布：自当日起，北斗系统在继续保留北斗卫星导航试验系统有源定位、双向授时和短报文通信服务基础上，开始向亚太大部分地区正式提供连续无源定位、导航、授时等服务。此消息意味着北斗导航系统将更进一步市场化，受此影响，卫星导航概念股大获提振。北斗星通（002151）本轮反弹涨幅达 163.35%。

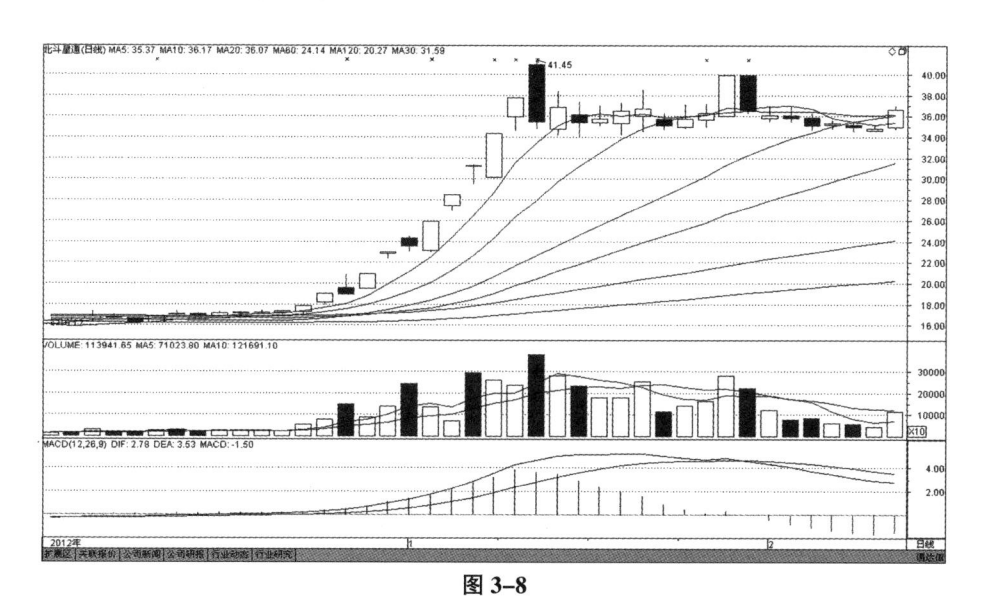

图 3-8

短线投资第五式
回马拖刀

一、战法定义

回马拖刀是对一种反击形态的形容，某一只股票原本走势比较良好，但是突然意外地抛压使得股价下跌，股价随后就立刻出现强劲反弹的走势。

二、战法要点

1. 选择时机

正能量的反击形态在大盘背景尚可的时候，或者在市场低位时出现最为可靠，在市场弱势时有效的概率也比较大。

2. 适用范围

这种形态对于大盘、个股都适用。

3. 常见形式

有尾市反击形态、日线反击形态、周线反击形态，这几种反击形态都有效果。越是短线快速有力度的反击，短线价值越高；越是偏长时间的反击，持续时间效应越长。如果过长时间才反击，就不属于反击形态了。

4. 比较力量

选择反击形态的个股，要注意与其他股票比较，力度强烈的股票为上品，随大众的则是一般股票。

三、战法举例

（1）图3-9是蓝色光标（300058）在2012年第四季度至2013年5月8日的K线图。该股在2012年11月26日大盘弱势背景下，出现短线急跌的

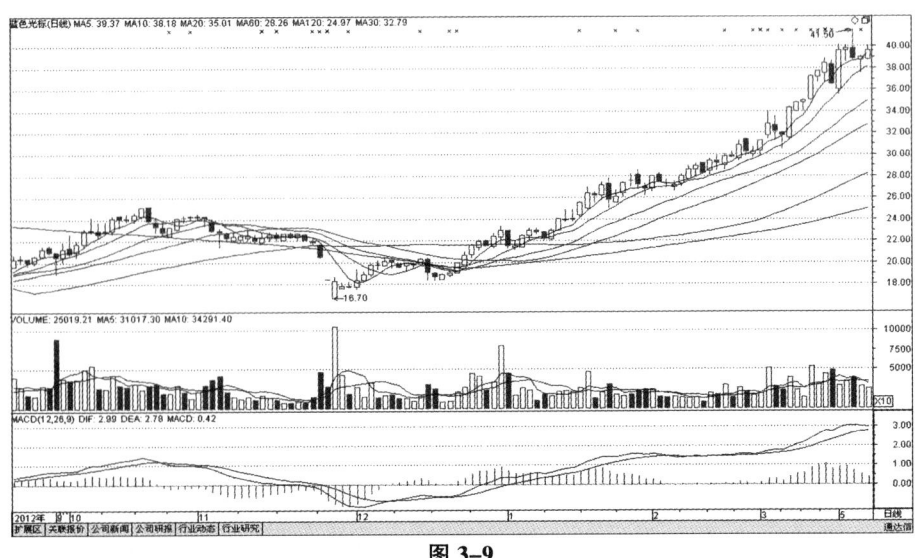

图 3-9

走势，然后股价很快反击收复，其后股价走出单边上涨行情。

（2）图3-10是中国宝安（000009）在2013年3月22日至5月10日的K线图。该股在此期间每出现一条大阴线，第二天只要是出现反击走势，短线都有获益机会。

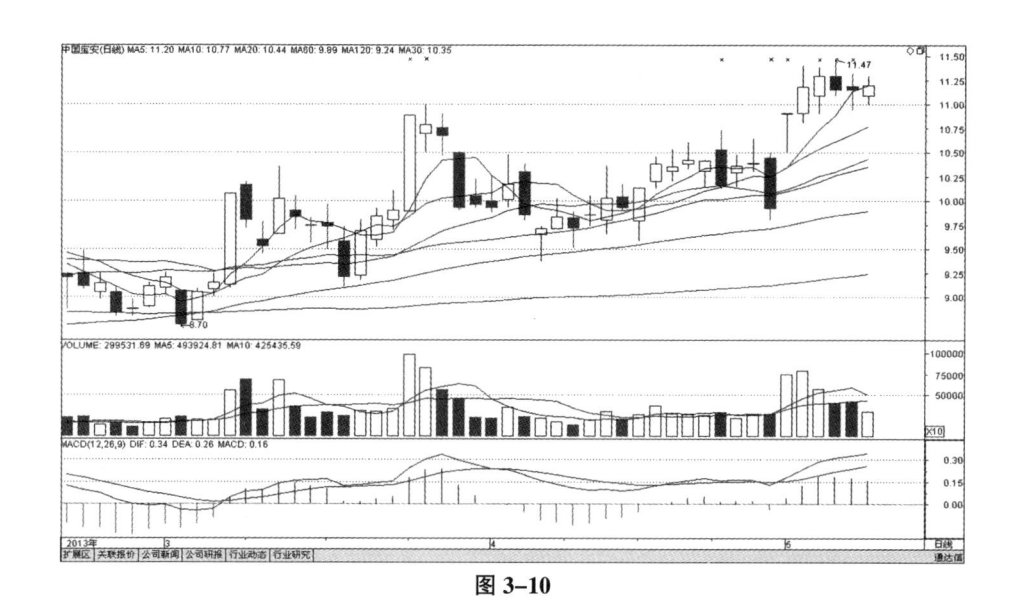

图 3-10

短线投资第六式
逆流勇进

一、战法定义

即使大盘处于强势的时候，也有技术性调整的时间段，这个时候会有一些股票逆势（次级趋势）上涨，捕捉这种机会的战法，我们称为抓"犟毛驴"的"逆流勇进"战法。

这是强势中一种攻守平衡的打法，也是职业投资者比较重视的选股法。

二、战法要点

1. 筹码集中股

前期涨幅有限的筹码集中股，在大盘调整的时候，容易出现上涨行情。

2. 指标股

涨幅落后的重要指标股容易在大盘见顶的时候出现上涨，从而可以遮掩其他股票大跌所带来的指数过大下跌幅度，比如说 2010 年 11 月 11 日中石油的表现。有时候，突发利空事件的第一个交易日，重要指标股也会护盘，比如"9·11"事件后的 2001 年 9 月 12 日，在大盘下跌的情况下，中石化（当时第一指标股）上涨了 4.55%。

3. 弱势股

在前期涨幅不大的大众弱势股，不具备逆流勇进的抗跌特征，下跌的幅度甚至可能超越大盘。

4. 新热点股

当热门板块短线涨幅太大，或者市场出现大规模涨停潮，且大盘滞涨征兆出现，此时大盘容易出现急跌方式的调整。大盘的强势调整应该在一天半内就结束，在此期间容易爆发新热点板块，如果大盘较严酷的调整超过两天，需要警惕行情结束。

强势中的温和调整可能需要一段时间，指数的调整目标位常常在重要均线附近，这个阶段筹码集中股和小市值低价股票相对其他股票较为活跃。

三、战法举例

（1）图 3-11 是沪市综合指数在 2013 年 2 月 18 日波段见顶期间的 K 线图。由于银行板块等指标股的下跌，导致指数出现下跌，此时却有一批前期涨幅不大的中小盘的筹码集中股逆流而上，出现几天行情。

（2）图 3-12 是中国国贸（600007）在 2013 年 2 月 18 日沪市指数见顶期间的 K 线图。在大盘见顶回落那几个交易日，中国国贸连拉阳线，给予投资者从容逢高清仓的机会。

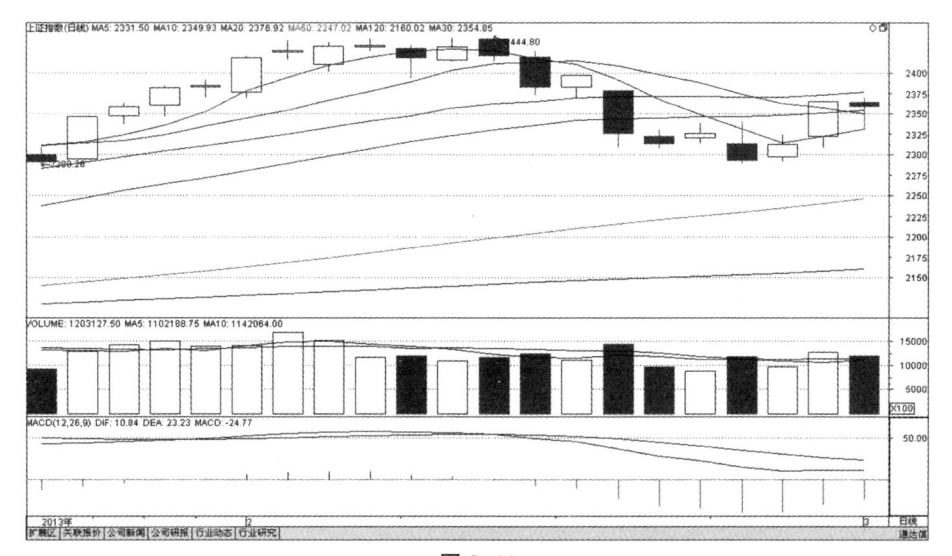

图 3-11

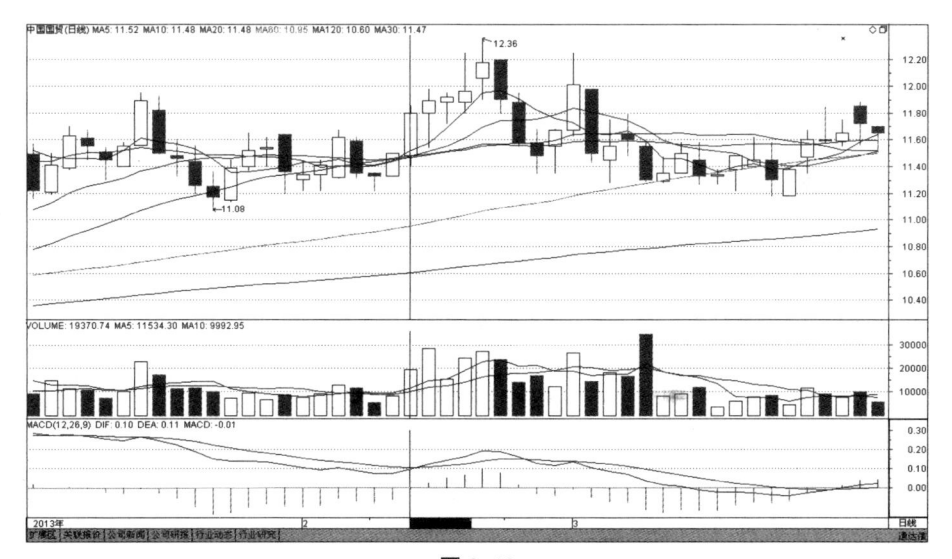

图 3-12

短线投资第七式
猛龙翻江

一、战法定义

在强势市场，通常有两次股价上涨。第一放量上涨后，经过一段时间调整，然后第二次再度上攻，"猛龙翻江"的打法主要是抓第二次上攻的机会。

二、战法要点

1. 第一次上攻形态

第一次上攻应是多头形态的上攻，不能是下降趋势的放量反弹，而且第一次上攻应是比较猛烈的，持续时间为两日以上为好，一日则没有把握。

2. 调整形态

股价在第一次上攻后的调整，应是强于大盘的，不能有效跌破重要均线，也不能出现MACD良性暗示。

3. 第二次上攻征兆

第二次上攻的征兆是，股价在重要均线处遇到强烈支撑，MACD金叉放量，多线开花放量。

4. 选股类型

最好是流通市值比较适中的股票，盘子太大或者太小都不太好。

三、战法举例

（1）图3-13是浙江广厦（600052）在2012年2月9日至4月26日的K线图。该股在2月24日至3月5日先是放量拉升一波，之后股价调整，在MACD指标调整到金叉位，再度放量拉升。MACD金叉放量时为投资性买点。

（2）图3-14是中国医药（600056）在2009年9月1日至12月3日的K线图。该股在9月17~27日显示放量上攻，之后股价调整，在股价调整到5

日线、10日线、20日线集于一线处，再度放量拉升，股价走出上涨主升行情。

图 3-13

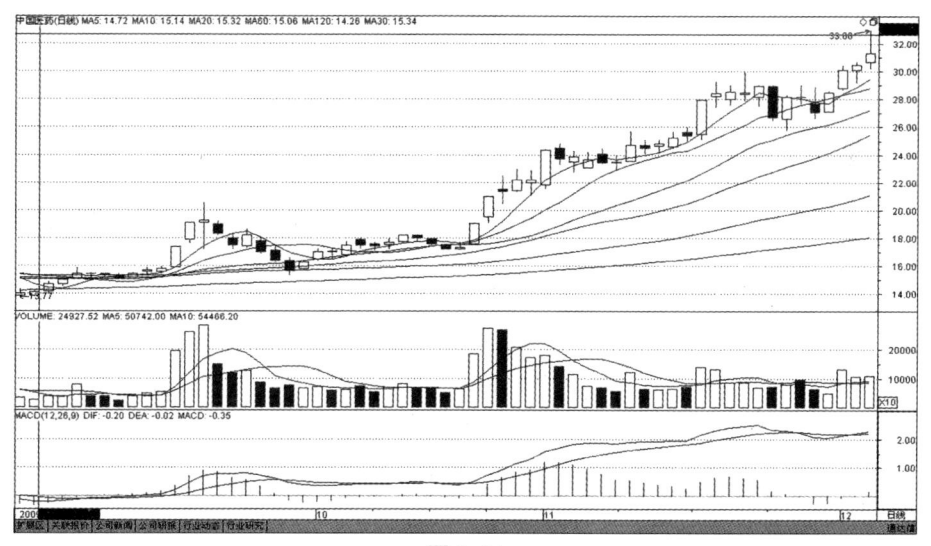

图 3-14

短线投资第八式
涨停贯日

一、战法定义

在大盘极其强势的时候，有的短线投资者喜欢在涨停板附近追进低位第一个涨停板的打法，我们称为"涨停贯日"战法，有人称使用这个战法的人为"涨停板敢死队"。

二、战法要点

1. 适用背景

只有在大盘处于极强的背景下才能使用，在这种情况下，这类个股继续上涨的概率极大。在大盘处于弱势背景的时候，这类股容易封不死涨停板，第二天也容易低开低走。

2. 超短线打法

这种打法是超短线打法，不适合重仓干，在个股出现走弱的征兆后，应立即出逃。

3. 选股策略

应选择在相对低位的第一个涨停追击，不适合过分追高。目标股最好是低价、低市值的品种，筹码集中股可适当加分，最好不是基金重仓股。

4. 涨停的方式

涨停的方式最好是突然独立走势的一口气拉上涨停；或是早市、午市攻击，一浪比一浪高的涨停；或是之前涨幅就在5个点以上，下午2:00之后冲击涨停的股票。

最好不是那种尾市由低位冲击涨停的股票，这有可能是机构实力不够的勉强攻击。

三、战法举例

（1）图 3-15 是哈飞股份（600038）在 2007 年 11 月的 K 线图。该股在 2007 年 11 月大盘处于顶部疯狂的时候，突然在 11 月 16 日低位拉出第一个涨停，之后连续暴拉，股价一口气涨到 34.00 元。

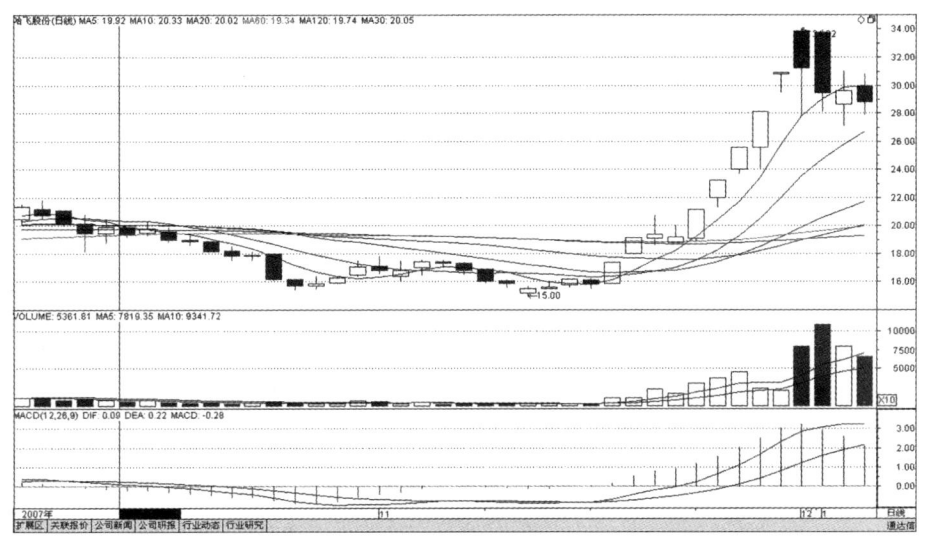

图 3-15

（2）图 3-16 是哈飞股份（600038）在 2007 年 11 月 16 日拉出第一个涨

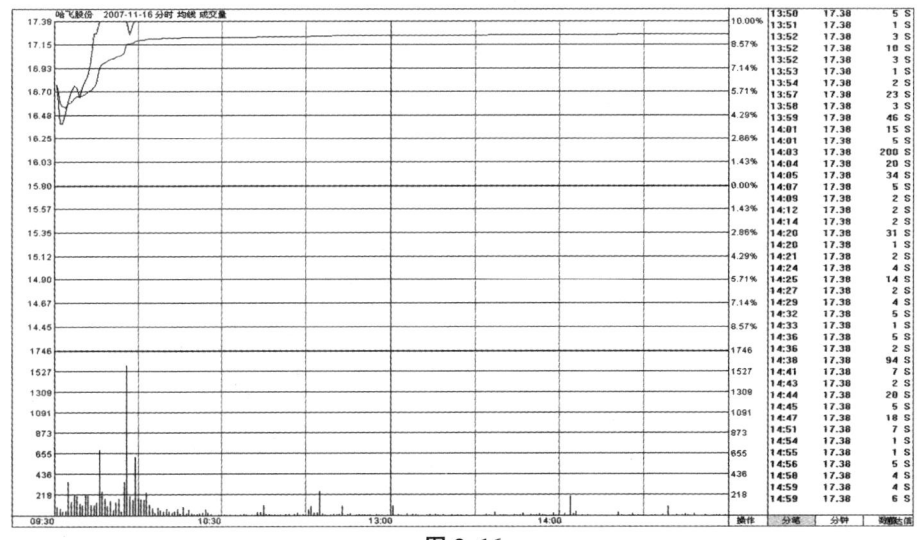

图 3-16

停时的当日走势情况。

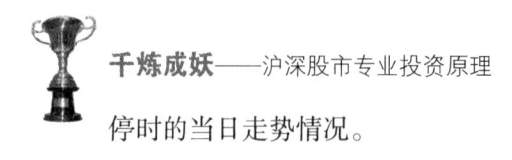

短线投资第九式
顺风袖箭

一、战法定义

在强势市场中,有时候难以发现比较经典的短线机会,这个时候我们需要注意那些正处于活跃期的股票,以及有事件触发点的股票。"顺风袖箭"战法是一些短线职业投资者选股时比较注意的量化指标。

二、战法要点

1. 量比、换手率、总金额排名

短线选股尤其要注意股票的活性,量比排名、换手率排名、总金额排名最能说明股票的短线活跃性。当大盘股是热点时,需要注意在总金额排名表中选股;当小盘股是热点时,需要注意在换手率排名表中选股;如果一个股,连续两天量比急剧放大,该股容易成为短线急涨股,当然这指的是没有潜在利空的低位股。

2. 连续大买单

在盘中选股时,行情软件中会有提示"短线大单"或者"短线涨速"的提示窗口,这也是我们选择短线股票的提示器。

在大盘强势时,早盘开盘时,有大笔集合成交,股价处于2%涨幅附近非高位股,容易成为当天的活跃股。

3. MACD指标及相对股价高低

在大盘已经强势一段时间后,那种许多人喜欢的横在底部的滞涨股,往往效率不高。MACD绿柱线金叉的好股也比较难以出现。

此时,我们可以注意那些正处于上升通道中的MACD指标良性股,比如,MACD在即将死叉的临界点,红柱线再度放量伸长的股票。

4. 常规事件

在市场处于强势时，有些常规事件也会刺激股价的短线表现，比如，股东大会、报表公布、上市公司公告、媒体正面报道等，只要是能引起投资者注意的消息即可。

三、战法举例

（1）图 3-17 的右下角窗口提示的是沪深两市即时异动的短线活跃股情况。

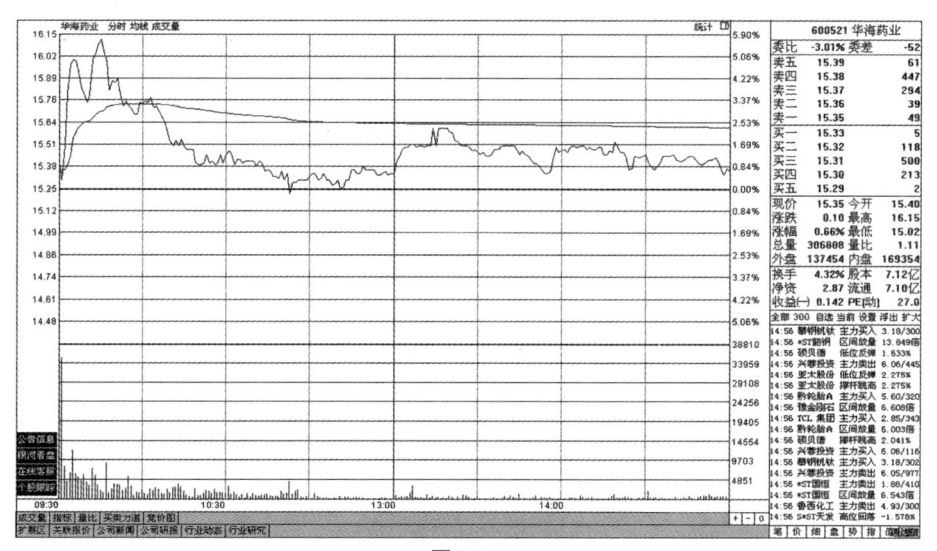

图 3-17

（2）如图 3-18 所示，这是沪深两市的量比排名表，这个表是短线投资者最喜欢的短线选股工具。当然，这个表只是选股的第一步，其他因素也不能忽视。

图 3-18

股海加油站

1. 化解抱怨的妙招

女人抱怨时,男人千万别给她的抱怨提出解决问题的方法,顺着她的话附和几句就对了。

例:"堵车真烦人!"

"你为什么不走另外一条路?"错!

"应该早点出门!"大错!

"下次还是我开车吧。"特错!

"真烦。"

"是啊真烦,我们一会儿去吃好吃的吧!"大对!

"是啊真烦,我们一会儿去吃好吃的再给你买几件漂亮衣服吧。"太对!

2. 赌球

一哥们儿,在一家夜总会工作,一天晚上没什么事儿,就开了个包房看电视。正巧有个朋友来给他送东西,他非拖着朋友一起看球,还要求赌球。赛毕,朋友赢钱走人。

小弟进来看大哥脸色不好又不敢笑，朋友骂道："没见过赌球输的吗？"
小弟说："见过，但没见过赌重播的。"

3. 好大的海滩

一个美国佬身着泳衣在撒哈拉沙漠游玩。一个阿拉伯人好奇地盯着他看。

"我打算去游泳。"美国佬解释说。

"可海洋在 800 海里以外呢。"阿拉伯人提醒他。

"800 海里！"美国佬高兴地喊道，"好家伙，多大的海滩啊！"

第二章 中线波段
PART TWO

关键语：

交易技巧既不是魔术，也不是多么深奥的学问，仅仅是顺应大势，排除小概率，在此基础上发挥自己的优势。

不同的投资者有不同的方法，但是成功的投资者都有自己的操作系统，并排除情绪化的赌博，他们所信奉的基本概念和基本方法似乎都不复杂，简单而有实效，最关键的是具备稳健持续性。

好的股市投资方法 = 顺势而为 + 固定收益 + 强周期收益 + 运气暴利收益 + 规避风险

本部分内容总结的是强势周期的收益获得方法，既总结了勤奋的力量，又描述了波段的魅力。

中线波段第一式
顺风行船

一、战法定义

这个招术说的是，在大盘处于强势时选取指数，或者组合，或者个股波段持有仓位，在行情结束时清仓卖出。

这是一个最基本、最简单的强势波段操作方法。

二、战法要点

1. 买卖点

大盘强势背景下，选取标的站稳30日均线作为买点，在持有的标的跌破30日均线后卖出，把30日均线作为买卖线。

在卖点上，有的有经验的投资者会以大盘的30日均线为清仓卖点，如果所持的个股涨幅比较大，也可以把个股的 10 日均线作为清仓线。

当然，如果你有自己的心得，也可以把其他均线，比如说 25 日均线、20 日均线作为清仓线，同时要适当地考虑政策导向和大盘的市盈率。

投资技术敏感者也可以考虑顶底的形态特征，以及个股组合和乖离的技术。

2. 做指数

事实证明，许多基金和个人投资者的选股能力一般，在一轮行情中往往跑输指数。这样就不如选取一个强势指数基金，或者 ETF 基金进行被动性投资。

3. 做个股组合

比较稳健的做法：可以应用选股技术，根据大盘的强度，选取一定数量的股票，比如说 4 只，或者 8 只，做一个组合，逐个进行波段管理，并且根据先涨后涨的乖离，适当地进行移仓。

这个方法既能发挥操作者的选股能力，也不至于因选股失误败坏心态，还考虑了复利的作用，因此笔者采用这个方法操作。

4. 做个股

只选一两只股票做行情，这要求选股的能力很强。如果运气好，能重仓抓住大黑马；如果运气不好，可能会错失一段行情。

三、战法举例

（1）图 3-19 是金融指数（399240）在 2012 年 12 月 4 日至 2013 年 3 月 12 日的 K 线图。该指数在 2012 年 12 月 14 日站稳 30 日均线放量突破是波段买点，在 2013 年 3 月 11 日指数跌破 30 日均线是波段卖点，纯做金融指数，大概能获利 40%。

（2）图 3-20 是宜科科技（002036）在 2007 年 1 月 17 日至 5 月 30 日的 K 线图。该股在 2007 年 1 月 17 日站稳 30 日均线放量突破是波段买点，在 5 月 30 日指数跌破 30 日均线是波段卖点，这一波只做该股，大概能获利 200%。

图 3-19

图 3-20

中线波段第二式
当红大神

一、战法定义

这是一个抓主流热点板块的战法。在有些中级行情中，主要上涨的就是主流热点板块，其他板块涨幅有限，也不好把握，主流热点一熄火，行情就结束了。

二、战法要点

1. 发现

当市场放量出现机会的时候，经常会有一个板块在放量和涨幅上明显突出，特别是当这个板块具有连续攻击特征的时候，就要引起足够的警觉。

2. 买点

这类股票的第一个买点应是发生连续攻击的时候，比如说第二天放量上涨。在其出现第一次跌幅比较大的调整时，也是一个短线买点。

对于主流板块可以适当地追高。

3. 卖点

走势比较急、攻势比较陡峭的股票，可以选择第二次跌破10日均线后作为减仓点；走势不是很急速的，则以沪市大盘综合指数跌破30日均线为清仓点，也可以两者综合一下。选择卖点，是一个世界难题，只要赚钱卖就不算错，就怕赚钱没卖，赔钱卖。

4. 心理障碍

在市场弱势中爆发中级行情，有的投资者具有心理障碍，最为典型的有两个：

第一个是行情初期低位时仓位轻，行情末期高位时仓位重，导致反弹不但没赚钱还赔钱。

第二个是恐高不敢买主流热点，买那些低位滞涨股，导致一轮行情没有赚到钱。

三、战法举例

（1）图 3-21 是民生银行（600016）在 2012 年 12 月 5 日至 2013 年 3 月 11 日的 K 线图。该股是这轮行情热点板块金融板块的一个龙头品种，其特点是筹码相对集中。

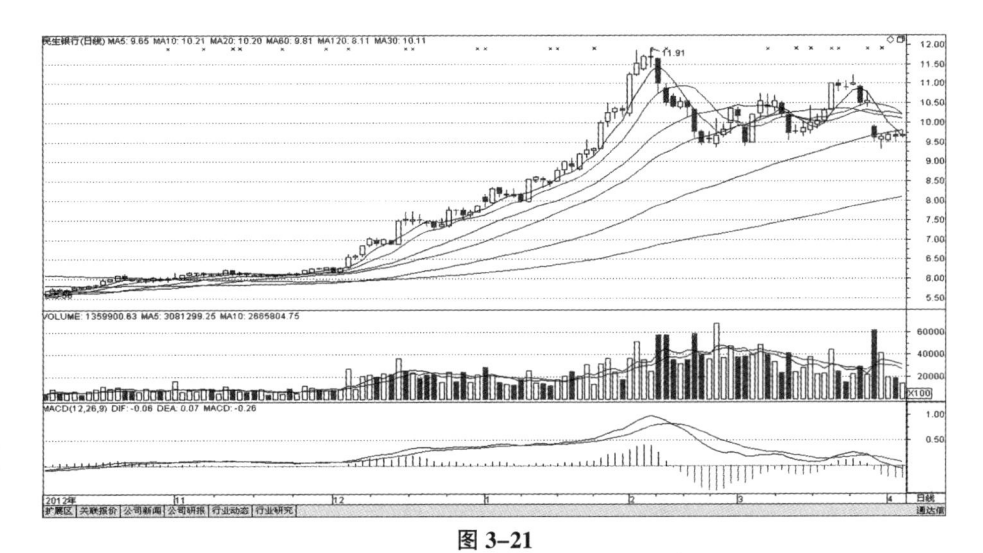

图 3-21

（2）图 3-22 是大同煤业（601001）在 2010 年 9 月 29 日至 11 月 12 日

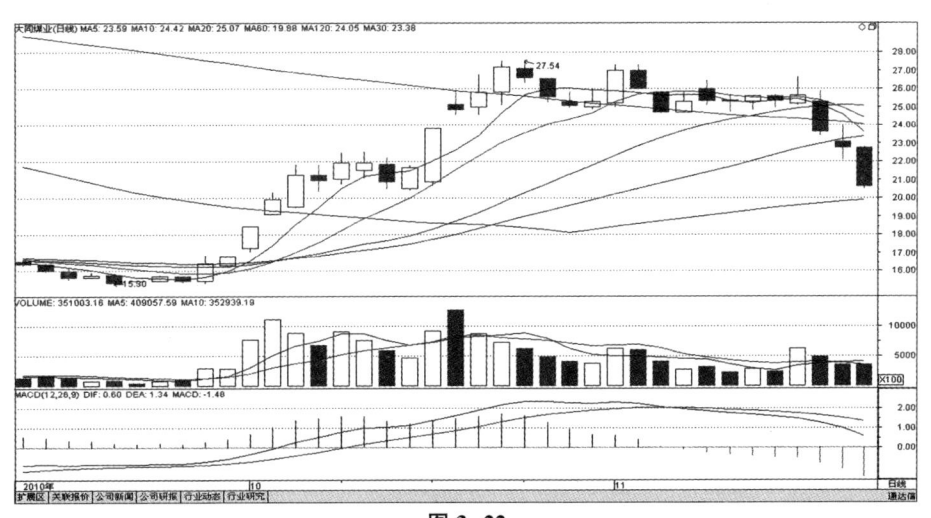

图 3-22

的 K 线图。该股是煤炭股，而在 2010 年 10 月的突发行情中，煤炭股是热点板块。这轮行情，来也快，去也快，主力攻击点集中在少数大盘股，如果不抓住热点，很难赚到钱。

中线波段第三式
流行时尚

一、战法定义

在每个时期，机构投资者都有其阶段偏好，他们这个阶段所偏好的概念板块会成为一个阶段的强势股。我们把这个赶时髦的选股战法称为"流行时尚"。"流行时尚"这个招式有些时候是具有市梦率的股票，一旦题材爆发，涨势会极其疯狂。

在市场处于强势时，这类股票属于不能放过的品种，多少都要赌进一些的。

二、战法要点

1. 题材

题材应是新颖的，比较有想象力的，是革命性的，是大政策导向性的，是技术突破性的。

2. 买点

有这类题材的股票，只要一放量突破，就是买点，而且这类股票往往是一口气连续上涨，通常涨幅不小。

3. 卖点

由于这类股票往往连续涨幅比较大，因而可以对卖点敏感一些，只要对涨幅满意了，就可以分批减仓，也可以选择跌破 10 日均线的时候减仓。

4. 模仿

市场出现了这类题材的火爆炒作后，会有一些主力借助这个题材跟风，制造具有这类题材的新黑马股，这时对这类信息要保持敏感度，注意第二波攻击机会。

三、战法举例

（1）图 3-23 是网络科技概念股上海梅林（600073）在 1999 年 12 月 30 日至 2000 年 2 月 22 日的 K 线图。这时，美国股市炒作网络科技股如火如荼，该股由于具备这个概念（当时没有主营为网络科技的股票），股价疯涨，从 8.00 元一口气涨到 33.26 元，是那个时间段最著名的牛股之一。

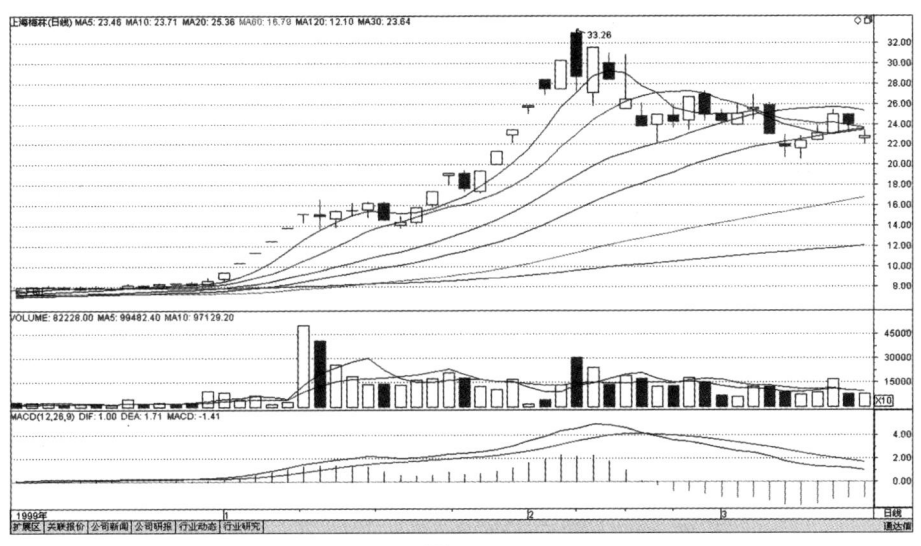

图 3-23

（2）图 3-24 是山河智能（002097）在 2008 年 11 月 10 日至 12 月 23 日的 K 线图。该股主营小型工程机械，而国家在 2008 年 11 月初为了应对国际金融危机，宣布 4 万亿元基建投资，使得该股具有想象力，股价短时间内翻倍。对于这种短线急拉的股票，卖点可以选在跌破 10 日均线之时。尽管后面再创新高，但从效率角度考虑，回避了较长时间的调整时间，还是合适的。

图 3-24

中线波段第四式
虎贲铁军

一、战法定义

有一些股票的筹码集中度非常的高,长时间的 K 线经常是实体比较小并伴有长上下影线,走势与大盘相比有一定的独立性,这类股票在市场强势时,一旦启动常常爆发性比较强,一些职业投资者比较喜欢中线持有这类股票。

有人把虎贲铁军战法也叫作"螺旋桨王"战法。

二、战法要点

1. 走势独立

这类股票走势独立,在大盘出现行情的初期,如果不是热点,有时会抗涨。因此,在大盘上涨的初期,不宜投入仓位过重。

2. 抗调整

这类股票在大盘强势时,如果指数出现短线调整,常常会逆势上涨,可以作为大盘短线涨幅过大时的防守品种,做得好的话,效率比较高。

3. 补涨的潜力大

这类股票一旦补涨,力度也会比较大,在大盘上涨一段时间后,可以逐渐加大注意力和仓位,可以适当组合一下数量。

4. 买卖点

在该类股票没有异动征兆时,不宜仓位过重,在行情发展一段时间后,这类股票一旦异动,可适当当日追高买进。

这类股票如果涨幅不是很大,在大盘见顶的时候也往往抗跌,落后大盘一个节奏,也可以作为恐高时的防守品种。

三、战法举例

(1)图3-25是攀钢钒钛(000629)在2010年9月27日至2011年4月22日的K线图。该股在大盘弱势的时候,履行了现金选择权,筹码非常集中,K线形成螺旋桨的形态,走势横向独立,在2010年10月开始的中级行情中,初期时间段不跟随大盘上涨,待行情明确后停牌重组,2012年12月复牌后连续6个涨停。

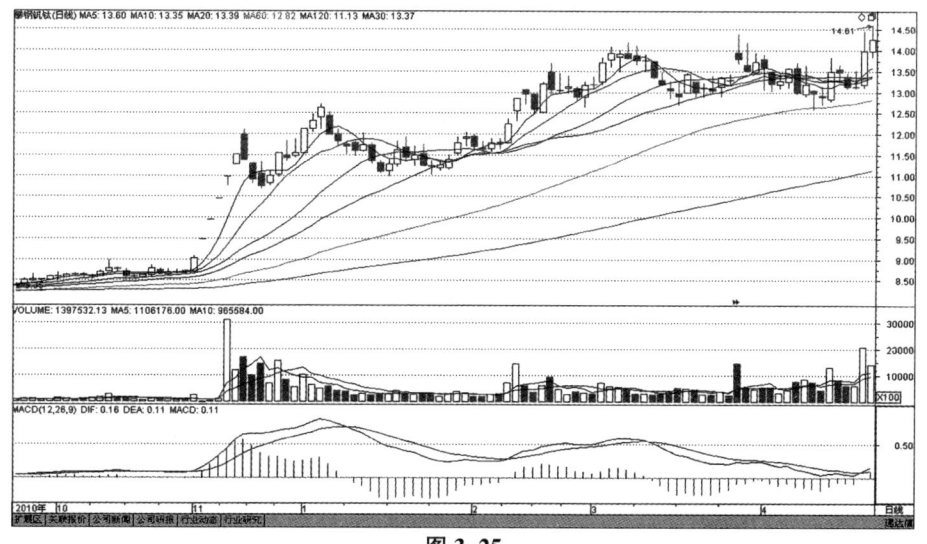

图 3-25

(2) 图 3-26 是兴民钢圈（600645）在 2012 年 9 月 24 日至 2013 年 3 月 21 日的 K 线图。该股由于在弱势中实施定向增发，有职业机构被套，筹码非常集中，K 线形成螺旋桨的形态，走势横向独立，在 2013 年 12 月展开的行情中，初期时间段不跟随大盘上涨，待行情明确后，股价开始补涨。

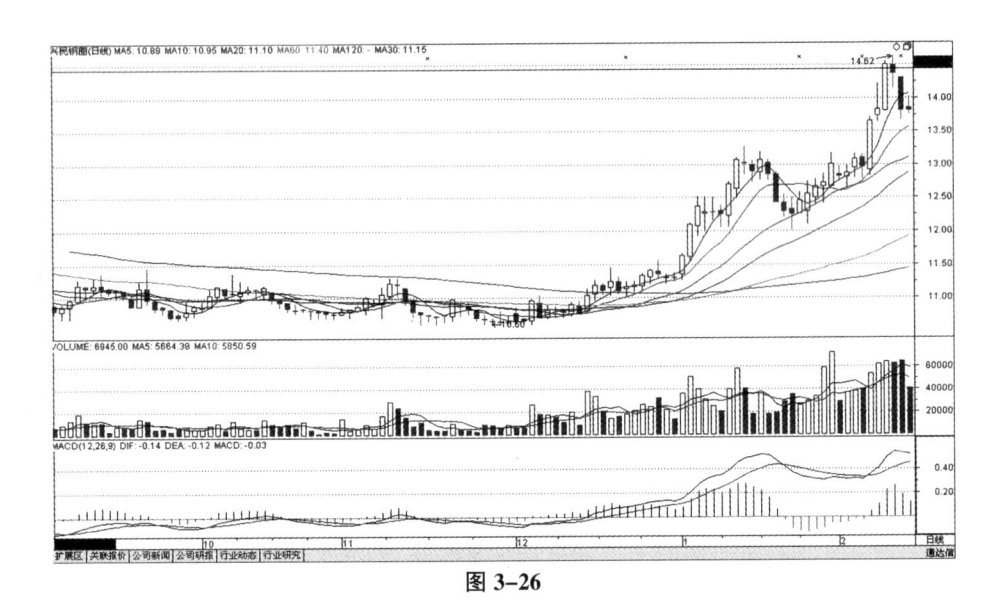

图 3-26

中线波段第五式
饿虎出笼

一、战法定义

饿虎出笼是一种借力的博弈战法，攻敌所必救之处。这个战法指的是某一只股票有主力重仓被套，主力能否自救成功，将会影响到该主力机构的重大盈亏。只要是该主力的生存没有出现问题，主力机构一定会千方百计地进行自救。自救时股价上涨的猛烈程度犹如出笼的饿虎，攻击力非常强。这就为投资者带来了短线赚大钱的机会。

二、战法要点

1. 主力的发现

这类股票的发现，有三种途径：

第一，十大流通股东中有明显的提示；

第二，筹码集中，股东人数一直在缩减密集；

第三，高位明显有主力活动，没有逃跑迹象，或者弱势低位时经常有一些异动。

这类股票中，中低价的、市值不太大的比较好。

2. 涨升的方式

这类股票的市场表现具有明显的特点，这个特点是股票在不动的时候，就像一头睡死的懒虎。即使大盘走势呈强势，该股也会一动不动，比那些没有机构被套的股票股性还死。但是股价一旦启动，存在连续涨停的可能，如果不是事先有准备，可能会因为追涨不及错失机会。

3. 弱势波动方式

这类股票在弱势中与"螺旋桨王"不同，"螺旋桨王"的股票通常是活的，在大盘弱势的时候比较抗跌，甚至会逆势。而主力被套，又没有达到"螺旋桨王"程度的股票，往往是跟随大盘下跌而下跌的，虽然会有一些异动，但基本上没有很有效的抵抗行为。

4. 买卖点判断

这类股票在大盘弱势时，不要管它；在大盘强势时，可以轻仓位地作为组合的一部分，在其出现明显强势时追高买进。

一旦涨幅过大后走势变弱，或者在大盘出现高位敏感地带时，应该清仓处理，被套过的主力机构，在下轮跌势初期，往往出货比较果断，有一定的杀伤力。

三、战法举例

（1）图3-27是银鸽投资（600069）在2012年至2013年4月21日的K线图。该股在2010年底之前盘中经常异动，显示有机构被套，2011年初，随着大盘背景转强，该股猛地发力，成为阶段黑马股。

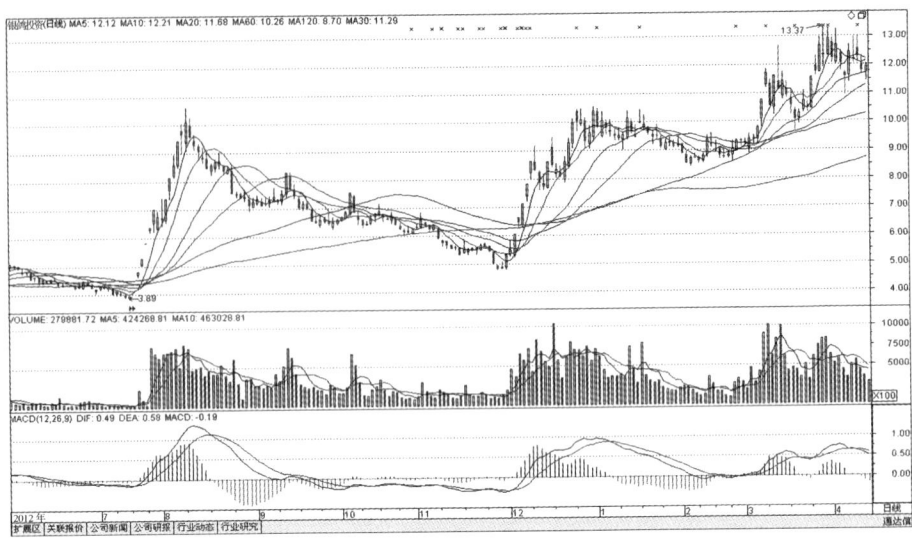

图 3-27

（2）图 3-28 是罗顿发展（600209）在 2012 年 6 月 6 日至 2013 年 4 月 13 日的 K 线图。该股原是绩差股，经过资产重组，基本面好转，在大盘弱势中主力逆势发动行情被套，股价回到低位，等到下一轮行情爆发，主力再度发动，股价暴涨。

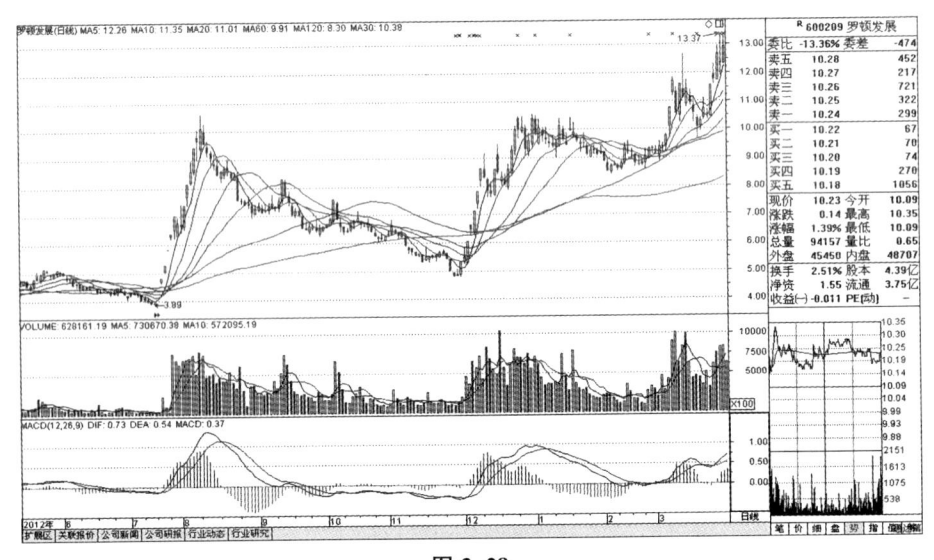

图 3-28

中线波段第六式
土鸡变凤

一、战法定义

土鸡变凤是指基本面比较差的上市公司质变为基本面优异的上市公司，最常见的方式是资产重组，有时是存在重大政策环境改变。

二、战法要点

1. 与弱势打法区别

弱势的土鸡打法是一种小仓位的人生赌注游戏，在市场强势的时候，则是一个重要的组合要素，特别是当这类股票开始出现强势或者上升通道走势的时候。

2. 克服心理障碍

弱势重质，强势重势。在大盘强势的时候，一些低价股涨升幅度往往会高于高价股，超跌股的爆发力会强于抗跌股（包括逆势股），因为业绩差的心理障碍丧失投资机会，是许多股民朋友最常见的不职业表现之一，这点要注意。

3. 常见题材

在大盘强势的时候，最常见的改变低价股基本面的方式是定向增发，特别是那些用现有优质资产入股的定向增发项目。

4. 特别注意的股

有一些基本面比较差甚至是被特别处理的股票，一旦股价的强势表现与基本面逆反，而这类股票又没有退市风险，应格外地注意。

还有一些股票，在低位兼具重组征兆和机构异动，也是需要跟踪观察的。对这个战法的研究力度，应该不亚于绩优成长股。

三、战法举例

（1）图 3-29 是瑞茂通（600180）在 2008 年 8 月 6 日至 2009 年 7 月 14

日的 K 线图。该股在 2008 年大盘弱势背景下，基本面较差，绝对股价低，股价暴跌到 1.74 元，但筹码集中，在 2008 年底经过停牌重组，2009 年复牌后，股价以连续涨停方式一口气涨到 9.26 元。

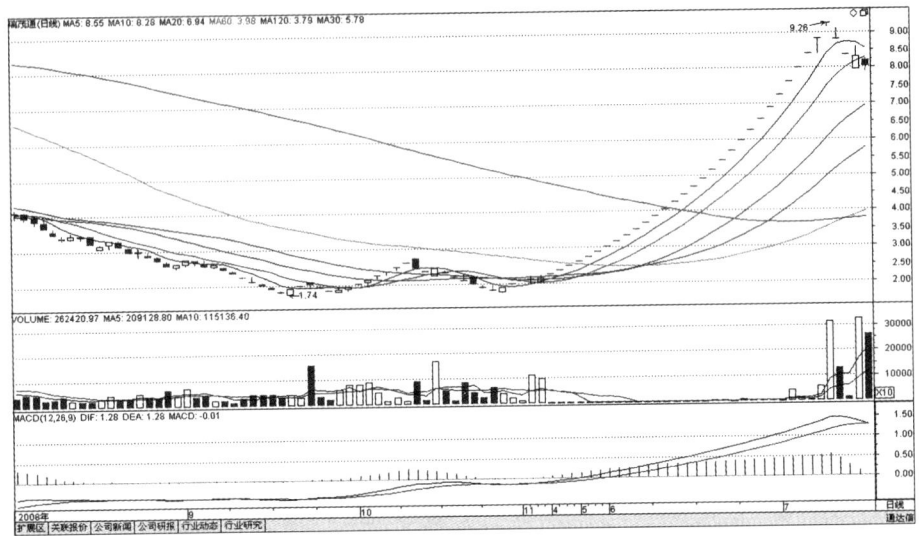

图 3-29

（2）图 3-30 是泰复实业（000409）在 2012 年 6 月 8 日至 2013 年 1 月 25 日的 K 线图。该股原是一个绩差股，通过资产重组，股价大涨，在弱势背景下，股价涨幅没有充分展现，遇见大盘走强，股价继续暴涨。

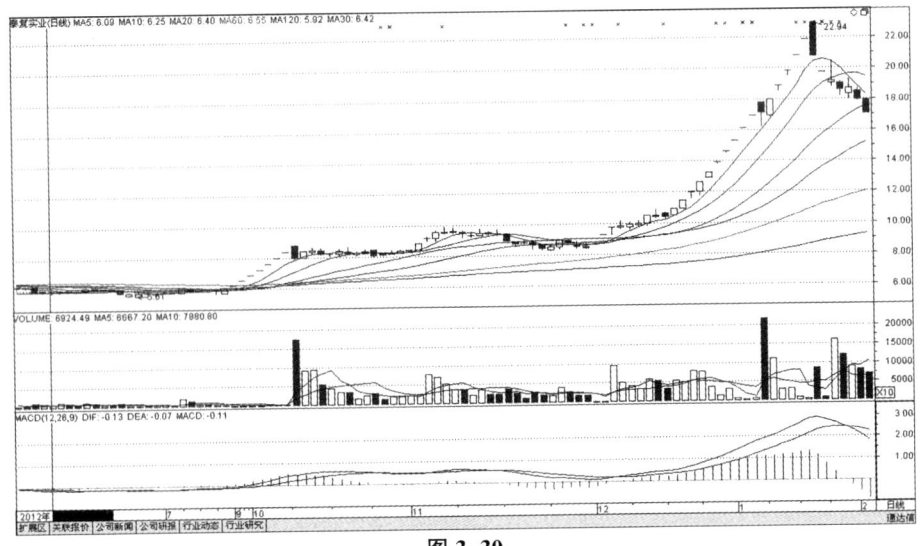

图 3-30

中线波段第七式
利空逆反

一、战法定义

当一只股票出现利空因素，股价该跌不跌，反而逆利空上涨，那么这只股票很可能是一只比较特殊的好股票。我们把利用这种"该跌不跌"或者"板块另类"的现象进行获益的战法称为"利空逆反"战法。

二、战法要点

1. 新增股份上市上涨

当目标股出现利空因素时，最常见的是原获利的限售部分解冻，股价不跌反而放量上涨就具备这个特征。比如说，大小非上市、增发部分上市等。

2. 利好除权后上涨

有一些小盘股配售转债，在除权日大部分这类股会下跌，但是在除权日反而上涨的股票就具备这个特征。

3. 与个股利空上涨

有一些股票出现上市公司利空，低开后放量上涨，也具备这个特征。有时候，大盘或者板块遇利空大跌，领头或者单独逆势涨的品种也符合这个条件。

4. 操作要点

遇利空当日放量上涨，或者当日放巨量次日反击的股票是好股票，中短线都不错。如果遇到筹码特别集中，则有可能是短线表现，这点要注意。

三、战法举例

（1）图 3-31 是中集集团（000039）在 2003 年 10 月 16 日至 2004 年 4 月 15 日的 K 线图。大盘在 2003 年是弱势，在 11 月初展开了一波中级反弹行情，中集集团在 2003 年 11 月实施了公开增发，公开增发的中签率非常高，达到9%左右。2003年12月5日，公开增发股上市，中签者都是获利盘，多数情况下当天及前几天抛压会比较大，但是2003年12月5日这天，中集集团的股价不但没有下跌，反而放巨量上涨7.14%，出现"利空逆反"现象。其后股价单边上扬，并顶住"非典"利空不跌，成为了2004年深市全年上涨第一名的股票。

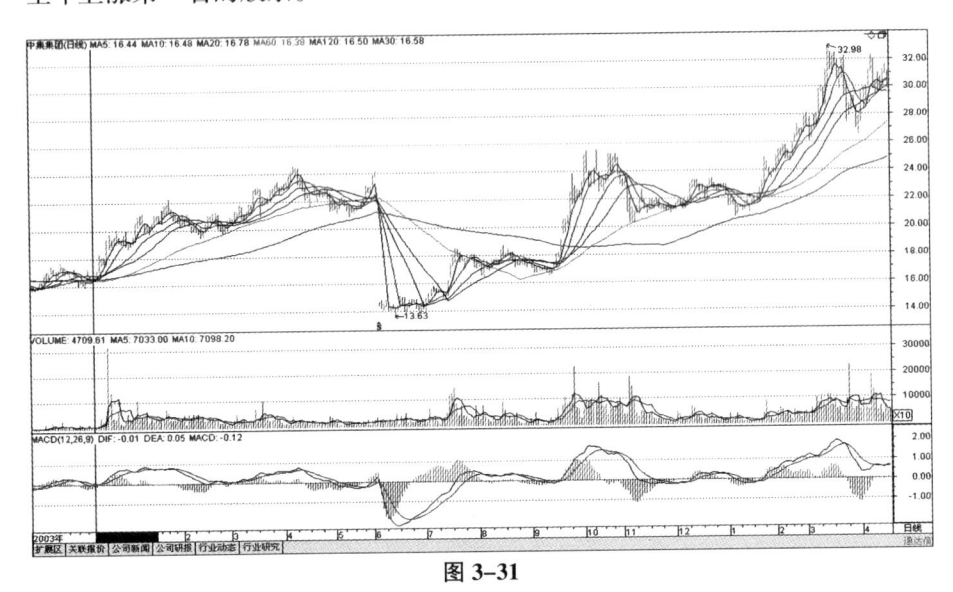

图 3-31

（2）图3-32是江西铜业（600362）在2010年8月26日至11月11日

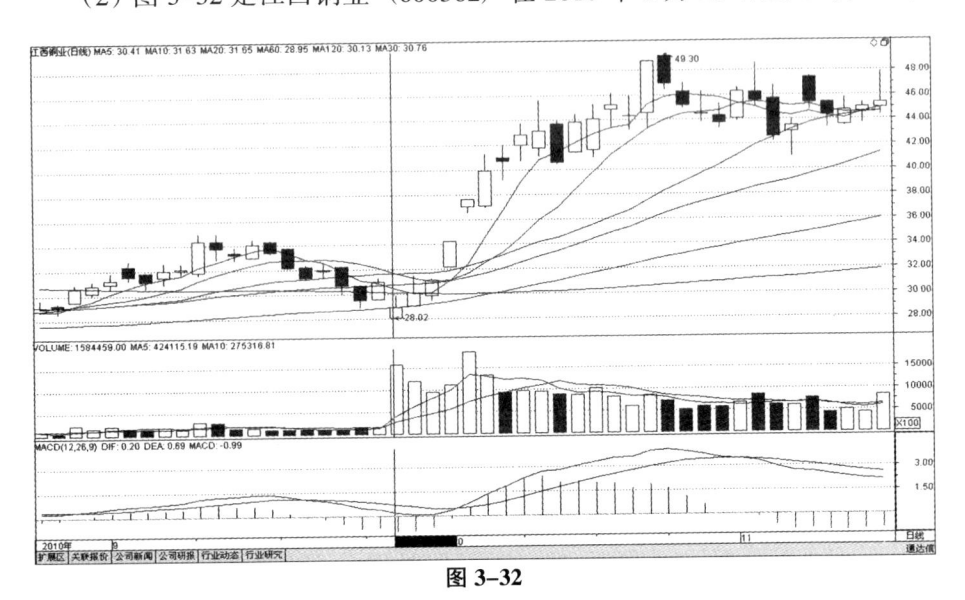

图 3-32

的 K 线图。在 9 月 28 日前大盘是弱势，9 月 28 日是江西权证认股部分上市，由于江西权证折价，在 27 日买进权证转成股票在 28 日抛出，可获利 10%以上，然而这天江西铜业放量收出阳线，29 日出现反击走势，在 10 月的大盘反弹行情中，成为涨幅最大的股票之一。

中线波段第八式
愤怒小鸟

一、战法定义

股价涨跌的最直接因素是供求关系。小市值股票在交易时出现买力大于卖力的情况是显而易见的，这是沪深股市投资文化最显著的特点。因而，在大盘强势背景下，小盘股的短线股性更为活跃，中线的绝对涨幅也更为突出。

除非在一轮行情中，大盘股明显是热点，否则流通市值小是我们必须考虑的因素，也是我们持股组合中最重要的元素之一。

二、战法要点

1. 股本扩张

小盘股具有股本扩张潜力，在大盘强势时，有股本扩张的小盘股在年报公布前一段时间股价容易表现，强势的小盘股在股价转增前后也容易具有涨升爆发力。

2. 再融资

由于小盘股的股价易于被机构控制，因而具有再融资题材的小盘股，股价表现常常会配合再融资的目的。

3. 人生赌注股

当大盘出现一轮比较大的熊市后，第一次上涨出现时，股价超跌的小盘股中容易出现绝对涨幅巨大的品种。

4. 分析手段

分析小盘股时，防守性依靠基本面手段，攻击性依靠技术性手段。也就是说，只要一个基本面还可以（不需要特别优异），只要技术面给出强势，我们就可以把它作为中线好股票，如果这个股票有特点，还有题材，那么就是非常好的股票。

三、战法举例

（1）图 3-33 是路翔股份（002192）在 2008 年 10 月 27 日至 2009 年 8 月 7 日的 K 线图。该股在 2008 年是个小盘袖珍股，在 2008 年大盘弱势背景下，股价跟随大盘暴跌，最低跌到 5.97 元，2009 年股市出现报复性的修复上涨行情，中小板指数是强势指数，该股跟随大盘上涨，一口气涨到 49.20 元，涨幅惊人。

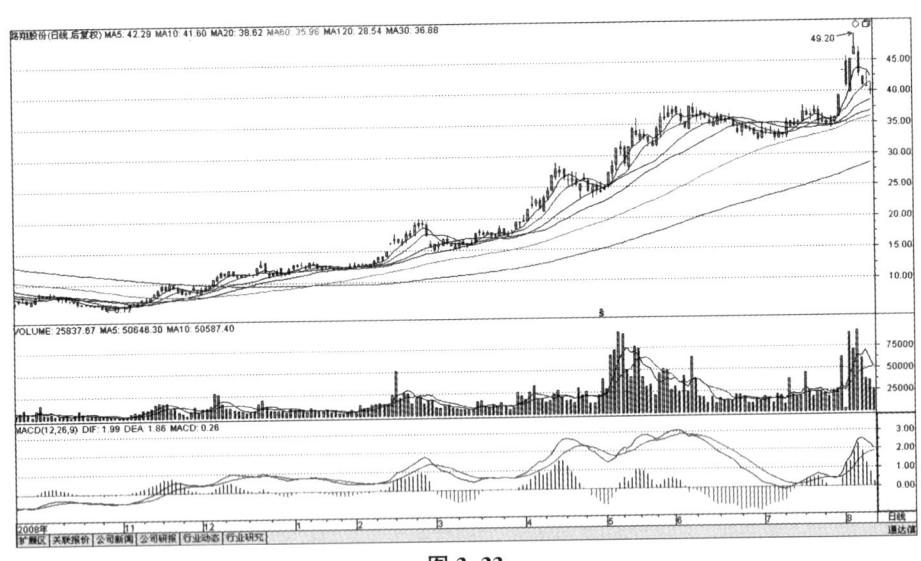

图 3-33

（2）图 3-34 是四创电子（600990）在 2008 年 10 月 27 日至 2010 年 4 月 1 日的 K 线图。该股原是一个主板小盘股，在 2008 年大盘弱势背景下，股价跟随大盘暴跌，最低跌到 6.60 元，2009 年股市出现报复性的修复上涨行情，中小板指数是强势指数，该股跟随大盘上涨，一口气涨到 63.79 元，涨幅接近 10 倍。

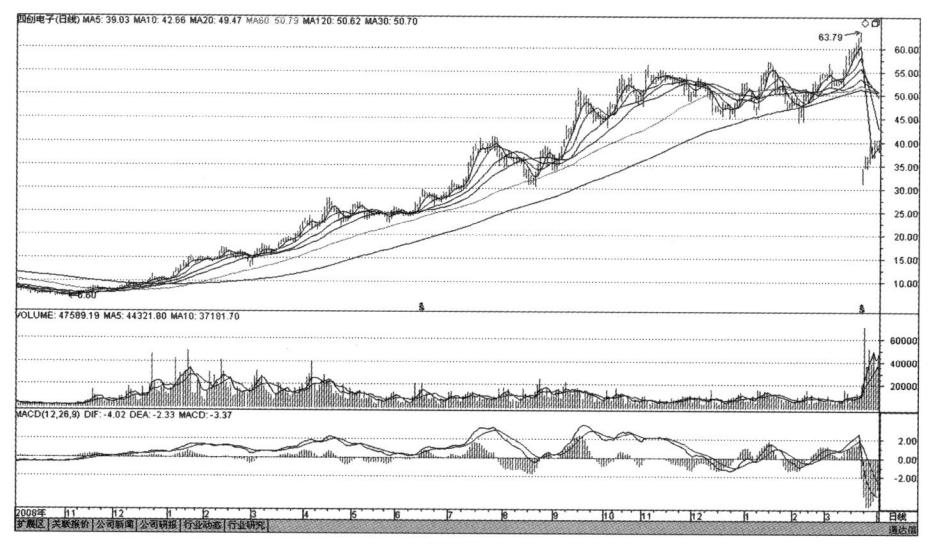

图 3-34

中线波段第九式
传统股性

一、战法定义

有的股票本身就与证券市场的景气度是联结的,因此只要大盘背景一出现强势,它们就会比其他股票更为活跃,利用这种特征的战法我们称为"传统活跃股性"战法。

二、战法要点

1. 传统活跃股

在强势市场中,传统股性的活跃股有券商股、小盘非银行金融股、证券业服务股、创投概念股、杠杆基金。也有一些股票因大股东与二级市场关联紧密,也属于传统活跃股。

2. 传统不活跃股

在证券市场中,多数情况下,钢铁股、高速公路股、公用事业股,以及一些业绩稳定的大市值股多数时间不活跃。绩差大盘股,就更不活跃。

3. 特别注意

有一些股票,在大盘弱势的时候,单边上涨,表现很好。可一旦大盘转强后,反而抗涨,这点在强势中也要特别注意。

4. 买卖点

买卖点根据技术分析手段即可,通常采用量价关系分析法。这个战法,可以作为一种简单的强势傻瓜选股法。

三、战法举例

(1) 图 3-35 是中信证券 (600030) 在 2005 年 3 月至 2007 年 11 月 5 日的 K 线图。在这一轮大牛市中,无论是行情的初期还是行情的末期,或者在 5.30 大震荡期间,都表现得很好,只要个股行情已启动,走势就不会弱于绝大多数股票。

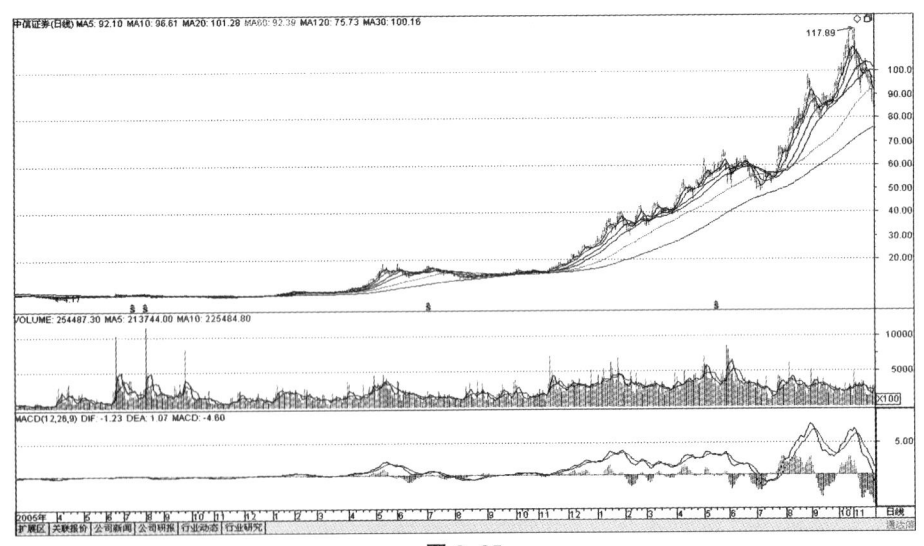

图 3-35

(2) 图 3-36 是南方进取 (100050) 在 2012 年 4 月 25 日上市后至 2013 年 5 月 16 日的 K 线图。这种性质的基金由于存在杠杆的原因,在强市中涨幅大,在弱势跌幅也大,熟练者可以利用其积极的一面。

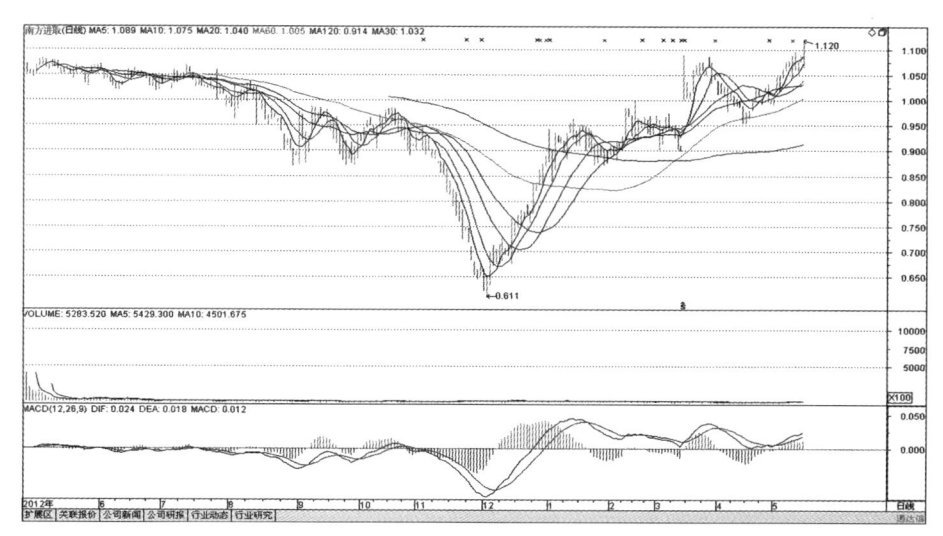

图 3-36

股海加油站

1. 真的是实话

街上遇见多年未见的班花,她问我最近都忙啥?

我如实地回答:"这两天很忙,昨天给中石化下了个单,今天签订了与电信的合约,明天还要去谈一个与联通、苹果三方合作的方案。"

媳妇从后面给了我一脚,吼道:"加个油、装个宽带、买个手机你唡瑟啥!"

2. 没眼色

孙悟空对铁扇公主说道:"好嫂子,我的牛魔王大哥在家吗?"

铁扇公主不悦道:"孙猴子!你大晚上来找我,你大哥在家的话,我敢给你开门吗?"

3. 区别

A:你知道在 18 楼跳楼和在 3 楼跳楼有什么区别吗?

B:嗯?什么区别?

A:在 18 楼跳楼是"啊啊啊啊啊啊……啪",而 3 楼是"啪……啊啊啊啊啊啊……"

B:啊!

第四部分
通用子系统

> 关键语：
> 股市中投资的关键不外乎两点：主力（量能）和题材。

第一章 PART ONE 猎庄狐狸

> 猎庄狐狸警语：
> 你不能以要求狼的标准来要求狗，也不能以要求狗的标准来要求狼。
> 知己知彼，百战不殆。

猎庄狐狸第一式
破解主力

一、战法定义

破解主力战法是一种猎庄战法，是小资金利用自己的灵活和后发的优势，破解主力的状态和利益的动作，从而投资获利的战法。

主力最大的特点是能够改变股票的短线供求关系，造成股价急涨急跌。沪深股市的常见主力有公募基金、私募基金、券商自营、职业机构、上市公司大股东、无形之手。

二、战法要点

1. 主力习惯

与人一样,每个主力都是有其操作风格的,我们必须对主力的风格有所了解。有的主力风格比较硬朗,有的主力风格比较滞重。

了解主力的风格,这方面的知识经验必须从实战中跟踪主力们的持股来获得,庄股的长时间跟踪是我们投资前必须要做的工作。

2. 主力目的

主力的行为是有其目的的:有的主力是为了维护市值,有的主力是为了排名,有的主力是为了融资,有的主力是为了解套,有的主力是为了市场稳定。

我们了解了主力目的,就可以知道自己的进出时机,在主力行动前抢先一步行动,从中获利。

3. 交易制度

投资者的交易是受交易制度制约的,主力机构的交易更受交易制度的制约,特别是与再融资定价、金融创新、要约收购、大股东增减持、上市公司回购等有关的主力行为。

熟悉必要的交易制度和法规,是我们伏击主力不可缺少的一课。

4. 主力状态

与小资金相比,机构最大的优势是有合理定价和制造题材的能力,机构最大的劣势是操作不灵活。

主力持股的活跃性是有周期性的。我们要了解主力的即时状态,它活跃时我们陪它玩,它冬眠时,我们去找其他活跃的庄玩。

三、战法举例

(1) 图 4-1 是工商银行(601398)在 2010 年 11 月 11 日前后的股价 K 线走势。2010 年 10 月前,银行股由于准备金制度的原因需要大规模再融资,但是此时股市低迷,银行股的股价也低迷,不利于再融资实施,在 10 月国庆节假期后,股性沉闷的银行股突然发力上涨,演绎了"红十月",几只大银行股相继实施再融资,再融资完成后,这轮中级行情戛然而止。

图 4-1

（2）图 4-2 是中石油（601857）在 2010 年 11 月 11 日前后的股价 K 线走势。在 11 月 11 日前，虽然中石油也属于大盘股热点，但表现并不出色，但是 11 日下午突然放量凶猛拉升，其他前期涨幅较大的银行股却大跌，有老股民认为中石油拉升的目的是为了掩护这轮行情已经达到目的的主力出货。

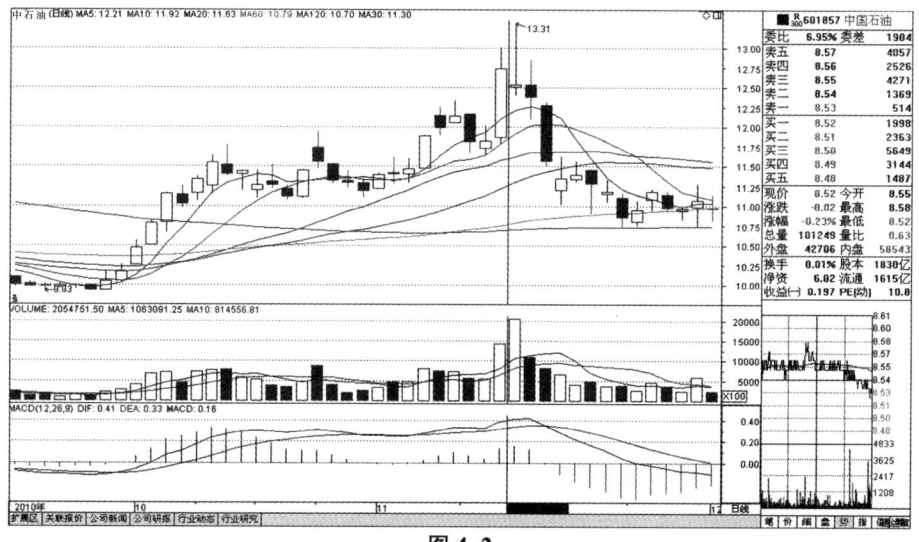

图 4-2

猎庄狐狸第二式
螺旋桨王

一、战法定义

螺旋桨王形态又称船桨形态，指的是某一只股票由于筹码过于集中，走势大图形与指数不同步，在 K 线图组合上形成许多有上下影线的小 K 线，像轮船和飞机的螺旋桨。这种图形的股票具有下列特点：每天的成交量比较小，有时有做尾盘的现象，图形常常在相对高位。船桨形态的最大含义是标志着这只股票是控盘的庄股。

二、战法要点

1. 静如处子

如果股价稳定不动，其波段的总体幅度会比较小，并且不受大盘的影响，抗涨抗跌。在弱势时，可以小仓位根据规律快频率地高抛低吸。

2. 动如脱兔

如果股价产生波动，则波段幅度非常大，跌得狠，涨得狠，也不受大盘波动的影响。如果遇到这类股票在强势中出现连续的特征，应适当地追击。

3. 慢一节奏

筹码集中股的股价表现：大多数也跟随大盘，但会慢一个节奏，即大盘涨一段时间后才跟涨，大盘跌一段时间后才跟跌。

有的筹码集中股喜好在大盘调整时股价发动。

4. 题材配合

基本面一般的筹码集中股容易进行重组。

一些筹码集中股喜欢跟随消息题材异动，对于股性活跃的筹码集中股可以根据消息题材和股价逻辑研判操作。

有的筹码集中股处于冬眠状态，此类股票慎碰。

三、战法举例

（1）图 4-3 是南京中商（600280）在 2011 年的股价 K 线走势。2011 年沪市综指的走势震荡还是比较大的，而南京中商的走势是一个独立上飘的箱体走势，个性化非常的明显，与绝大多数股票明显不同。

图 4-3

（2）图 4-4 是云南白药（000538）在 2011 年的股价 K 线走势。2011 年

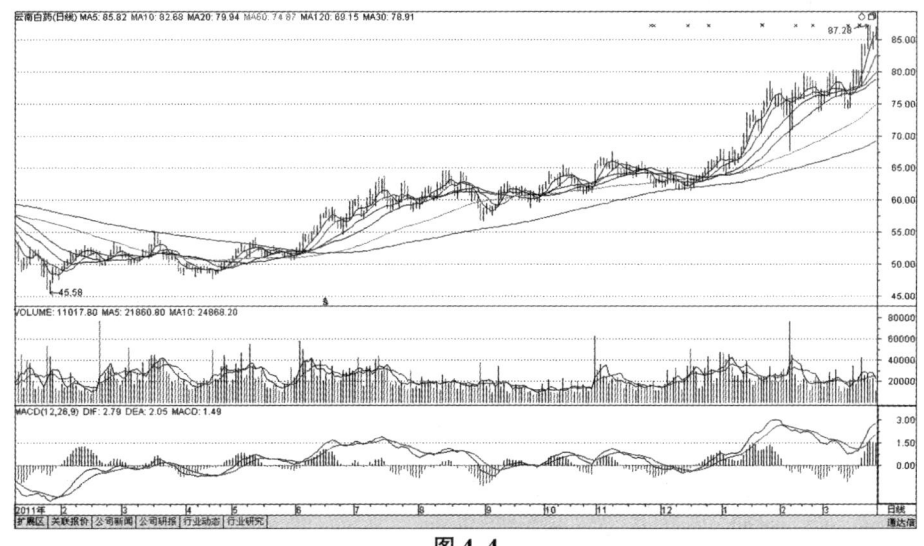

图 4-4

沪市综指的走势震荡还是比较大的，而云南白药的走势是一个独立上飘的箱体走势，个性化非常明显，与绝大多数股票明显不同。

猎庄狐狸第三式
公募基金

一、战法定义

这个战法总结的是基金重仓股的操作思维。

二、战法要点

1. 核心资产

如果某一只股票进入多只基金持仓组合的前 10 名，或者是某个基金管理公司仓位最重的股票，这只股票在近期又没有受到某只基金的集中抛售，该只股票便可以称为基金核心资产。基金的核心资产一般具有流通盘子比较大、现时的基本面还可以的特点。

一般情况下，基金的重仓股比较注重当时的基本面变化，走势总体明显强于大盘，可以用软件跟踪主动买盘发现。在操作基金核心资产的时候应该注意，基金的核心资金波段趋势比较明显，但单日波动比较小，在大盘出现大震荡的时候，不管涨跌都小于大盘，比较适合在弱势中进行强势波段的获益。

2. 二线资产

如果某只股票进入少数基金的前 10 名持仓组合，或者是基金新增该股票数量较大，或者 10 大股东中有多只基金以数百万股的数量出现，该股就可称为基金的二线资产。基金的二线资产通常流通盘子比较适中，在一两亿股的水平居多，刚刚增发完的股票也容易成为基金的二线资产。基金的二线资产走势比较强，甚至有时成为阶段热点。

一般情况下，在基金刚刚买进二线资产的时候，容易造成该板块联动走强，成为阶段的市场热点。这类股票的波动特点与核心资产非常相似，单边趋势好，大波段跟随大盘，单日波动不大，比小震荡的大盘大，比大震荡的大盘小。但二线资产的总体波动频率要大于核心资产的波动，猎庄可以把这个板块列为重点目标。

3. 弱势资产

如果某只股票原本是基金的重仓股，甚至是核心资产，但是该股成为基金一个阶段的减持目标，或者虽然还是重仓，但是股价已经明显开始消极走势，这类股票我们就称为基金弱势资产。基金的弱势资产的出现理由往往跟股价涨幅较大与基本面出现不佳现象有关。

对于基金的弱势资产应该果断躲避，短线不能有丝毫的幻想，即使跌幅很大的时候也不能抢反弹，因为多数基金经理不会使用超跌反弹这种很有效的技术。但是，有一点需要注意：如果该股原本是基金重仓股，股价出现较大下跌后，基本面没有明显变坏，基金还存在重新买回的可能性。基金的股票市场表现比较直接，可以用主动买卖盘对比来判断其短线动向。

4. 保险公司

社保基金、保险公司的投资风格与公募基金非常的相似。

相对来说，保险公司的重仓股走势更为激进一些，而且一旦走弱（或者走强）比较容易具有连续性，但是保险公司的重仓股很难出现单日较大的涨幅，比如说超过7%的涨幅。

三、战法举例

（1）图4-5是万科A（000002）在2012年至2013年上半年的K线走势。该股在这段时间是全国公募基金最重仓的股票，它的走势在趋势上既受到大盘的影响，但股价又很平稳，抗涨抗跌的特征比较明显。

（2）图4-6是大冶特钢（000708）在2011年7月9日至2012年4月15日的K线走势。

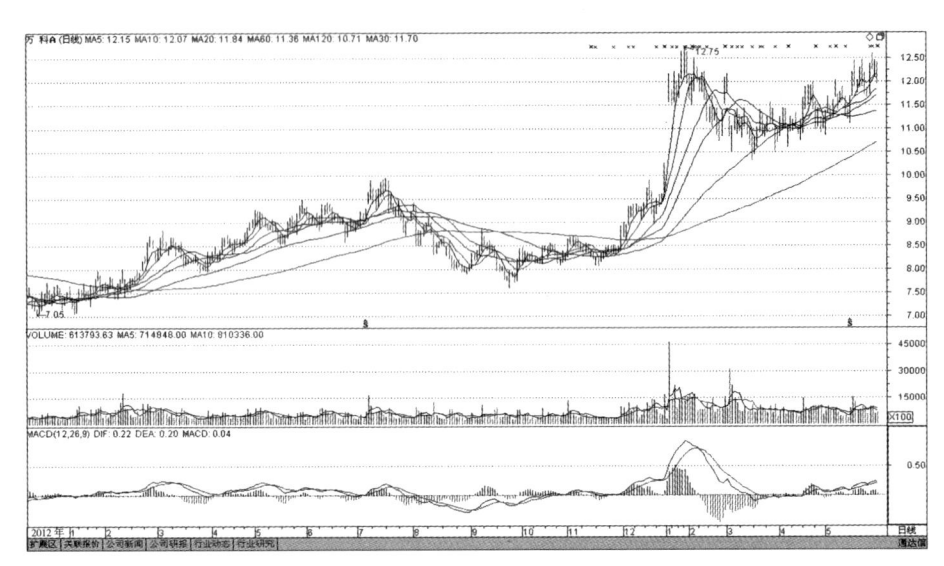

图 4-5

图 4-6

猎庄狐狸第四式
定增机构

一、战法定义

上市公司的定向增发会引进新的机构投资者，我们可以从定向增发而出现的机构投资者的状态和行为逻辑，来发现投资获益机会，我们称这种战法为"定增机构"。

二、战法要点

1. 定增规则

定向增发是指上市公司向符合条件的少数特定投资者非公开发行股票的行为。目前规定要求发行对象不得超过 10 人，发行价不得低于公告前 20 个交易市价的 90%，发行股份 12 个月内（认购后变成控股股东或拥有实际控制权的 36 个月内）不得转让。

2. 定增作用

有的定向增发是与资产重组并行的，甚至有的公司利用定向增发吸收的资产是有业绩承诺的，对于这类定向增发我们要加大注意，有一些具有其题材的股票容易成为黑马。

3. 定增机构

新进来的机构是什么风格很重要。

4. 伏击技巧

定增的几个要素需要注意：董事会公告时间、股东大会时间、发审委审核通过时间、拿到批文时间、定增股解禁时间、定增价格、定增价格的改变、大盘背景时间。

用超越、连续、反击、逆反几个因素判断，并要注意要素变化前后的股性变化。

三、战法举例

（1）图 4-7 是兴民钢圈（002355）在 2012 年 4 月 20 日前后实施定向增发的 K 线走势。该股实施定向增发前有配合再融资的异动，实施定向增发后，由于主力的活跃性，K 线形成螺旋桨走势，其市场波动特征为"螺旋桨王"的特征。

图 4-7

（2）图 4-8 是方大特钢（600507）在 2010 年 2 月 27 日实施定向增发前

图 4-8

后的 K 线走势图。该股实施定向增发后，股性明显激活，走势具有庄股特征，有心者可以从中发现获益机会。

猎庄狐狸第五式
券商自营

一、战法定义

本战法讨论的是券商重仓股的走势特点。

二、战法要点

1. 核心资产

券商核心资产指的是某一只股票由券商大量持股，持股的数量达到千万股以上，或者是流通股东中除大小非外最大的。在判断券商持股数量的时候，不但要计算券商本身的持股数量，还得考虑 10 大股东中的那些上市公司或者法人机构，它们常常是券商的理财盘。判断券商持股比重的一个办法就是看人均持股量。

券商核心资产的市场表现与券商当时的经济状况有关，如果券商资金实力比较强，其重仓的股票表现也会比较强，甚至有强庄股的风范。而在券商的经济状况处于困难的时候，其股票表现得会特别弱势，甚至不如没有庄家的股票；相比不同的券商来讲，近几年小券商的重仓股票的市场表现强于大券商的股票，新券商的股票强于老券商的股票。

2. 承销资产

券商承销资产指的是某只个股因为增发、配股失败，导致券商包销而成为券商的重仓股。这类股票通常走势比较差，因为根据规定，券商持有的这类股票是被迫的，只能卖不能买，在券商这部分股票卖光之前，通常走势比较滞重。

3. 券商理财

券商集合理财也称为集合资产管理业务，指的是由证券公司发行的、集合客户的资产,由专业的投资者(券商)进行管理的一种理财产品。

与公募基金相比,券商系资金主要集中在中小盘个股上,操作风格仍以中短线波段操作为主。因而对这类股票只能低吸不能追高。

4. 券商研究报告

有的券商行业研究员有一定市场影响力,如果有心的投资者能对券商研究员的特点比较熟悉,也能从中发现一些投资机会。

三、战法举例

(1)图4-9是广日股份(600894)在2011年至2012年上半年的K线走势。该股是万联证券和广州证券的重仓股,从这段时间的走势来看,并没有很强的特点。

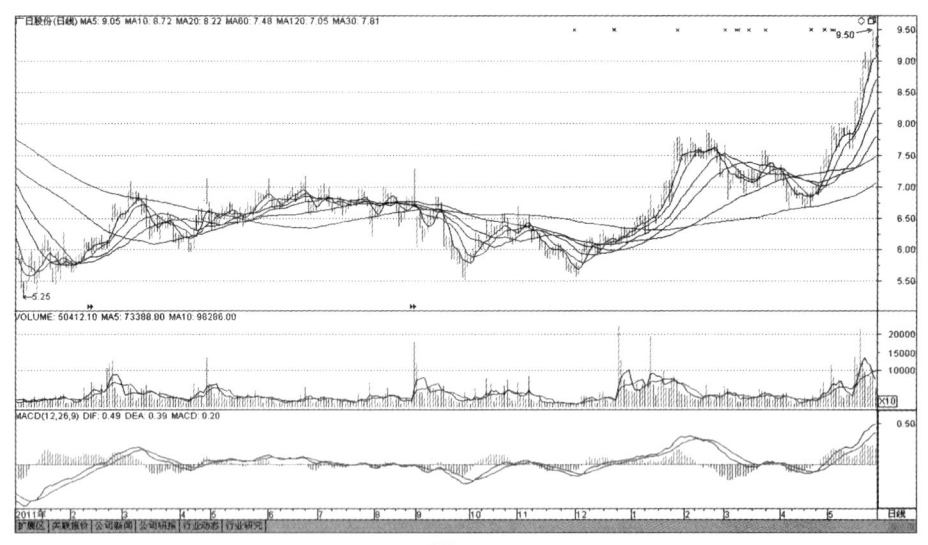

图4-9

(2)图4-10是长江证券(000783)在2010年3月4日公开增发前后的K线走势。由于有一个大户在公开增发停牌前最后一个交易日的最后一分钟突然把股价砸至12.00元,而其增发价格已经确定为12.67元,导致主承销商东方证券包销1.1亿股。由于制度规定,券商包销的股票只能卖不能买,长江证券的后来走势并不好。

图 4-10

猎庄狐狸第六式
市值管理

一、战法定义

所谓"市值管理",是指公司建立一种长效组织机制,致力于追求公司价值最大化,为股东创造价值,并通过与资本市场保持准确、及时的信息交互传导,维持各关联方之间关系的相对动态平衡。

市值管理需要考虑市场因素(周期、规律、市场人气、投资偏好、估值标准等),但考虑市场因素绝不等于迎合市场。不迎合≠不理睬;你不理市值,市值不理你;市值管理是必修之课;市值管理要遵循市场规律,贵在因势利导。

二、战法要点

1. 谁有动力

一般情况,有股权激励措施的上市公司、民营的创业板公司,有市值管理的动力。股权激励与管理层利益挂钩，民营创业板公司的股价与大小非股东利益挂钩，这也是创业板的次新股和高成长股更为活跃的主要原因。

2. 管理手段

第一，利用基金在二级市场低吸高抛做"市价管理"；第二，利用审计在财务上做"盈余管理"；第三，利用媒体在资本市场上做"事件管理"；第四，利用财经公关公司做"预期管理"。

有的股票长线走牛的重要原因是上市公司与长线机构彼此非常积极的配合。

3. 增持与回购

在熊市市场，常见稳定股价的方式有：大股东增持，高管增持，上市公司回购。其作用需要用"超越、连续、反击、逆反"的逻辑来判断。

4. 大小非减持

对于上市公司的大小非减持一定要重视，这体现着了解情况的股东对上市公司基本面的态度。

大小非常常利用大宗交易来实现，如果一只股票在近期有大宗交易事件，对于该大宗交易的结果和股价波动特性要分析清楚。

少数筹码集中股，也会利用小非减持来玩"孙子兵法"。

三、战法举例

（1）图4-11是蓝色光标（300058）从2010年2月26日上市日至2013年上半年的K线走势。该股走势明显强于大盘，并且经常高比例送转股，可以作为常备投资股。

（2）图4-12是长春高新（000661）2005年至2013年上半年的K线走势。该股的炒作题材是抗癌疫苗，但是投入的资金很少，却撬动了股价长时间走牛。

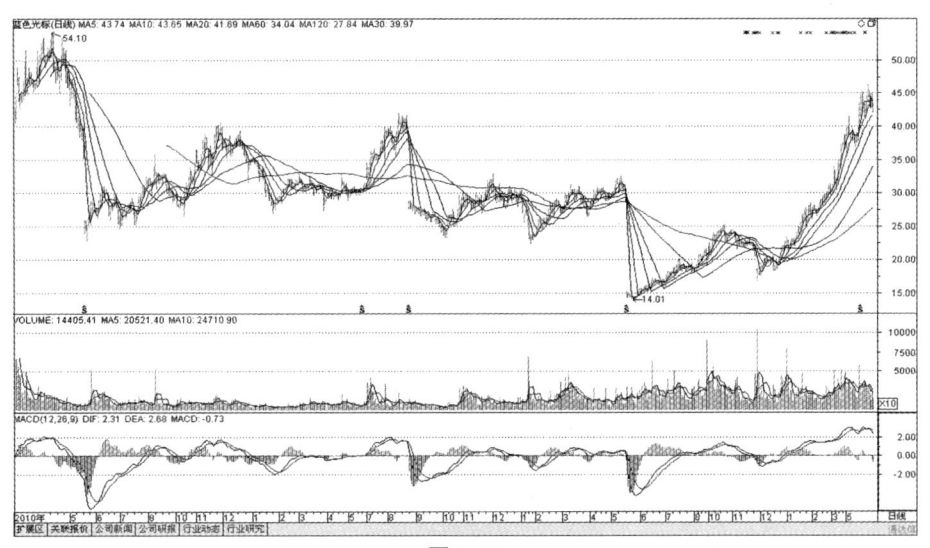

图 4-11

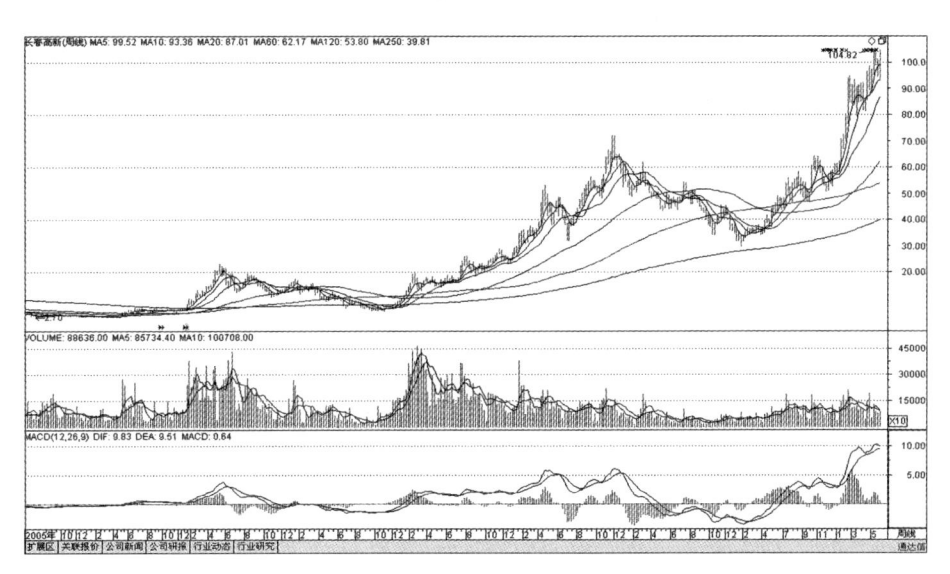

图 4-12

猎庄狐狸第七式
信托基金

一、战法定义

阳光私募基金一般仅指以"开放式"发行的私募基金。所谓开放式,即基金认购者需要承担所有投资风险及享受大部分的投资收益,私募基金公司不承诺收益。私募基金管理公司的盈利模式一般是收取总资金2%左右的管理费和投资盈利部分的20%作为佣金收入,这种收费模式俗称"2-20"收费模式(2%管理费+20%盈利部分提成)。这种"2-20"收费模式是私募基金国际流行的收费模型,著名的美国索罗斯基金、老虎基金,中国香港惠理基金等都采用这种收费模型。

合伙制基金也在本战法的讨论范围之内。

二、战法要点

1. 跟踪意义

私募基金能够发起,就证明私募基金经理是有一定能力的,最起码私募基金是专业投资者,其重仓的品种应该是深思熟虑的,因此私募基金的重仓股至少是我们可以关注和跟踪的对象。

2. 能力评估

私募基金的基金经理排名非常吸引眼球,但是一两年的业绩突出说明不了什么问题,激进做法在牛市中因为运气因素获得好排名是正常的,但很难长时间维持。因此,我们在跟踪私募重仓股时,要注意其连续的风格,不能被其排名迷惑。在私募基金群体中,经常有人今年排名靠前明年又排名靠后。

3. 助涨性强

在强势市场背景下,有多个私募基金重仓进驻的股票,特别是小盘股,如果低位启动,可以作为重点跟踪对象,这类股票常常具有后续题材或者中线波段潜力。

4. 风格细分

"1赢2平7亏"适用于一切群体,私募、公募也一样,成功者是少数。

长时间地跟踪机构投资者的风格,以及其持股的波动特性,也是我们提高投资能力的重要手段。

三、战法举例

(1)图4-13是大华农(300186)在2011年至2012年5月31日的K线走势。该类股票股价表现比较稳定,基本面还可以,在大盘弱势中比较抗跌,在大盘强势背景下表现还可以,跟着这类股票做需要耐心。

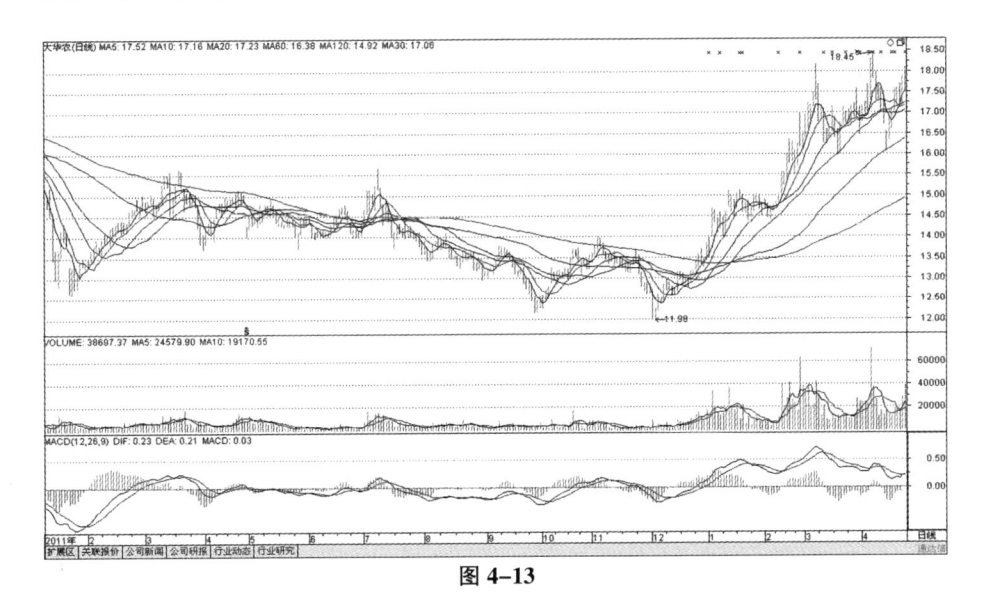

图 4-13

(2)图4-14是爱施德(002416)在2012年全年的股价K线走势。在这段时间,该股是前一个年度私募信托基金第一名的重仓股,但是该股在这年中基本面大幅下滑,股价也随着大盘弱势下跌,下跌幅度大于大盘,该私募基金在低位无奈割肉。

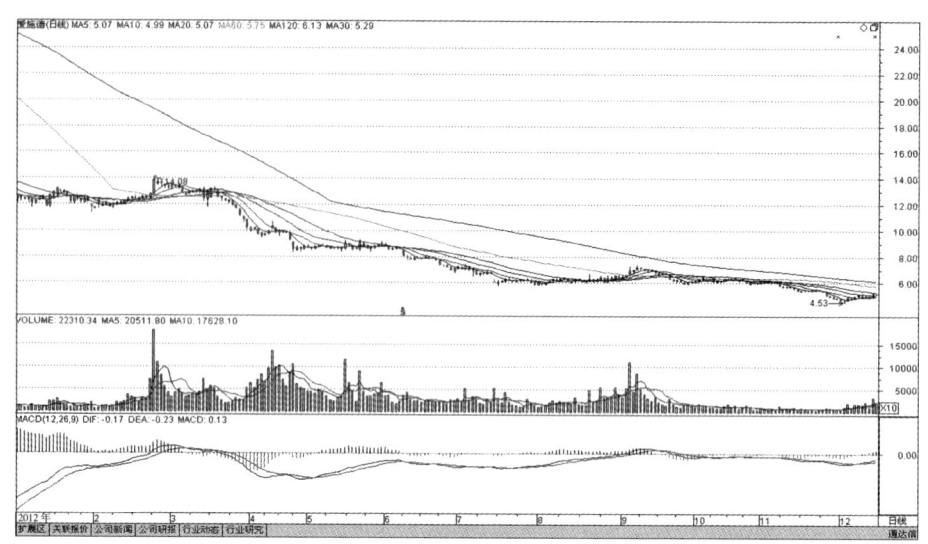

图 4-14

猎庄狐狸第八式
职业主力

一、战法定义

在证券市场中,有一种机构资金以股市投资为主营业务,类似于庄家,但又对法律非常熟悉,他们经常策划、炒作题材,是沪深股市中热点制造者。

分析、跟踪、跟随这种主力,是短线投资爱好者必须重视的技术。

二、战法要点

1. 核心资产

如果一只股票具有特别活跃的股性,或者是流通盘人均数量特别大,并且在 10 大流通股股东的身影中看不见券商和基金的大量持股,甚至前 10 大流通股股东都是个人,这类股票称为职业主力的核心资产。在沪深股票交易史中,各种涨幅排行榜最靠前的股票,以及短线连续跌幅最大的股票几乎全是职业机构核心资产。

职业机构核心资产的最大特点就是暴涨暴跌。职业高手常常又把职业机构资产分成两类：一类是活股，主力手中有资金，操作比较积极，这类股票是最好的短线获益股；另一类是死股，主力资金困难，操作消极，这类股票是比较危险的，在年底时间段还可能大跳水。在大盘涨势情况下多注意活的职业机构核心资产，在大盘弱势情况下多留心基金核心资产，这是部分高手的经验。

2. 游资二线资产

游资二线资产分为两类：第一类是大盘平稳或者处于相对低位的时候，职业机构会对一些股票进行箱体的高抛低吸的获益运作，这类股票的运行有一定的规律，主力的仓位不轻不重，实践也证明了这种操作手法是近几年机构资金比较成熟的盈利模式；第二类是短线敢死队运作的股票，该类股票最大的特点就是严重超跌和具备短线热点题材。

游资对二线资产的运作有两个思路。一个是老式运作，打阵地战，利用自己的资金和技术优势控制一个基本面，还可以流通市值适中的股票进行箱体运作。对于这类股票的伏击应该分析主力的心态和意图，同时兼顾大盘和个股的技术面。另一个是新式运作，打宣传战，利用媒体的力量制造题材、推荐潜力股，主力自己逆反运作。对于这类股票的伏击，既要防止机构的骗术，又要利用机构的短线失误，由于大盘弱势，这种失误虽然百分比不高，但绝对次数还是比较多的。

3. 热点题材

炒作热点题材是职业机构最常见的股市操作手段，最常见的题材有两类：第一类是主力机构挖掘制造的新概念，以新科技、新事物为主，有时也会模仿美国股市的热点炒作；第二类是响应社会、股市中的突发事件。

在市场强势时，第一时间跟随新热点是最重要的投资手段之一。

4. 认可度

如果有一个热点概念，也得到了公募基金等群体的认可，往往这个热点概念会涨幅很大，且持续时间比较久。

一些筹码集中股，也会模仿注入这种新概念，比如说以往的资产重组转行房地产或者涉矿。

三、战法举例

（1）图4-15是浙江东日（600113）在2012年3~4月的K线走势。中国人民银行及浙江省人民政府决定3月底在浙江省丽水市开展农村金融改革试点工作，并同意实施《丽水市农村金融改革试点总体方案》。该消息直接利好于"金改"概念股和浙江板块。于是，浙江东日强势启动，成为"金改"概念股龙头。3月28日至4月25日共拉了11个涨停板，不到1个月的时间内累计大涨220%，成为当年最大的一只"妖股"。

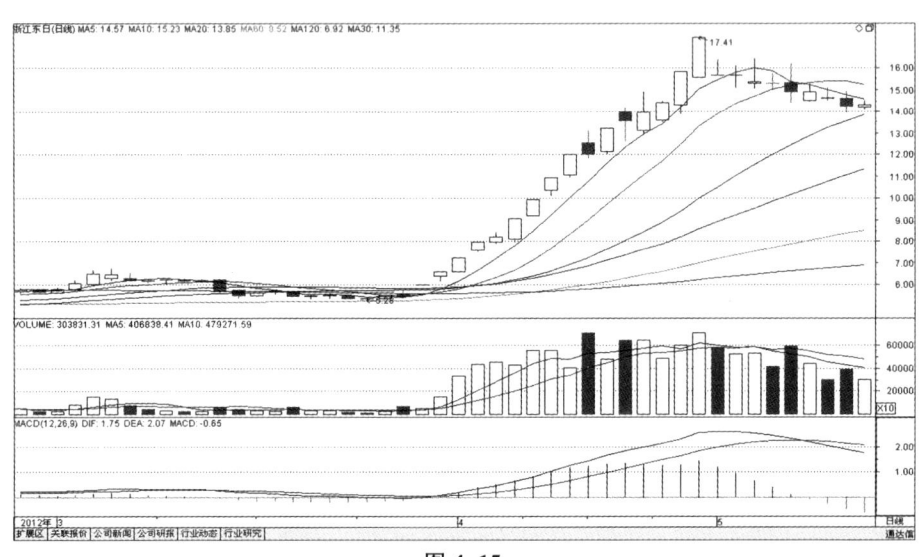

图 4-15

（2）图4-16是包钢稀土（600111）在2010年的K线走势。2010年，大盘表现总体弱势，但是在这年7月以来的反弹行情中，"稀土"成为热点，一个小金属在二级市场中做出了大文章。稀土永磁概念指数6月末仅为1075.88点，此后便开始一路大幅上扬，10月28日达到了2602.65点，仅仅半年的光景，指数上涨了1.42倍。

图 4–16

猎庄狐狸第九式
价值投资

一、战法定义

价值投资是一种常见的投资方式，专门寻找价格低估的证券。不同于成长型投资人，价值型投资人偏好本益比、账面价值或其他价值衡量基准偏低的股票。

价值投资理论认为：股票价格围绕"内在价值"上下波动，而内在价值可以用一定方法测定；股票价格长期来看有向"内在价值"回归的趋势；当股票价格低于内在价值时，就出现了投资机会。打个比方，价值投资就是拿 0.50 元购买 1.00 元。

价值投资有三大基本概念，也是价值投资的基石，即正确的态度、安全边际和内在价值。

二、战法要点

1. 名门正派

价值投资是沪深股市中的一个重要门派,是名门正派,是管理层倡导的,又有巴菲特这面旗子,因而人数众多。

每个时间段,价值投资都有经典的代表股票,这个信息需要注意。

2. 混合资产

价值投资股的 10 大流通股股东中常常既有企业机构,也有证券投资基金和券商,还有超级个人大户,并且持股的数量都比较大。价值投资股一般具有一个能够聚集人气的重要题材,中线走势一般情况下会比较好,是重点获益分析目标。

但是这类股票由于流通市值比较大,也常常会有波段低点,在技术性的波段低点可以波段伏击。

3. 周期表现

价值投资股往往在弱势周期中的短线反弹时间表现比较好,而在市场连续走强后表现一般,特别是在大盘出现较大行情时,股价表现不具有优势。

4. 黑天鹅现象

对于价值投资股,可以在适当时机波段操作,在其涨幅过大之后,不能过于迷信。这类股票一旦出现黑天鹅现象,仓位过重的迷信者往往损失也会比较重。

三、战法举例

(1)图 4-17 是贵州茅台(600519)在 2012 年至 2013 年上半年的 K 线。该股是经典的价值投资代表股票,在 2012 年上半年有过让迷信者扬眉吐气的时间段,在 2012 年下半年则表现得不尽如人意。

(2)图 4-18 是广州药业(600332)在 2012~2013 年上半年的 K 线走势。该股是经典的价值投资代表股票,该股很像过去庄股或者过去基金抱团取暖股的市场表现,既有波段投资机会,也有需要回避的时间段。

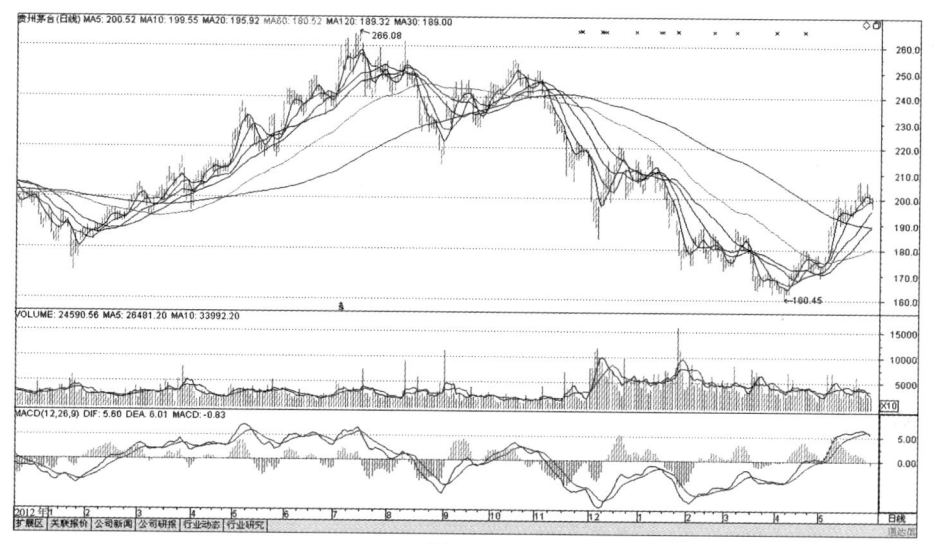

图 4-17

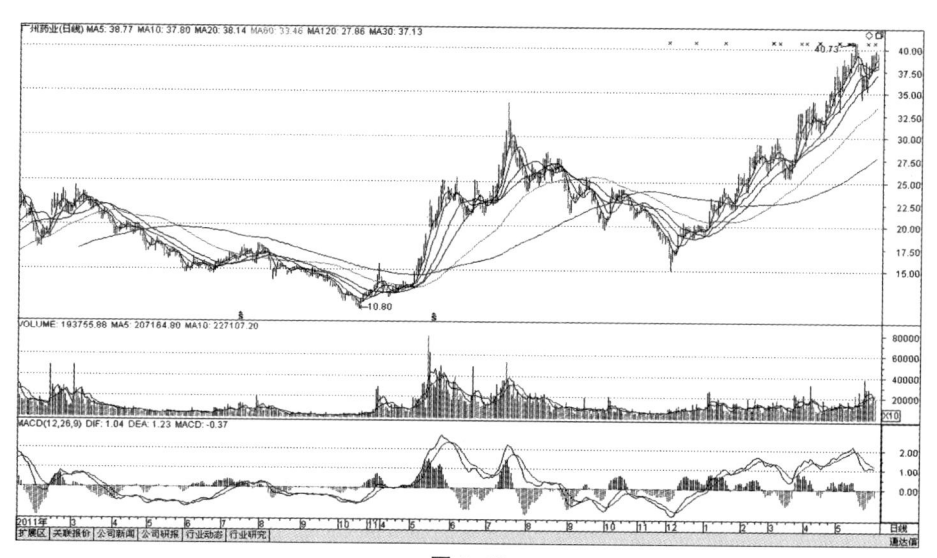

图 4-18

股海加油站

1. 圣诞愿望

圣诞礼物的愿望：圣诞老爷爷，袜子我已经挂在床边了，请投递明年黑马股名单一份，写股票代码就行。谢谢了！

2. 歪打正着

我把出租车停在路边，上来一位女士。

女士的手机没电了，向我借，我很不情愿地递给她。

女士给一位男士打电话，聊起来没完没了。

我提醒她："长话短说，我的手机快没钱了。"

女士点点头，对着话筒说道："长话短说，我的手机快没钱了。"

到地儿了，女士下车了。时间不长，我的手机来了条信息："某某号码成功为您充值200元。"

3. 私房钱

今天全家在家大扫除，我和弟弟翻一个旧箱子，居然翻出来了1000元，爸妈都在现场，我认为是他们某个人藏的私房钱。

没想到爸妈都不承认是自己藏的，最后我和弟弟一人分了500元。

第二章 题材王
PART TWO

> 关键语：
> 在股市中，题材是第一生产力。

题材王第一式
天掉馅饼

一、战法定义

在题材分析战法中，题材王首选是"天掉馅饼"。什么是"天掉馅饼"呢？就是人们不可预测的题材突然发生，比如说禽流感的发生对于禽药公司构成重大利好，"非典"的扩散对于抗生素药是利好。

二、战法要点

1. 不可预料
题材具有突发性、不可预料性。
2. 针对受益股
有时候，突发的消息是利空，但是有受益股。

3. 短线性质

需要注意的是,"天掉馅饼"的爆发期力度大,但周期短。

4. 利好中线性

另外一些感觉突然的利好爆发,可以类同"天掉馅饼"处理。

三、战法举例

(1)图 4-19 是四川金顶(600678)在 2013 年 4 月 20 日四川雅安发生地震时的走势,该股在地震后的第一个交易日直接封上涨停板,第二天高开,其后的走势就跟随大盘。该股在 2008 年 5 月 12 日,四川发生汶川地震时,也有类似走势。

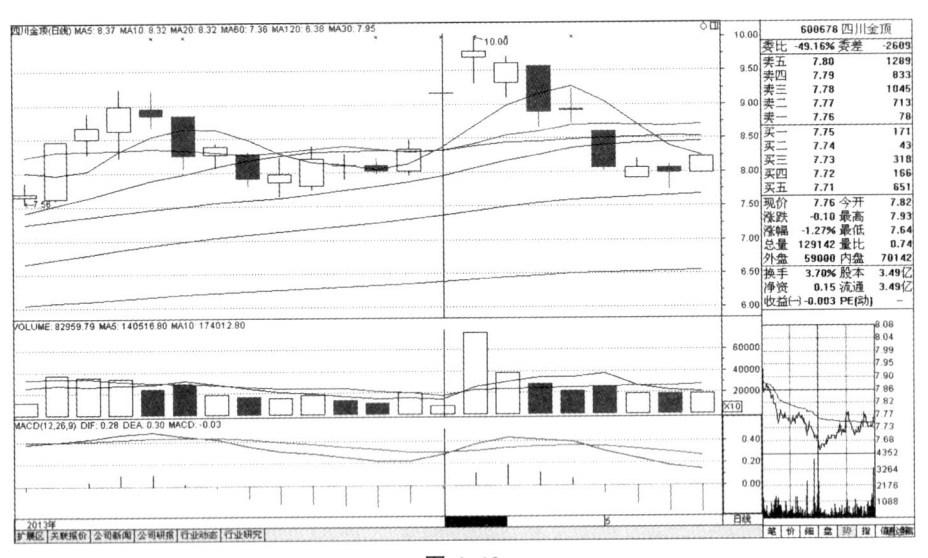

图 4-19

(2)图 4-20 是山河智能(002097)在 2008 年 11 月 8 日前后的走势。山河智能是主营小型挖掘机的上市公司,2008 年出现了世界金融危机,为了应对危机,刺激经济,国务院常务会议做出"四万亿"计划,并于 11 月 9 日晚间公布,山河智能是受益股,股价连续暴涨。

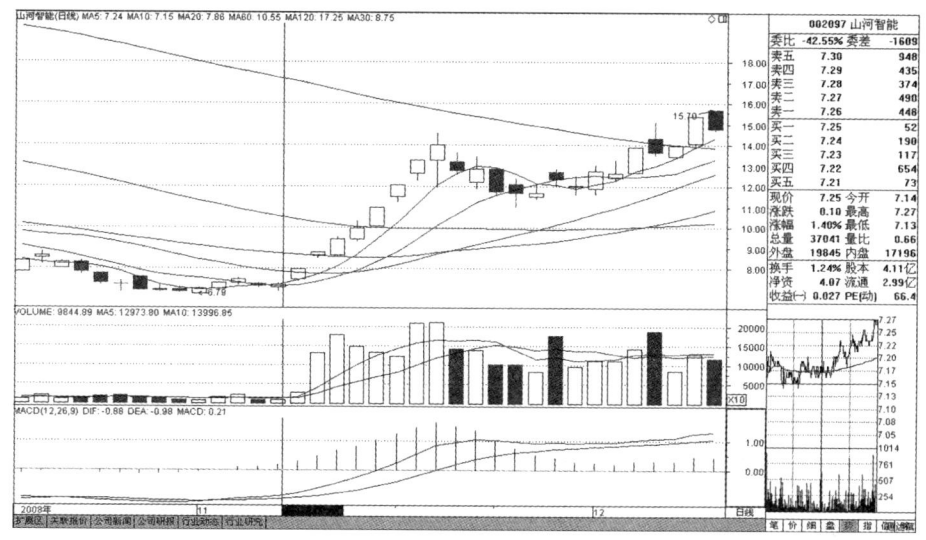

图 4-20

题材王第二式
黄道吉日

一、战法定义

在题材分析中,比较重要的题材王还有"黄道吉日"。什么是"黄道吉日"呢?就是一些明显的社会大题材。

二、战法要点

1. 题材的力度比较大

题材的日期是明显的,题材的力度越大,越具有中线强势潜力;题材的力度不是特别大,则是短线一次性机会。

2. 题材兑现

题材的爆发期是在题材兑现的前期,到了"黄道吉日"那天,往往会出现下跌,题材出尽是利空,这是一个习惯。一般每次利好出尽,股价下跌都会套进一些不懂该原理的"三无"概念投资者。

3. 技术性低点

在大盘弱势时，遇到技术性低点，可少量做短线反弹；在大盘强势时，遇到技术性低点，应在仓位较重的中线出击。

4. 龙头

做这类股，尽量做龙头股，可以考虑适当的追高和中线持仓。

三、战法举例

（1）图4-21是奥运概念的龙头股中体产业（600158）在2008年8月8日奥运题材临界点前后的走势。该股奥运会召开前是明显的强势庄股，尽管大盘在熊市背景中，但是每当大盘有短线反弹机会，该股都会出现有一定力度的反弹。而奥运题材结束的时候就开始下跌。

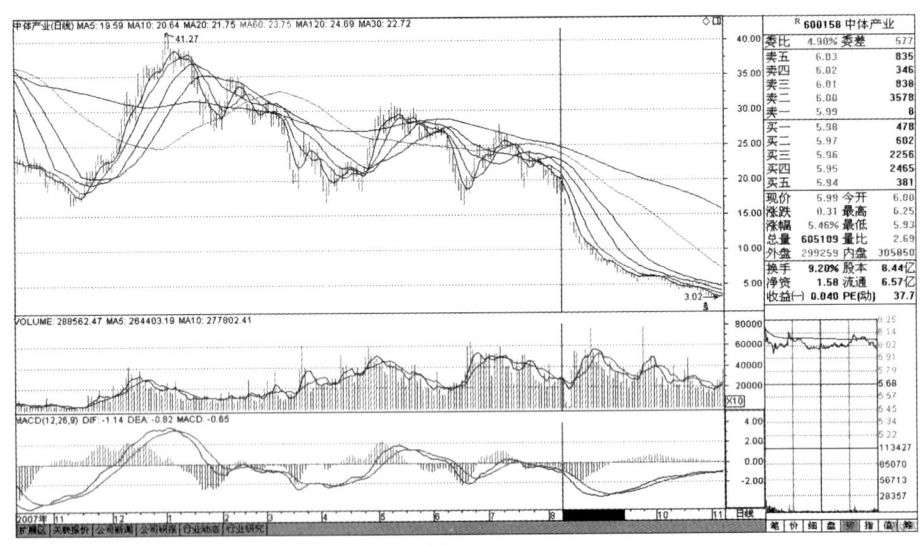

图4-21

（2）图4-22是三五互联（300051）在2013年5月4日晚间发布资产重组预案，拟以2.10亿元收购中金在线100%股权，公司股票5月6日复牌。同时，受移动互联网大会将于5月7日召开这一利好消息影响，互联网、4G、通信设备等相关概念股全线上涨，三五互联更是率先涨停直至收盘。

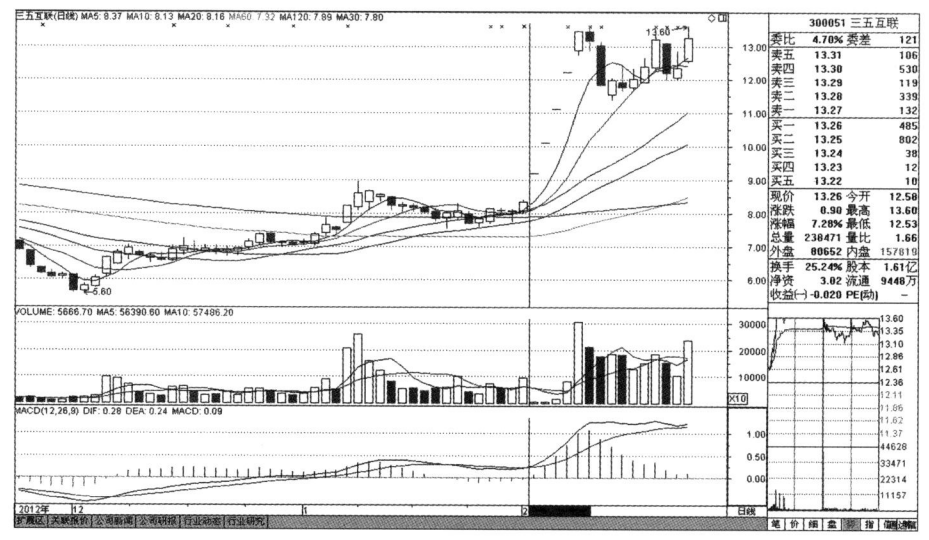

图 4-22

题材王第三式
夺宝大战

一、战法定义

收购大战是证券市场永恒的最刺激人气的题材。特别是二级市场流通股的收购大战是最精彩的。即使一些实力机构收购一般的股票也是非常好的题材，有时收购不一定是为了入主，但这类的收购题材都带来了股价的大幅上涨。

二、战法要点

1. 股本结构

只有大股东的持股比例远低于30%的上市公司才容易发生收购战，因为股东购买股份超过30%时，需要要约收购，这不利于收购战的展开。

2. 双方争夺才精彩

收购战必须是双方争夺，都想控制上市公司才容易导致股价暴涨。如果原股东无所谓，本就准备退出，就不会出现争夺之势。

3. 举牌

有的机构只是财务性的投资，并不是志在获得上市公司的控制权，或者是随机性的持股举牌，则股价的爆发性有限。

4. 借壳上市

有的"股市海盗"收购上市公司（收壳）是为了借壳上市，这类上市公司的中线走势会比较强，并常常演绎成"土鸡变凤"和"强庄飞天"并存走势。

三、战法举例

（1）图4-23是实力机构在2003年8月收购南京新百（600682）的走势。在弱市市场中走势如虹，由于此次炒作力度非常强，并且是逆市运作，该股的筹码非常集中，演变成为"螺旋桨王"个股。受到大盘影响，该股股价回落到起点，但是在下一次行情中股价又再度起飞。应该讲，如果大盘不配合，该股将成为长时间的庄股，由于筹码集中，股价又不是炒作得非常高，职业机构把这种股票叫作"三千年一开花，三千年一结果"的股票。

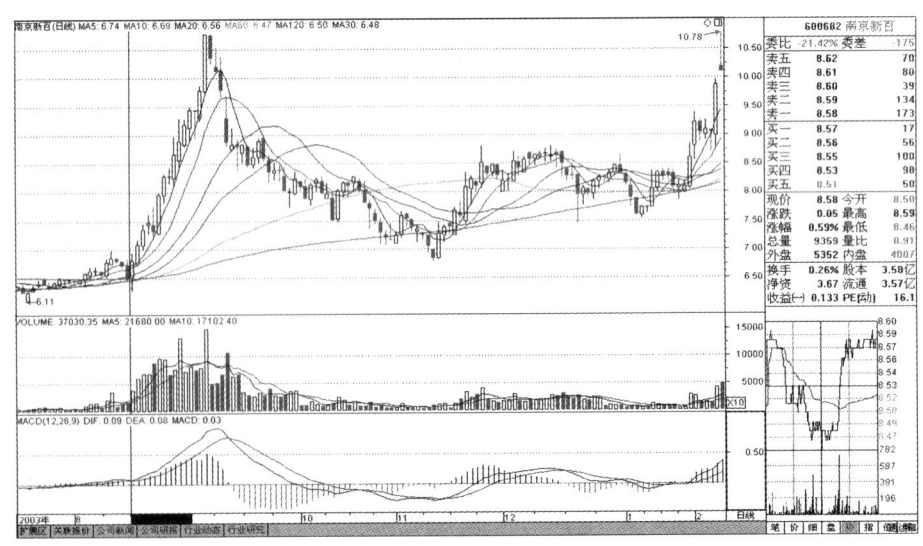

图4-23

（2）图4-24是实力机构中信泰富在2004年初收购大冶特钢（000708）

的走势，当时大盘背景还可以，该股出现单边不回调的凌厉走势，显示主力的决心和实力。随着大盘的回落，加之钢铁股受到宏观调控影响，该股股价跌回原位。在其后的一次大盘稍有力度的反弹中，该股再度强势表演，显示主力介入的程度较深。

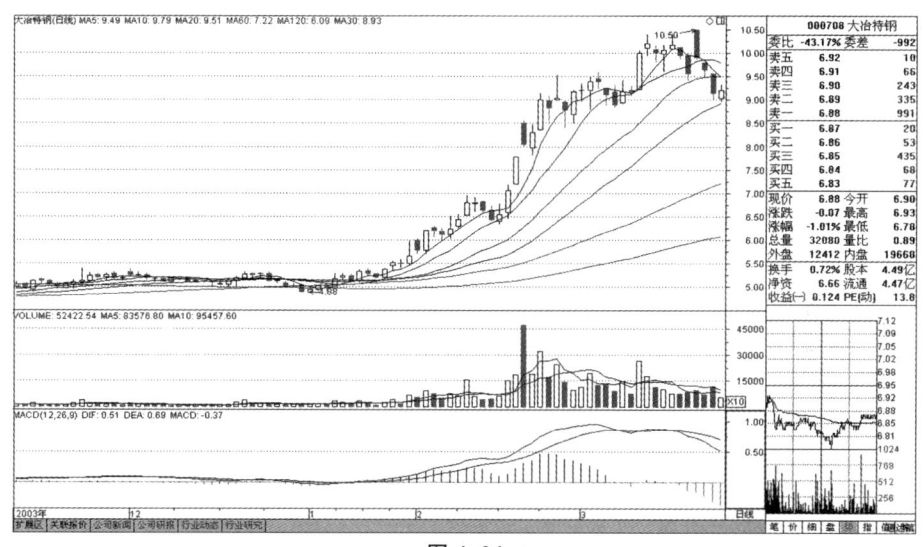

图 4-24

题材王第四式
鸡犬升天

一、战法定义

在股票的炒作题材中，最常见的题材是上市公司的业绩增长与周边市场的商品期货价格的涨跌形成对应关系。

具体的题材有期货价格上涨、产品价格上涨、原材料下跌、竞争对手出现变故等。

二、战法要点

1. 与期货联动

一些股票的走势经常与期货大行情联动,最常见的品种有金属资源股、棉农商品、橡胶等。

2. 与经济周期关联

大宗商品期货的价格常常与经济周期关联。

3. 与大盘关联

这类股票的基本面走势与大盘趋势同方向时,会加重个股趋势;在与大盘趋势反方向时,个股趋势会弱于大盘趋势。

4. 中线机会

当大盘处于强势时,可根据技术指标状态,重点关注这类股票,短线、中线两相宜。

三、战法举例

(1)图 4-25 是双钱股份(600623)的阶段走势。该股的主营产品是轮胎,主要原材料是橡胶,橡胶占成本接近 50%,当橡胶的价格大跌且长时间稳定在低位时,如果轮胎的价格没有明显下调且旺销,则双钱股份的业绩会

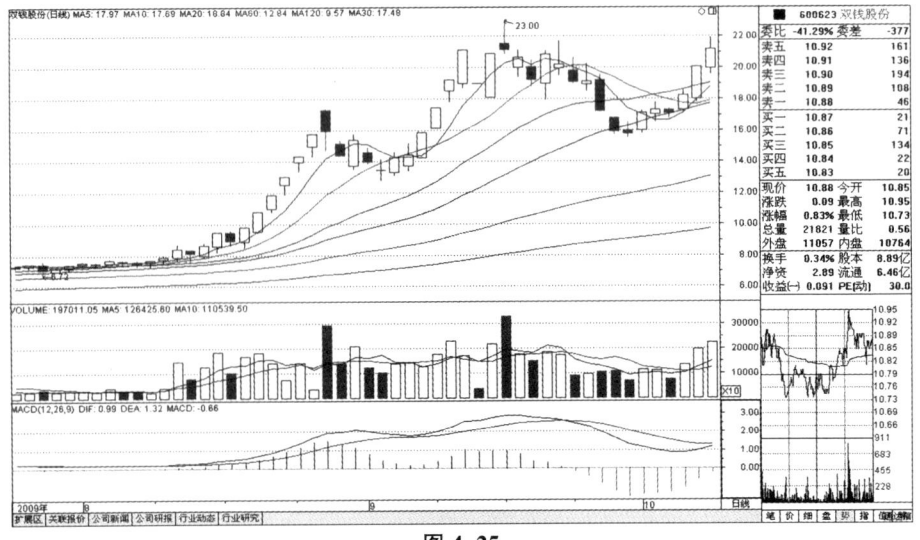

图 4-25

大涨，使得股价也大涨。

（2）图 4-26 是山东黄金（600547）的阶段走势。当黄金期货单边上涨时，该公司的产品价格也上涨，业绩不断成长，黄金股的股价也会上涨。

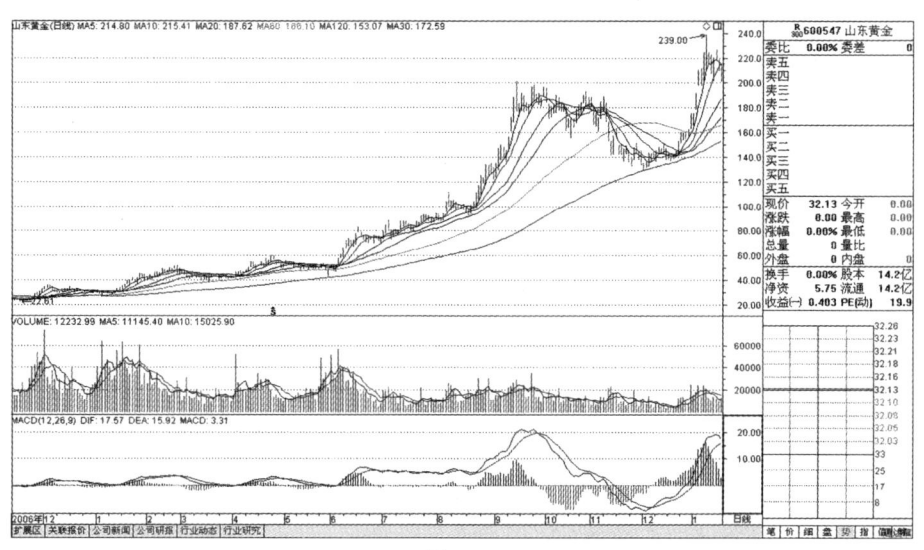

图 4-26

题材王第五式
含权获益

一、战法定义

含权获益法指的是某只股票在某个特殊的时间含有某个权利，而获得这个权利后有获利的极大可能性。最常见的含权品种有认购新股权、认购转债权、认购增发权、认购配股权、获赠权证权等。当然这些认购权与大众通常习惯的认识意义不同，它有特殊时间、特殊阶段、特殊除权手段的有力配合。有时在单边趋势或者重大转折时间，控制指标股也能够起到控制指数的权利，甚至能够起到控制指数期货的权利。

二、战法要点

1. 利润所在

要清楚赢权的获利方式，是新品种的双轨价格利润，还是新老品种的未完全除权制度习惯利润，或者是类似于权证等中间品种的炒作利润。

2. 抢权与滞权

有的品种具有抢权性。抢权性是指机构为了获得更多含权品种数量而进行的提前大量购买筹码行动，这种行动会使得含权的股票提前于股权登记日上涨。

滞权性指的是由于主力吸纳的含权品种数量过大，在失权后需要拉高出货，这也能为市场带来短线获利机会。

3. 逃权与除权

有的品种含权登记日后有自然除权效应，导致除权日股票价格下跌；有一些股票含新品种认购权，在登记日或者之前存在逃权、价格下跌的可能性。

4. 筹码集中或者超跌

如果新品种明显有利可图，筹码集中股和已经短线超跌股的除权性较低，这些品种可考虑大盘背景超短性获益。

三、战法举例

（1）图 4-27 是中石化（600028）在 2011 年 2 月 23 日发行可转债日前后的股价走势。在可转债认购股权登记日前中石化的持有者明显有逃权行为，导致股价短线暴跌，这样除权日股价就处于平衡稳定状态，如果登记日尾市买进中石化，第二天平本卖出，买卖股票不赔不赚，但可以依靠认购原始转债获利。

（2）图 4-28 是石化转债（110015）在 2011 年 3 月 7 日上市后几个交易日的走势。如果以 100.00 元认购原始转债，可以从容以 108.00 元卖出。这种打法，就叫作含权获益。

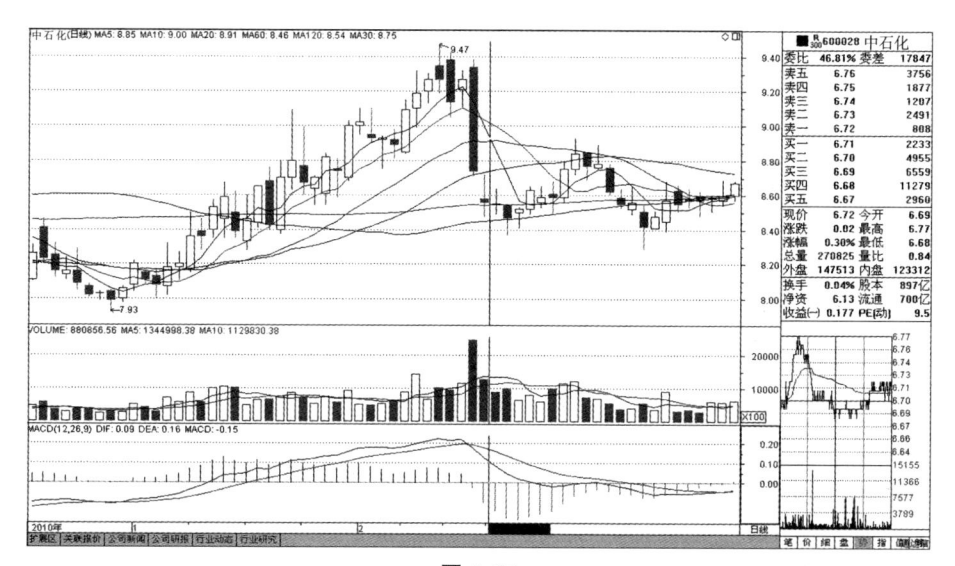

图 4-27

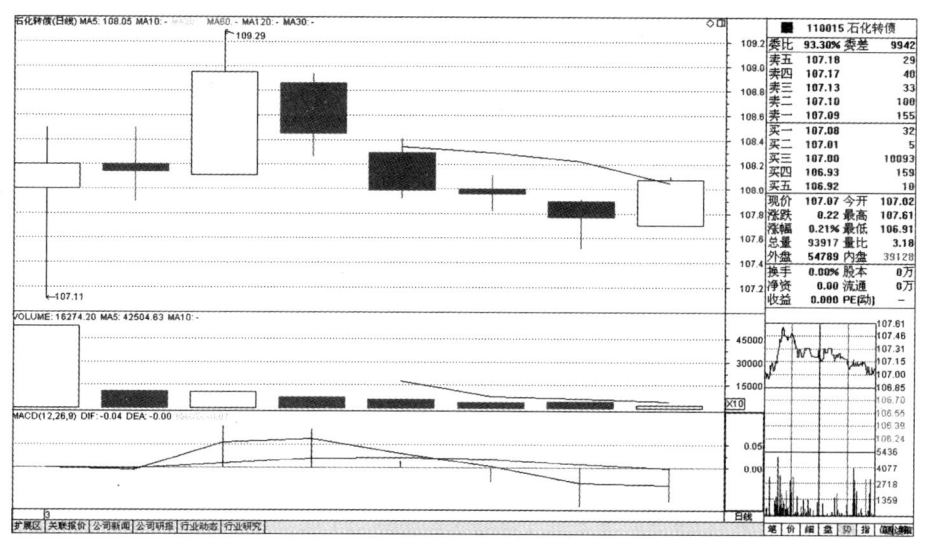

图 4-28

题材王第六式
乌鸡变凤

一、战法定义

乌鸡变凤战法说的是,一家上市公司的基本面原本比较糟糕,由于外部经营情况的变化,或者是经过大股东的资产重组,上市公司的基本面大幅度好转,甚至变成了一只潜力绩优股。就好像一只原本不值钱的乌鸡,一下子变成了价值连城的金凤凰。如果能够以乌鸡的价格买进股票,以凤凰的价格卖出同一只股票,毫无疑问将赚大钱,这是证券市场主力获益的一个经典模式。

二、战法要点

1. 注意基本面变化的力度

要注意分析公司的基本面是否发生了实质性变化,因为有些公司资产重组只是为了暂时保壳。概念性的重组、保壳性质的重组都只能是短线获益,不能寄希望过大。而实质性的重组,特别是借壳上市性质的重组,要多加注意。

要严防判断失误,导致你投资的股票退市,那样可能血本无归。

2. 注意目标股的主力情况

要注意分析上市公司的股票是否有主力被套,是否有新主力介入。有主力介入的股票上涨力度更大一些。

3. 质变的方式

许多上市公司的资产重组是以定向增发的形式出现,要注意上市公司的申报情况,这样可以更好地掌握获益时间。

4. 脱帽更名

在弱势市场中,之前股价表现一般的 ST 股票,在脱帽日股价容易上涨;之前股价有不凡表现的 ST 股票,在脱帽日股价容易下跌。

三、战法举例

(1) 图 4-29 是中航精机 (002013) 在 2010 年 9 月 3 日进行重大资产重组前后的股价变化。在弱势市场中,股价由 10.04 元在半年内涨到 44.89 元,获利丰厚。在股市中,合理使用这个战法,是改变人生命运的重要手段。

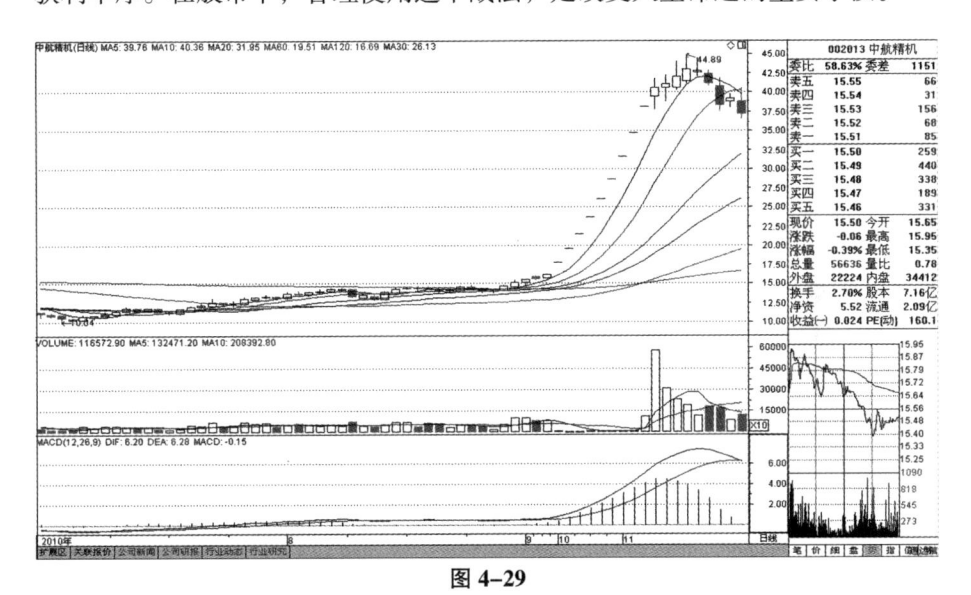

图 4-29

(2) 图 4-30 是皇台酒业 (000995) 在 2013 年 4 月 3 日前后的走势。在 4

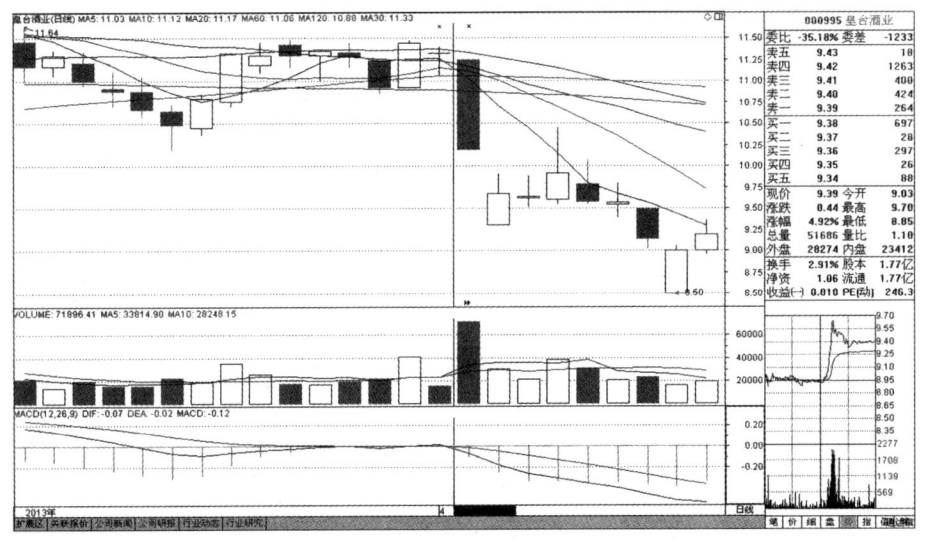

图 4-30

月 3 日前，该股叫作 ST 皇台，涨跌幅度 5%；在 4 月 3 日，该股脱 ST 帽子，涨跌幅度 10%，由于之前有过表现，在弱势中抗跌，摘帽第一天股价跌停。

题材王第七式
年报题材

一、战法定义

上市公司一年要公布 4 次业绩报表。在这种特定的时间，有特点的公司会吸引媒体、分析师和投资者的注意，股价也会有一些规律的波动方式。投资者对于这种制度性的常规题材也要非常注意。

二、战法要点

1. 年报助涨助跌性

年报题材服从大盘的趋势，并对大盘的趋势有助涨助跌性。

2. 年报题材的周期

年报题材的利好利空性会出现提前量的股价反应，并且要根据市场反应和预期，有一定周期的前移或者滞后性的修正。

3. 业绩的评估

业绩的好坏不是绝对的，而是与预期有关：超预期为利好，差于预期为利空。

上市公司公布业绩报表后，研究员会写出分析报告，有些研究员的报告会对股价有所影响。

4. 业绩预告制度

上市公司预计年度经营业绩将出现下列情形之一的，应当在会计年度结束后 1 个月内进行业绩预告，预计中期和第三季度业绩将出现下列情形之一的，可以进行业绩预告：①净利润为负值；②净利润与上年同期相比上升或者下降 50% 以上；③实现扭亏为盈。

中小板和创业板的上市公司如果没有在 2 月底前公布年报，那么必须在 2 月底前公布业绩快报。

三、战法举例

(1) 图 4-31 是光一科技 (300356) 在 2013 年 3 月 20 日公布年报前后的股价波动走势。该股是小盘次新股,有高送转预期,在大盘背景转强后,走势明显强于大盘,在年报公布前也走势很强,年报公布后股价见光死,跳空低开,随后股价下跌。

图 4-31

(2) 图 4-32 是兆驰股份 (002429) 在 2013 年 2 月 28 日公布业绩快报

图 4-32

前后的股价走势。该股是中小板股票，业绩良好，筹码集中，2月19日大盘大跌，但是该股明显抗跌，这时距离快报公布时间仅有1周多的时间，聪明的投资者可以捕捉年报快报刺激的题材。

题材王第八式
融资博弈

一、战法定义

再融资是上市公司最常见的现象和题材。利用这种题材进行投资的战法，我们称为"融资博弈"。这也是沪深股市中常见的一种投资战法。

二、战法要点

1. 定价原则

上市公司进行再融资的时候，无论是公开增发、定向增发、转债的转股价等，都是有定价规则的，我们要对这个定价规则熟悉。

2. 双轨价格

上市公司进行再融资的时候，再融资的新增股票认购价格，常常与市场价格不一致，在特定的时间，这其中存在着双轨价格的投资机会。

3. 逆反逻辑

由于再融资的双轨价格和新增股东存在，这就存在着正常的风险逻辑以及逆反逻辑，这是一个很好的判断主力动向与公司基本面的思路和方法。

4. 影响深度

有的再融资方式对股价的影响是长时间的，比如说定向增发股的解禁，转股价、市价与转股的逻辑。在分析股价逻辑的时候，我们都要注意。

三、战法举例

（1）图4-33是内蒙华电（600863）在2013年3月21日定向增发股上市日前后的股价表现，在定向增发解禁后，股价明显面临抛压，走出连续下跌的走势。

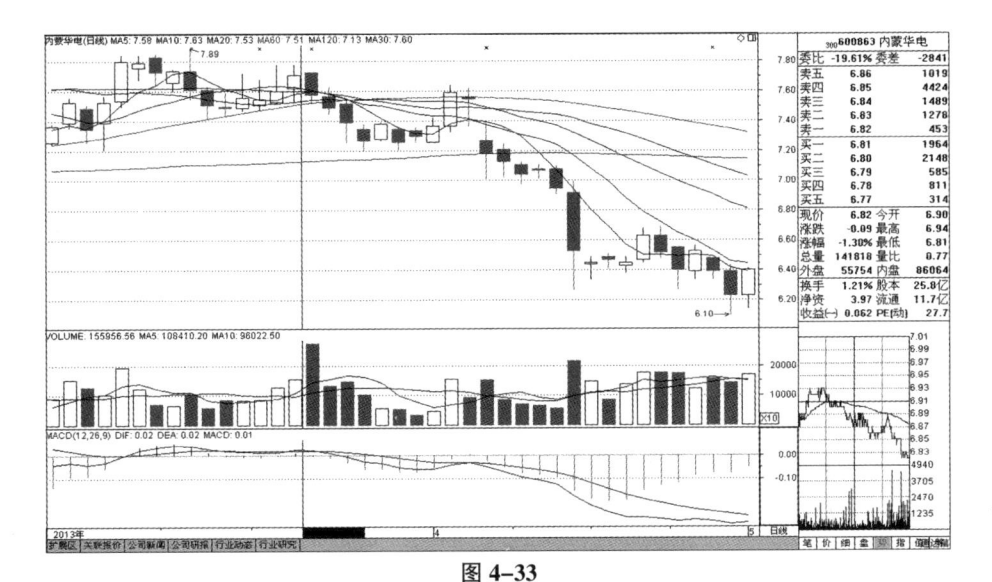

图 4-33

（2）图 4-34 是华海药业（600521）在 2013 年 5 月 9 日公开增发实施前后的股价图。股价需要从 20 日均线下方上涨到 20 日均线上方一定距离才容易完成增发（增发价不低于招股书公布前一交易日的收盘价，这一规定很少使用，只有在极端弱势中偶尔使用，也基本增发失败），但其后在增发实施完毕和增发股上市日出现了逆反逻辑，股价表现很强劲。

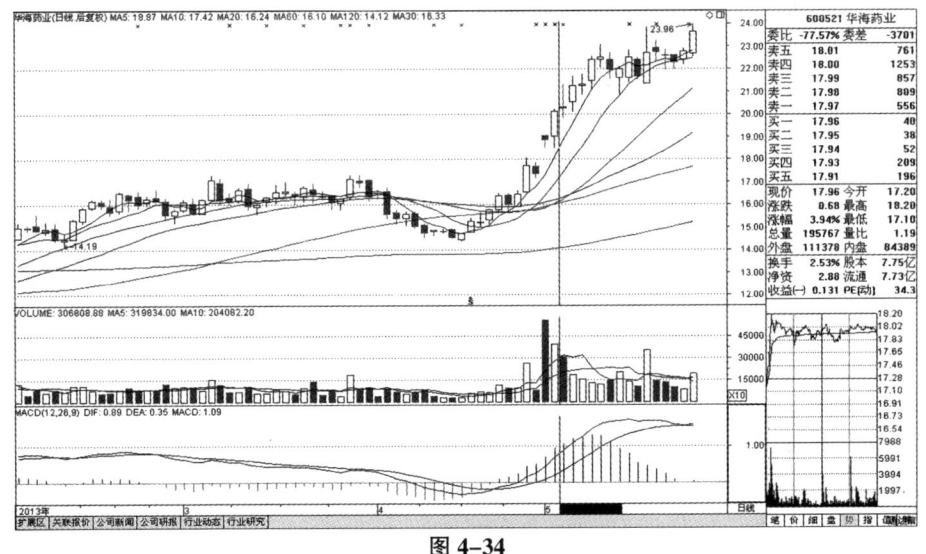

图 4-34

题材王第九式
题材逻辑

一、战法定义

有时候,题材爆发时,股价的走势并不一定是正常的反应,可能会出现意外。对于这种情况,我们也要知道应对的方法,这就是我们这个"题材逻辑"战法所要总结的。

最常见的思维是,该涨不涨理应看跌,该跌不跌理应看涨;或者是,利好出尽是利空,利空出尽是利好。

二、战法要点

1. 超越

当市场或某只股票对某一题材(利好或者利空)的反应超过预期,可证明该市场或该股是超强(超弱)市场或者超强(超弱)股票。

2. 连续

当市场或某只股票对某一题材有连续反应,就证明该市场或者该只股票具有即时的波段潜力特征。

3. 反击

市场或者某只股票,对于一个题材反应之后,市场很快地就给予反向的反击,反击的方向具有短线可靠性。

4. 逆反

即时性的,该涨不涨理应看跌,该跌不跌理应看涨;或者是利好出尽是利空,利空出尽是利好。

三、战法举例

(1)图4-35是上证指数(IA0001)在2010年4月19日股指期货开盘时间前后的走势,在股指期货开盘这天,沪指大跌,使得这一消息题材的超

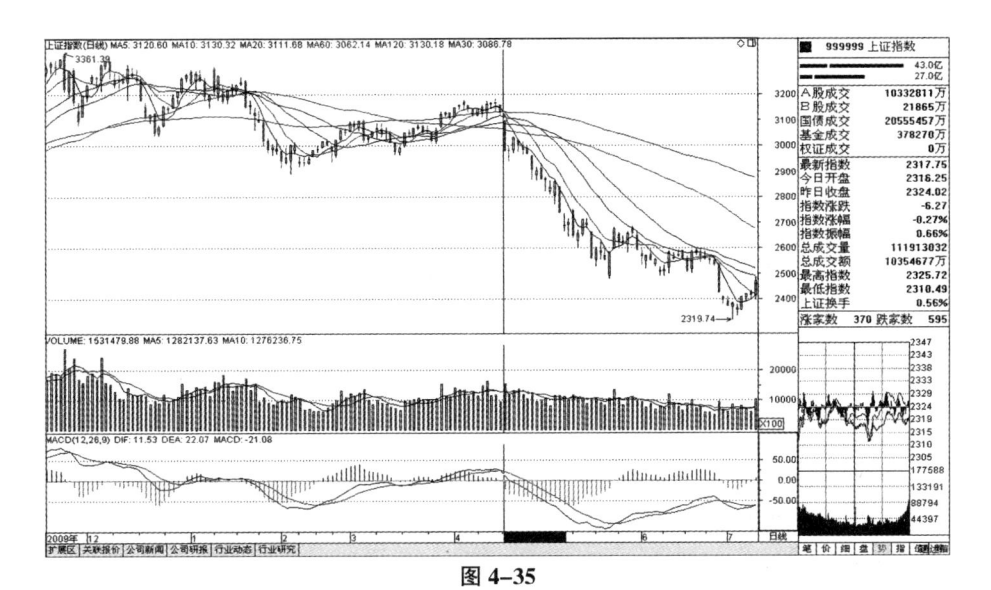

越性显现,其后沪综指持续下跌 800 点左右。

图 4-35

(2)图 4-36 是上证指数(999999)在 2009 年 5 月 25 日沪深股市重新启动新股 IPO 时间前后的走势。周日公布消息,周一上证指数早盘低开尾市上涨收盘,出现"反击+逆反"逻辑,其后市场短线急涨,中线也上涨。

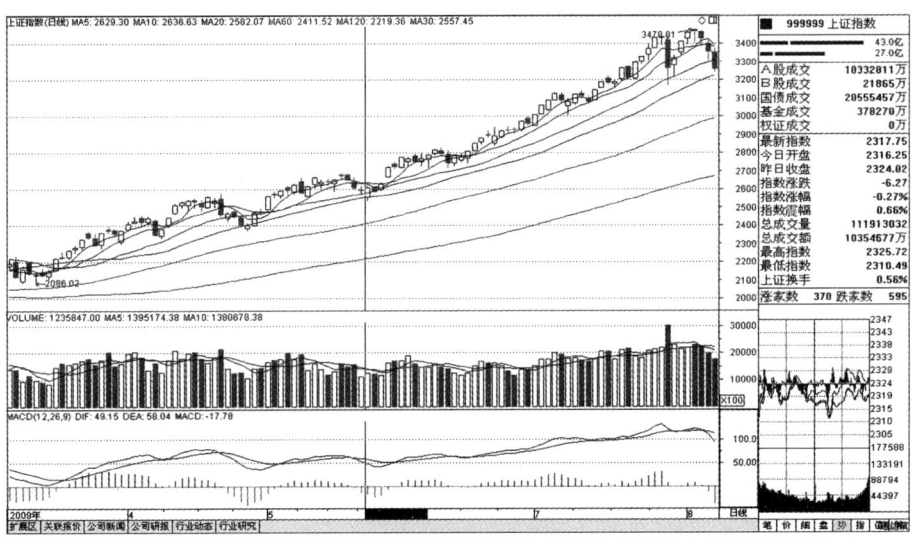

图 4-36

股海加油站

1. 进步

朋友:"你这次画展卖出去作品了吗?"

画家:"没有,不过很受鼓舞,因为有人偷走了一幅。"

2. 别当真

股友问:"一个煤气工炒股发了大财,为什么他还坚持送煤气?"

老花答:"因为这是一个'股神'娱乐节目,娱乐第一,就像电影《阿凡达》一样。"

3. 可怜的大象

GG:"给你说一个蚂蚁和大象的笑话:蚂蚁和大象结婚了,后来大象死了,蚂蚁哭着说:'亲爱的,你这一死,我下半生都贡献在挖坟的事业上了。'"

MM:(无表情)"那蚂蚁是公的还是母的?"

GG:"公的吧……"

MM:"大象太可怜了。"

第五部分
补丁子系统

> 关键语：
> 马无夜草不肥，人无横财不富。

第一章 PART ONE 超限侠

> 超限侠警语：
> 成功细中取，富贵险中求；风水轮流转，终会来我家。

超限侠第一式
股指期货

一、战法定义

股指期货是指以股票价格指数作为标的物的金融期货合约。

与股票交易相比，股指期货交易具有"T+0"、双向交易和保证金杠杆交易的特点。

二、战法要点

1. 单向性

股指期货交易具有双向性,在一个时间点既可做多,也可做空。因此,许多投资者都有高效率的想法,在一个交易日中妄想把多空两个方向的所有波段都抓住。然而,事实证明,同时考虑两个方向,很容易造成投资者思维混乱,常常出现不正常的失误。

有经验的投资者认为,进行股指期货投资,比较容易获胜的方法是:在一个时间点只考虑主趋势一个方向,不考虑次级趋势。

2. 当日交易

进行股指期货的日内交易,有经验的投资者常用方法是:根据买卖力道的红绿柱线变化与指数走势的逻辑关系(超越、连续、反击、逆反),来判断股指的短线走势。

3. 指标股

重要指标的短线涨跌,能够在短线时间内影响指数的走势,有的机构在重要指标股处于技术敏感的时候会通过买卖指标股影响指数,从而获得股指期货的大概率获益利润。如果发现这种规律,可以适当伏击。

4. 交割日

股指期货交易,在交割日,特别是在刚经历大波动之后的交割日,容易出现意外的反向波动,在交割日需要注意这点,并观察利用,以获得规律性投资利润。

三、战法举例

(1)图 5-1 是上证指数(IA0001)在 2013 年 6 月 3 日的日内走势,根据买卖力道的红绿柱线变化与指数走势的逻辑关系(超越、连续、反击、逆反),来判断股指的短线走势,该方法也可以作为盘中买卖固定目标的时机参考。

(2)图 5-2 是沪深(IF1306)2012 年 10 月 22 日至 2013 年 6 月 3 日的日 K 线走势,由图 5-2 可知,做好了大趋势,收益可观,也比较容易。

第五部分 补丁子系统

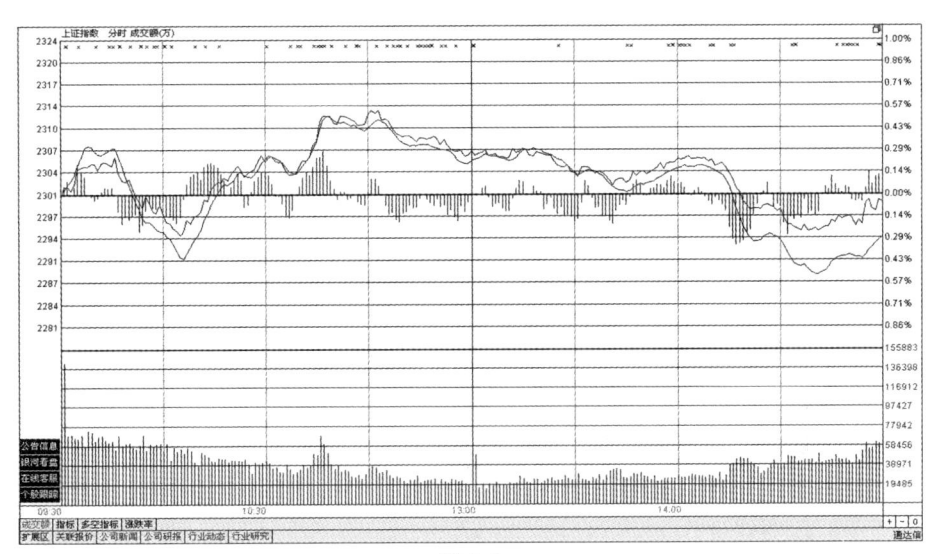

图 5-1

图 5-2

超限侠第二式
新股实战

一、战法定义

沪深股市的投资者有炒新的习惯，他们炒股比较偏好刚刚上市的新股，以及上市时间不长的小盘次新股。

其中主要的原因是：新上市的股票刚刚经历过包装，给人的印象较好，没有大小非的减持压力，在弱势中上市的新股定位比较合理，上市首日没有涨跌停板限制。

二、战法要点

1. 新股风险

在市场比较热的时候，新上市股票的价格会奇高，具有非常大的风险。大家还记得 2007 年 10 月上市的中石油吧，如果是在刚上市时以 48.00 元买入，1 年时间股价就会跌去 70% 以上。

2. 新股机会

在市场非常弱的时候，特别是大盘经历长时间下跌后的新股上市，如果定位合理，那么其后的第一次大盘行情中，次新股容易成为热点。

次新股在面临第一次年报期，大盘又配合的情况下，常常走势偏强。

3. 新股选择

原则上创业板、中小板的小盘新股总体机会要多于主板新股，当然新股的行业是否属于热点也很重要。

主板的超大盘央企新股，在上市的首日常常会有机构短期护盘现象，而主板的中等流通市值基本面普通的新股则多数不活跃。

4. 包装问题

沪深股市的新股在上市的时候经常存在着比较严重的包装问题，第一年绩优、第二年绩平、第三年绩差现象普遍存在，中线选股时要注意这个问题。

三、战法举例

(1) 图 5-3 是浙江世宝 (002703) 上市初期的走势情况。该股由于流通市值比较小,上市首日就遭到爆炒,其后股价又下跌较多,市场走强后又表现得很活跃。

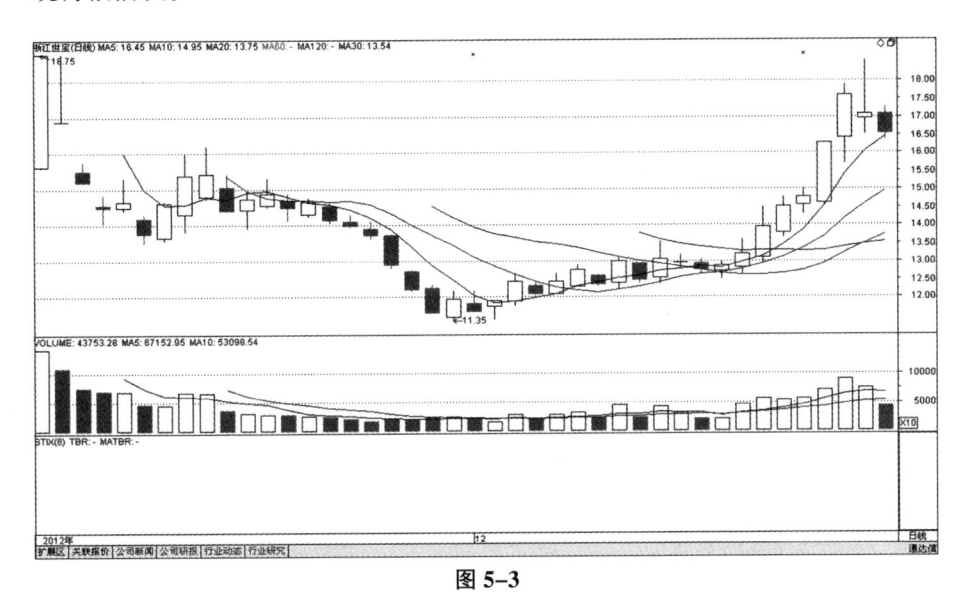

图 5-3

(2) 图 5-4 是德威新材 (300325) 上市初期的走势情况。该股在弱势中

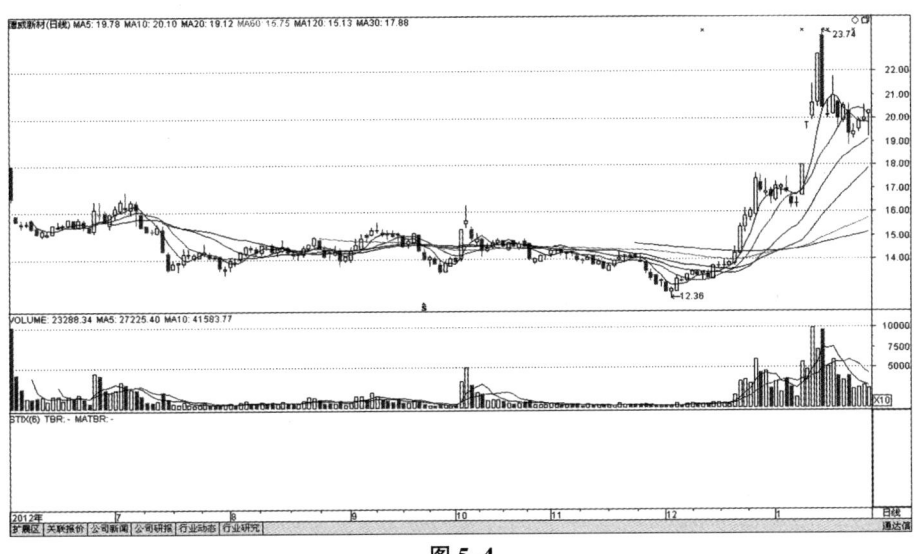

图 5-4

上市，经过调整后，股价现强于大盘的横向波动，遇到行情后，它与情况相似的其他小盘次新股整体都走强，成为市场热点。

超限侠第三式
杠杆基金

一、战法定义

国内的杠杆基金属于分级基金的杠杆份额（又叫进取份额）。分级基金是指在一个投资组合下，通过对基金收益或净资产的分解，形成两级（或多级）风险收益表现有一定差异化基金份额的基金品种。

份额杠杆为基金发行时的杠杆比例，即 A 份额份数与 B 份额份数之和与 B 份额之间的比例，具体公式为：份额杠杆 =（A 份额份数 + B 份额份数）/B 份额份数。

二、战法要点

1. 做强势板块

在市场处于强势阶段，经常会有某一个板块成为强势热点，比如说中小板、创业板等，在这个时候，可以持有该板块的杠杆基金。

2. 做超跌反弹

在大盘弱势中，在指数超跌之后，市场会出现超跌反弹，这个时候，某些杠杆基金容易出现短线暴涨，有经验的投资者比较喜欢短线投资基金。

3. 做单边趋势

在市场出现单边较大行情时，许多投资者选股的运气并不一定好，大多数会跑输大盘指数，此时持有杠杆指数基金被动投资，常常收益不错。

4. 不逆势持有

在市场处于弱势跌势时，杠杆基金的跌幅常常超越大盘，会导致长线持有者损失惨重，这时不能轻易持有杠杆基金。

三、战法举例

（1）图 5-5 是中小板 B（150086）在 2012 年 12 月 4 日至 2013 年 6 月 3 日的 K 线走势，在 2013 年 5 月 14~22 日，由于小盘股是市场热点，一周涨幅达 40%。

图 5-5

（2）图 5-6 是申万进取（150023）在 2012 年的走势。2012 年总体走势

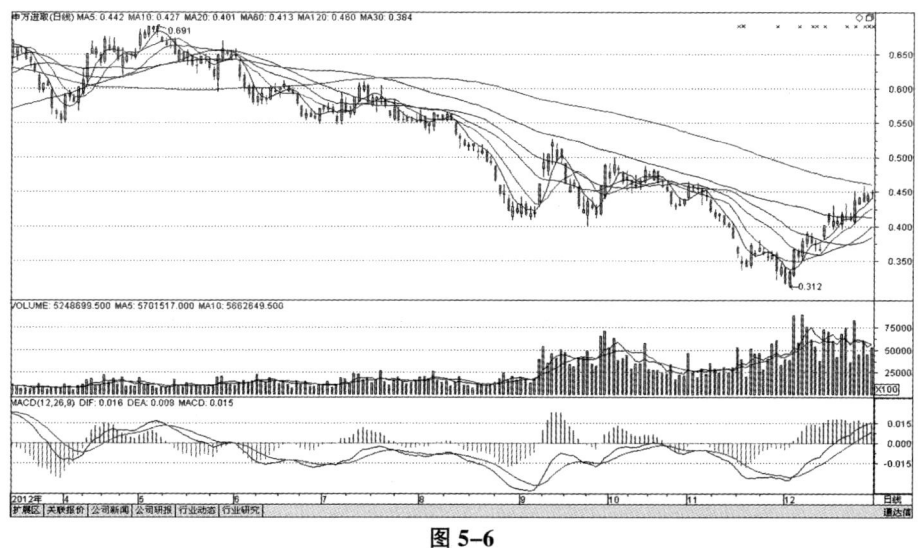

图 5-6

是由下跌和反弹组成，我们可以看到，每当指数出现低位反弹的时候，该基金的低位阳线都特别大，适合作为操作超跌反弹的良好品种。

超限侠第四式
融资实战

一、战法定义

融资交易就是投资者以资金或证券作为质押，向券商借入资金用于证券买卖，并在约定的期限内偿还借款本金和利息。

融资融券账户可以进行普通交易（普通买入、普通卖出），也可以进行信用交易（融资买入、融券卖出），可以融资买入的证券为融资标的，可以融券卖出的证券为融券标的，一般来说融资标的也是融券标的，所以合称为融资融券标的。

目前（从2013年1月31日起），两证券交易所公布的融资融券标的，包括500只A股股票和10只ETF，具体数据可见交易所网站。

二、战法要点

1. 杠杆作用

融资融券具有财务杠杆效应，使投资者可以获得超过自有资金一定额度的资金或股票从事交易，人为地扩大投资者的交易能力，从而可以提高投资者的资金利用率。

杠杆作用，既作用于机会，也作用于风险，因此融资操作必须有把握。

2. 平仓风险

在融资融券交易中，投资者与证券公司间除了普通交易的委托买卖关系外，还存在着较为复杂的债权债务关系，以及由于债权债务产生的担保关系。证券公司为保护自身债权，对投资者信用账户的资产负债情况实时监控，在一定条件下可以对投资者担保资产执行强制平仓。

3. 强势短线

由于融资是有成本的，融资只在强势市场中操作强势品种。融资计息是以"天"为单位的，尽量以做短线为主。

有的指标股处于筹码集中状态，可以根据其股价波动规律，配合自己的资金进行"T+0"超短线获益。也可以作为再融资股有双轨价格时短线使用。

4. 选股注意

对于融资较大的个股，在低位选股时可适当加大注意。

三、战法举例

（1）图 5-7 是民生银行（600016）的 K 线走势。该股是大盘股，大多数时间股性比较呆滞，不要轻易操作，只在其连续放量走强的时候才短线融资操作。

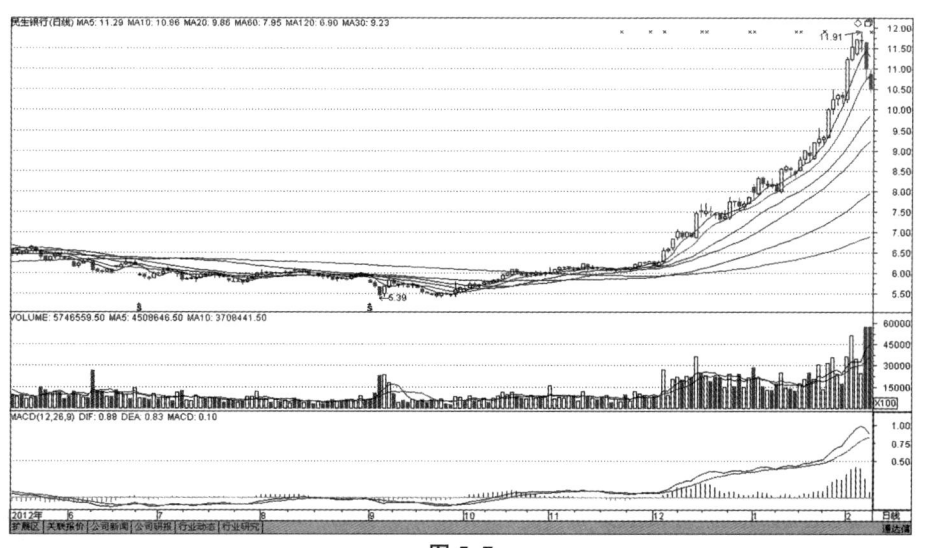

图 5-7

（2）图 5-8 是农业银行（601288）在 2010 年 11 月 17 日至 2011 年 4 月 1 日的走势，如果遇到融资标的股处于这种低市盈率控盘规律走势时，可以短线获益。

图 5-8

超限侠第五式
融券实战

一、战法定义

融券交易是指投资者以资金或证券作为质押,向券商借入证券卖出,在约定的期限内,买入相同数量和品种的证券归还券商并支付相应的融券费用。

可供融券卖出的证券品种,称为融券标的证券。沪深证券交易所根据证券的股东人数、流通市值、换手率、波动幅度等条件确定融券标的证券名单,证券公司可在交易所公布的融券标的证券范围内进一步选择,并随交易所名单变动而相应调整。

二、战法要点

1. 融券委托

投资者在进行融券交易前,应了解融券交易委托价格规则:

(1) 融券卖出交易只能采用限价委托,不能采用市价委托。

（2）融券卖出申报价格不得低于该证券的最新成交价，如该证券当天未产生成交的，申报价格不得低于前收盘价。若投资者在进行融券卖出委托时，申报价格低于上述价格，该笔委托无效。

2. 选股注意

对于融券较大的个股，在高位选股时可适当注意风险。

3. 熊市做空

应卖空被高估证券，或卖空危机证券，或者基本面走下坡路的大盘股，待股价相对较低时（如股票回到合理估值价位，或坏消息出尽时）买券还券。

不要逆强势做空。

4. 短线操作

尽量在弱势中做短线，不能长时间操作，特别要防止绩差股的资产重组停牌事件发生。

三、战法举例

（1）图 5-9 是中国远洋（601919）在 2011 年的走势。该股基本面严重趋坏，从绩优股变为巨亏股，每当出现技术性卖点时，适合做空。

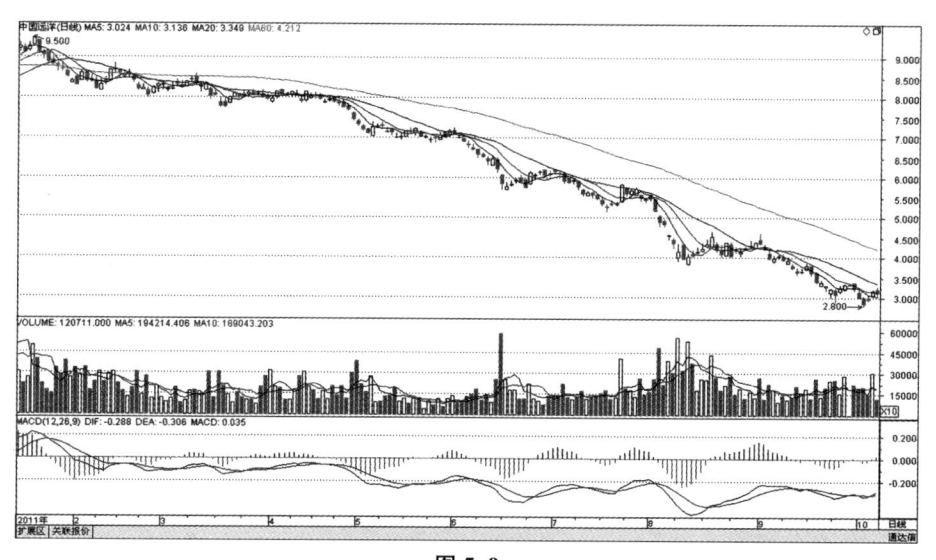

图 5-9

(2) 图 5-10 是深成 ETF (159903) 在 2011 年下半年的走势。在熊市，某个指数处于单边下跌图中，可以在技术性的卖点做空，可能比随意做空个股更有把握。

图 5-10

超限侠第六式
权证实战

一、战法定义

权证，是指基于证券发行人或其以外的第三人发行的，约定持有人在规定期间内或特定到期日，有权按约定价格向发行人购买或出售标的证券，或以现金结算方式收取结算差价的有价证券。

二、战法要点

1. 免费权证

对于免费获得的权证，只要正股没有损失，可以尽量获得。

2. 单边顺势

在单边上涨下跌的大盘背景下，如果正股与大盘趋势一致，可以顺势操作认购认沽权证，价格不一样，涨跌的百分比就不一样。

3. 权证行权

如果权证行权的成本低于买正股的成本，可以选择行权投资获益。

4. 防止归零

在权证价值高估时，除非有顺势预期，不能轻易持有。

那种玩所谓的"T+0"的游戏是小赢大输，久赌必输，在高估权证即将归零时，还妄想出奇迹，是愚蠢行为，尽管是愚蠢行为偶尔也能吃到诱饵。

三、战法举例

（1）图 5-11 是南方航空（600029）在 2008 年 8 月 4 日前后的股价走势。这个时候是熊市极弱势阶段，在这天认沽权证南航 JTP1 开盘小幅震荡，10:30 后发力飙升，午后继续稳步攀升，收盘大涨 58.32%，成交 323.56 亿元，较上一交易日放大 349.93%。

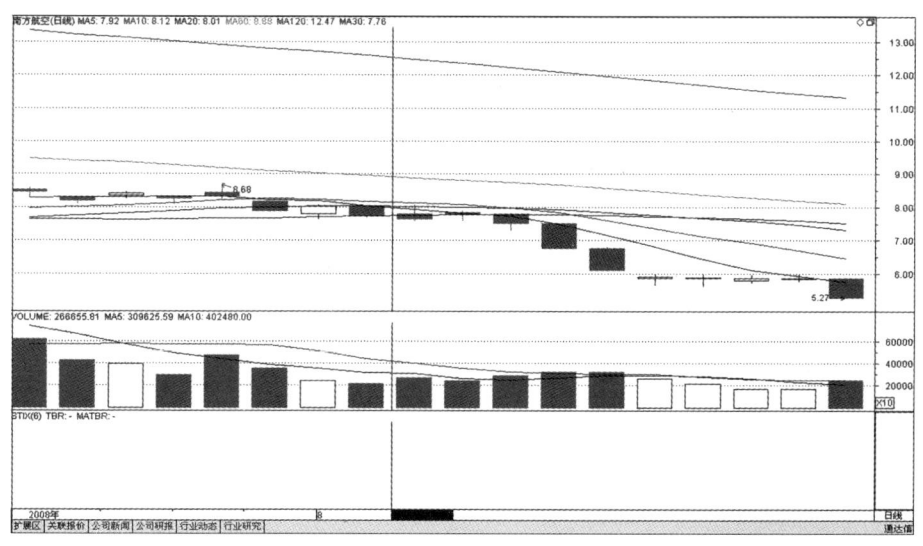

图 5-11

（2）图 5-12 是招商银行（600036）在 2007 年 5 月底 6 月初的走势。在这段时间，股市大盘出现利空，指数出现了大震荡，尽管招商银行股价比较稳定，但是 5 月底至 6 月初，招行认沽曾有一波最高涨幅逾 13 倍的炒作行情，非常疯狂地搏杀。

图 5-12

超限侠第七式
ST 股实战

一、战法定义

ST 是英文"Special Treatment"的缩写，意即"特别处理"。1998 年 4 月 22 日，沪深交易所宣布，将对财务状况或其他状况出现异常的上市公司股票交易进行特别处理（Special Treatment），由于"特别处理"在简称前冠以"ST"，因此这类股票称为 ST 股。

二、战法要点

1. 波动节奏

（1）ST 股的走势与大盘往往是相反的，大盘走强时 ST 股走势一般较弱，大盘持续低迷时ST就逆势活跃，所以弱市是炒ST股最合适的时期。

（2）每年的年末和第二年的年初这段时间，因为正逢上市公司业绩预告以及发布年报，也是ST最活跃的时候，往往冒出一些大黑马，这个时候要积极介入。

2. 持续性

（1）ST股的走势具有必然的持续性，经常呈现持续上涨或者持续下跌的现象。出现一个涨停板以后往往会出现第二个、第三个涨停板，而反之跌停也是这样。所以一旦某只ST股出现涨停之后可以联系基本面进行分析后实时介入，假如出现跌停也要实时止损，避免将损失扩大化。

（2）ST股之间具有联动效应，经常呈现齐涨齐跌的现象。所以当ST股呈现齐涨的时候，可以选择那些还没来得及涨的股票实时跟进。

3. 重组性

（1）每年年报发布时期，总会有一些ST股摘帽。可以提前从业绩预告和年报知道哪些ST股有摘帽的可能，从中选择一些股价还没有上涨的股票实时介入，等正式发布摘帽之后再考虑出局。

（2）对摘帽的ST要区别看待，有些ST股是靠自己的生产经营好转而扭亏的，这种股票可以作为关注重点，趁股价低点介入。有些ST摘帽靠的是玩报表财技，如资产置换、变卖主业资产，或者由大股东输送利润来扭亏的，这些ST股的实际生产经营并未获得改变，在买入时要尽量慎重。

4. 风险性

（1）ST股的波动受政策影响比较大，经常受某些利空影响呈现整体下跌的情况，这时往往意味着机会来临，因为有些ST股基本面已经发生好转，受利空影响实际上很有限，大跌以后往往会出现比较大的反弹，这时要适当介入。

（2）做ST股要短线，或者对基本面变化分析清楚，防止退市。

三、战法举例

（1）图5-13是*ST中华（600017）在2012年的走势。该股经常连续跌停、涨停，体现了ST股的股性。

图 5-13

（2）图 5-14 是 *ST 深国商（000056）在 2012 年 12 月至 2013 年 6 月的走势。该股单边上涨，涨幅也不小。ST 股的风险，我们要充分认识，但是在每年涨幅最大的股票中，有相当大的比例是从 ST 股演变而来的，就像臭豆腐一样，闻起来臭，吃起来香。

图 5-14

超限侠第八式
盘中选股

一、战法定义

有一些投资者在强势市场中，通过盘中的异动情况来进行选股，常常能有效率地抓住短线买入就很快赚钱的股票。

二、战法要点

1. 应用时间

该战法只能在强势市场中应用，不适宜在弱势市场中用。

该战法适合在每天上午 10:30 后应用，最好是下午 2:30 后应用。

2. 关键步骤

敲"63"（深市）或者"61"（沪市），然后用鼠标点击"量比"，进行"量比"排名。

3. 综合选股

在"量比"排名靠前的股票中选取涨幅在 3~4 个百分点、K 线相对低位、形态较好、基本面较好、流通市值适中、没有明显消息刺激的股票作为潜力股买进。如果目标股属于新热点有潜在题材则更好。

如果"量比"是在低位连续两天放大则更佳。

4. 扩大概率

这类股票数量很多，每天都有，因此每次买进的时候先少量买进，如果效果还可以，可以多次重复，短线获利后可以抛掉。少量被套，如果没有明显基本面、技术面问题，则可以逢低补仓或者等待第二次异动机会。

这个投资模式的关键是，在强势中少量多频率，该选股概率不是 100%，是强势中短线效率较高的方法之一。

"量比"放大的股并不一定全部是牛股，但是牛股大都经历过"量比"放大这个过程。因此，"量比"放大是选牛股的一个关键步骤，而不是全部步骤。

三、战法举例

(1) 图 5-15 是特锐德（300001）在 2013 年 4~5 月的走势。当时创业板指数属于强势阶段，该股的量比一旦放大，就会出现短线的强势，有短线投资机会。

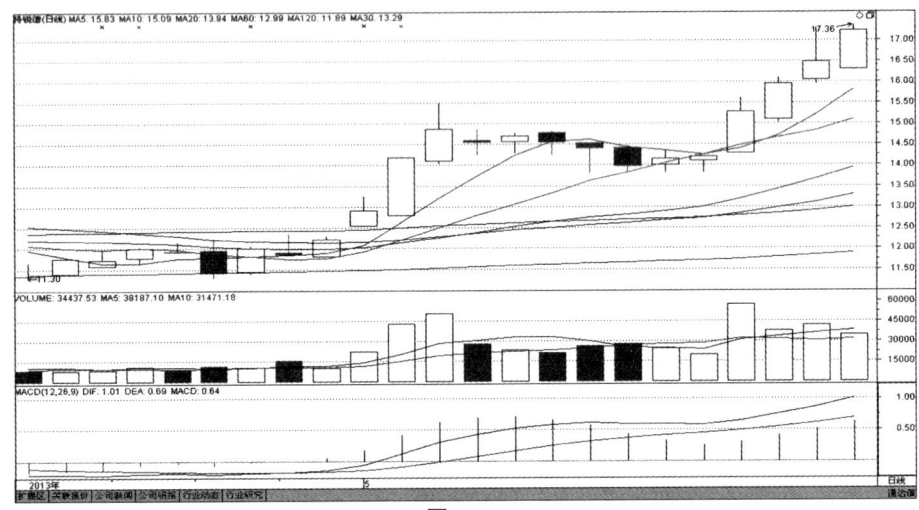

图 5-15

(2) 图 5-16 是华谊嘉信（300071）在 2013 年 1 月 24 日前后的走势。当时市场处于强势，该股的量比突然放大，走出一大段上涨行情。

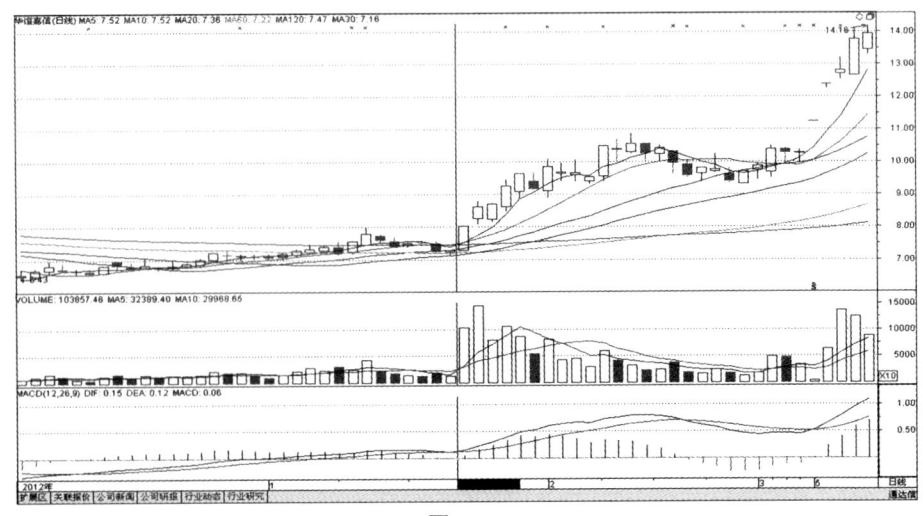

图 5-16

超限侠第九式
开盘选股

一、战法定义

有一些投资者在强势市场中，根据开盘时的异动情况选股，常常能有效地抓住短线买入就很快赚钱的股票。

二、战法要点

1. 应用时间

该战法只能在强势市场中应用，不适宜在弱势市场中用。

2. 关键步骤

上午集合竞价在 9:25 出现第一笔成交结果，9:25~9:30 处于暂停成交阶段，9:30 大盘开始连续竞价成交。

在 9:25，第一笔成交出来后，敲 "63"（深市）或者 "61"（沪市），然后用鼠标点击 "现量"（有的软件叫作 "现手"），进行 "现量" 排名。

3. 综合选股

在 "现量" 排名靠前的股票中选取涨幅在 2~3 个百分点、K 线相对低位、形态较好、基本面较好、流通市值适中、没有明显消息刺激的股票作为潜力股买进。如果目标股属于新热点有潜在题材则更好。

4. 扩大概率

这类股票数量很多，每天都有，因此每次买进的时候先少量买进，如果效果还可以，可以多次重复，短线获利后可以抛掉。少量被套，如果没有明显基本面、技术面问题，则可以逢低补仓或者等待第二次异动机会。

这个投资模式的关键是，在强势中少量多频率，该选股概率不是 100%，是强势中短线效率较高的方法之一。

三、战法举例

（1）图 5-17 是深市 2013 年 6 月 14 日上午 9:25 集合竞价后出现的第一笔成交的"现量"排名，在强势中利用这个技术可以捕捉短线强势股。

图 5-17

（2）图 5-18 是保税科技（600794）在 2013 年 5 月 17 日前后的 K 线走

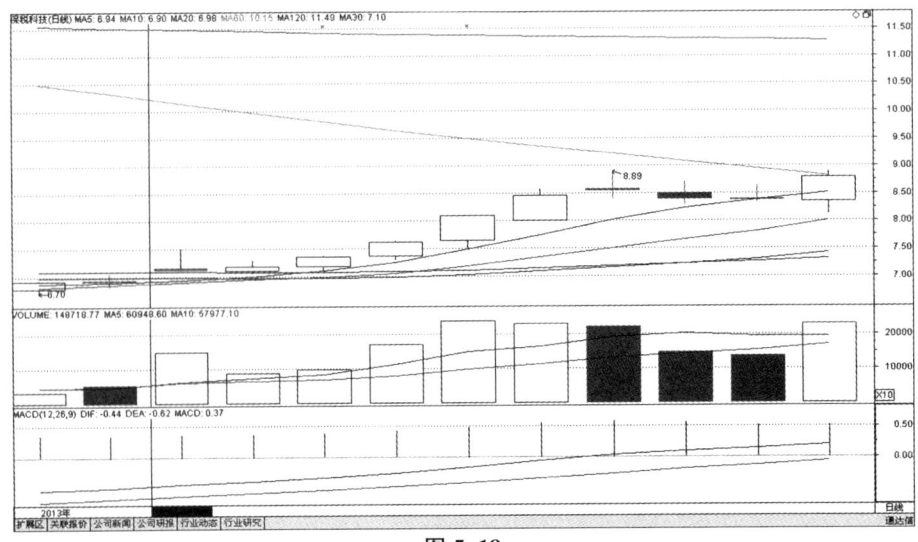

图 5-18

势。该股在 5 月 17 日略微带量高开，其后连续涨升 5 天，涨幅超过 10%。

股海加油站

1. 帮忙

查尔斯喝得醉眼蒙眬，深更半夜才回到家门口。他掏出钥匙，却怎么也对不准门锁。

巡夜的警察见状，急忙上前问："需要帮忙吗？"

查尔斯大喜过望，赶忙说："请你帮我把这房子抓牢，别让它乱晃动。"

2. 更快

两人醉酒，开车回家。途中有人搭车，于是停车让他们上来。

车开得很快，搭车人担心地对司机旁边那个人说："你能不能请他开慢点，我心脏不好。"

"嘘！小点声。把他弄醒了，会开得更快。"

3. 联想丰富

语文老师为了示范什么是"垂头丧气"，就低下头，做了一个动作，然后笑眯眯地问同学们："请大家用一个成语来形容我刚才的那个动作。"

同学们争先恐后地回答："聪明绝顶""地薄苗稀""一毛不拔"……

第二章 金补丁
PART TWO

> 关键语：
> 强中自有强中手，一山更比一山高。

金补丁第一式
投资要素

一、战法定义

股市投资就是在最有利的时间、以比较小的风险争取获胜概率较大的利润。有熟练高概率获胜技术保证的行为叫作投资；没有高胜率技术保证，赌运气的行为叫作赌博。

在股市中，投资需要分析的主要因素是价格、量能、消息、时间。

二、战法要点

1. 价格

投资目标的价格需要有优势。这里说的价格，主要体现在两个方面：

（1）绝对价格。如果一只股票的分红足够投资者满意，或者一个交易品种在不远的将来存在着一个高出目前价格的卖点,那么我们就称现在的价格是绝对低价。

(2)相对价格。当市场处于上涨的变化过程中,现在的价格有较高继续上涨的概率,或者与其他的有可比性的投资标的相比,现在的价格有优势,那么我们就称现在的价格为相对低位。

2. 量能

投资目标要处于优势活跃状态。这里的优势活跃状态,主要体现在量能的极端状态:

(1)较高量能。当市场处于较高量能状态时,说明整个系统处于活跃状态;当个股的成交量能处于较高状态,说明个股处于活跃状态。比较好的投资品种是,大盘处于高量能状态,个股也处于高量能状态。

(2)极低量能。当可交易品种处于成交十分稀少的时候,这个交易品种容易因为买盘增加而出现供求关系变化的上涨。

3. 消息

股市价格的变化是由众人的集合行为造成的,影响改变众人行为的最有效因素就是消息,又称为题材。在股市中,题材是第一生产力。

(1)突发题材。在股市中最有效的题材是突发的公平消息,这对股价的影响最大最直接,把握这种题材需要敏感和速度。

(2)层次题材。有时,股市中的题材是分层次传递的,这样的题材就存在节奏的博弈。

4. 时间

时间也是金钱。在股市中,时间的确定异常重要。

(1)确定时间。确定时间是指时间是明确的一个时点。

(2)规律时间。规律时间是指在股市中,因为制度原因,或者是财务原因,股市存在着一定的周期规律。

三、战法举例

(1)图5-19是上证指数(IA0001)在2010年的走势。读者可以观察一下,大盘在强势上涨时和大盘在下跌时的量能有什么不同。对于大盘来讲,量能最重要。

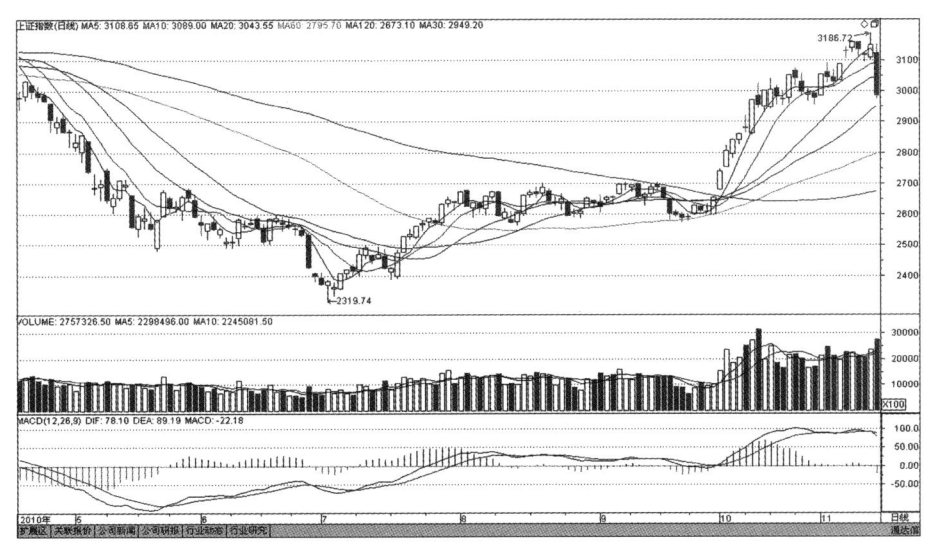

图 5-19

（2）图 5-20 是众和股份（002070）在 2012 年 7 月 6 日前后的 K 线走势。该股有题材有量能时的走势与无量能无题材时的走势明显不一样。对于个股来讲，题材和量能都重要。

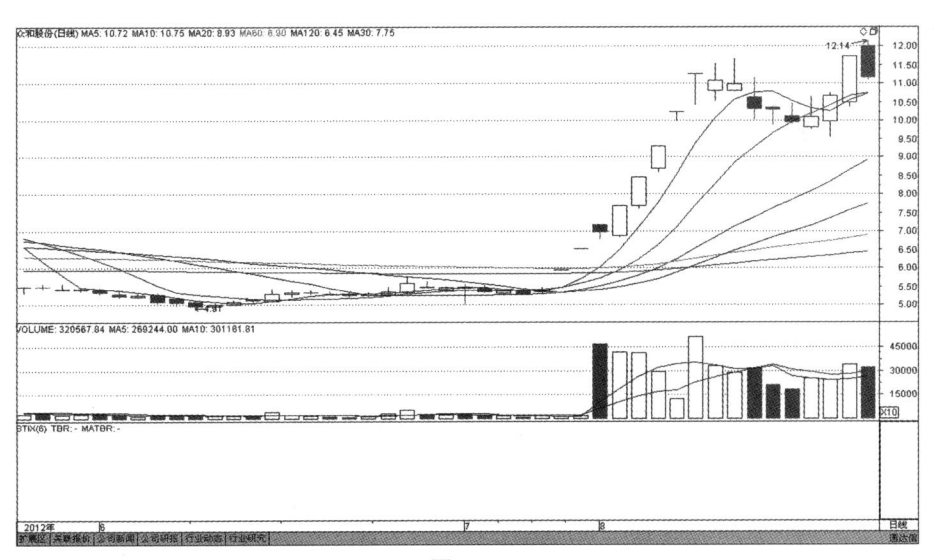

图 5-20

金补丁第二式
投资逻辑

一、战法定义

在股市中最基础的判断逻辑，是通过超越、连续、反击、逆反组合因素来形成的。在股市中，多数情况下，一天的因素为偶然，两天的因素为有效组合，7个交易日的因素综合为可靠组合。

二、战法要点

1. 超越

当一个因素和另一个因素比较时，比如说前后量能的比较，个股的涨幅与大盘涨幅的比较，个股反应与题材正常反应的比较，如果出现相对强势，即为超越。

2. 连续

当两个连续的因素显露出同样的表现特征时，视为连续。连续两天价涨量增视为正能量连续，连续两天的大单抛压视为负能量连续。

3. 反击

当一个负面因素导致负面走势出现时，其后又出现一个更强的正面走势，视为正反击；反之，为负反击。

4. 逆反

当一个负面因素出现时，股价却给出正面反应，视为正逆反；反之，为负逆反。通俗的说法就是，该跌不跌，理应看涨；该涨不涨，理应看跌。

三、战法举例

（1）图5-21是江苏宏宝（002071）在2012年10月25~26日两天走势的组合。该组合形成负反击，后市看跌。

图 5-21

(2) 图 5-22 是江苏宏宝（002071）在 2013 年 4 月 25~26 日两天走势的组合。该组合形成正连续，后市看涨。

图 5-22

金补丁第三式
投资博弈

一、战法定义

股市交易结果,并不完全取决于自己的行为,还取决于大盘和其他统一战场交易者的行为,因此逻辑判断的结果只是一种概率,而不是必然。比较好的逻辑判断思维也只是一种大概率,另外你的逻辑判断结果也只是一个性质上,量化度则取决于主力风格、你对逻辑结果的认可度、背景的配合、后续变化。

二、战法要点

1. 主力

如果你的逻辑判断得到原有主力因素的认可,则会得出好的结果;如果是偶然运气现象,则会出现失误。

2. 热点

如果你的逻辑判断得到市场的共鸣,则会得出好的结果;如果市场不认可,则逻辑的威力无从发挥。

3. 背景

在大盘背景配合的情况下,正确的逻辑判断可以起到锦上添花的作用;如果市场背景不配合,则容易事倍功半。

4. 变化

市场是无时无刻不在变化的,特别是随着交易价格的变化,人们的行为也可能发生变化,你是否处于有利的价格、有利的时间、有利的交易敏感度,很重要。

三、战法举例

(1)图5-23是星河生物(300143)在2012年11月9日后一段时间的

走势。该股的反击、超越、连续逻辑，得到了主力、热点、背景的配合，涨升得非常强劲。

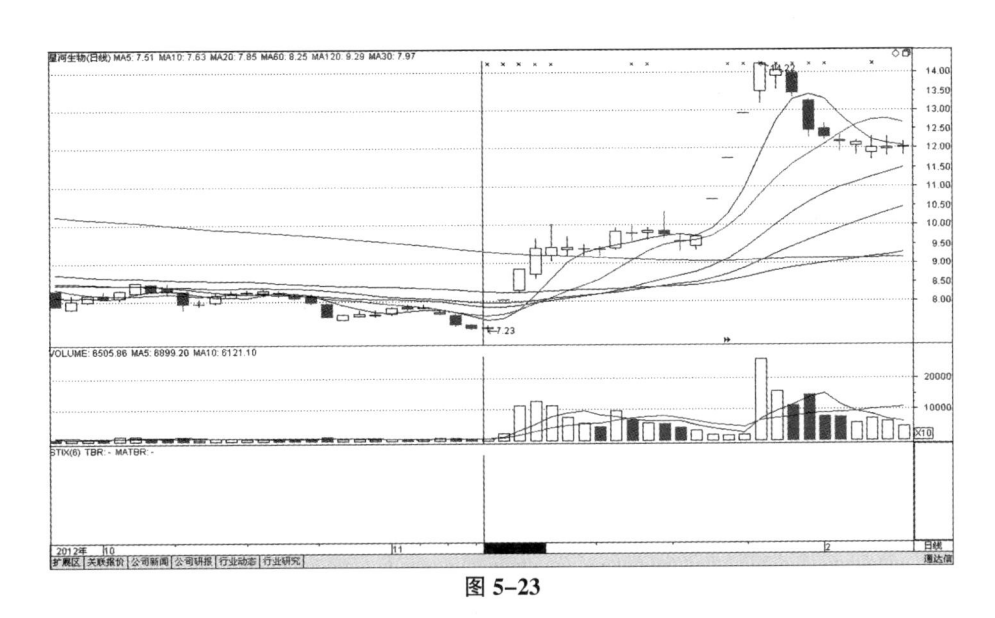

图 5-23

（2）图 5-24 是燃控科技（300152）在 2012 年 11 月 14 日后一段时间的走势。该股也具备反击、超越、连续逻辑，但是股价爆发的时间不如星河生物，虽然也走势很强，但强度明显不如星河生物。

图 5-24

金补丁第四式
投资准星

一、战法定义

逻辑判断得出的结果是一种高概率，并且会受到其他不确定因素的干扰。所以，我们要把逻辑判断与我们的追求结合起来，要用科学的手段增强大概率，避免小概率。

二、战法要点

1. 目的

你的目的是获得比赛名次，个人理财，友情帮助别人。目的不同，所采取的方法也略有不同，主要体现在你对结果的接受程度。

2. 组合

为了增强一个方法的准星，有经验的投资者普遍采取同时间、同方式、多品种组合，加上分批投入的方式。这样可以有效地回避小概率，并实现盈利的复利。

这样做的好处，首先是跟上大盘，然后是超越大盘。

3. 杠杆

在你遇到好机会的时候，能否加大杠杆，拥有更多的资源，则决定着你的成功结果。许多散户，在遇到好机会时，由于缺乏资源，也很难获得满意的收获。

4. 效率

在股市中，许多时候，人们的利益是一致的。当你有好机会的时候，让更多的人参与，既可把你的智慧分享给更多的朋友，发扬骑士精神，也可以提高你自己获得财富的效率。

三、战法举例

（1）图 5-25 是攀钢钒钛（000629）在 2008 年 8 月 14 日前后的走势。该股由于具有现金选择权，在大盘弱势中具有无风险机会，但也要采取分批建仓原则，也可以与好友分享胜利果实。

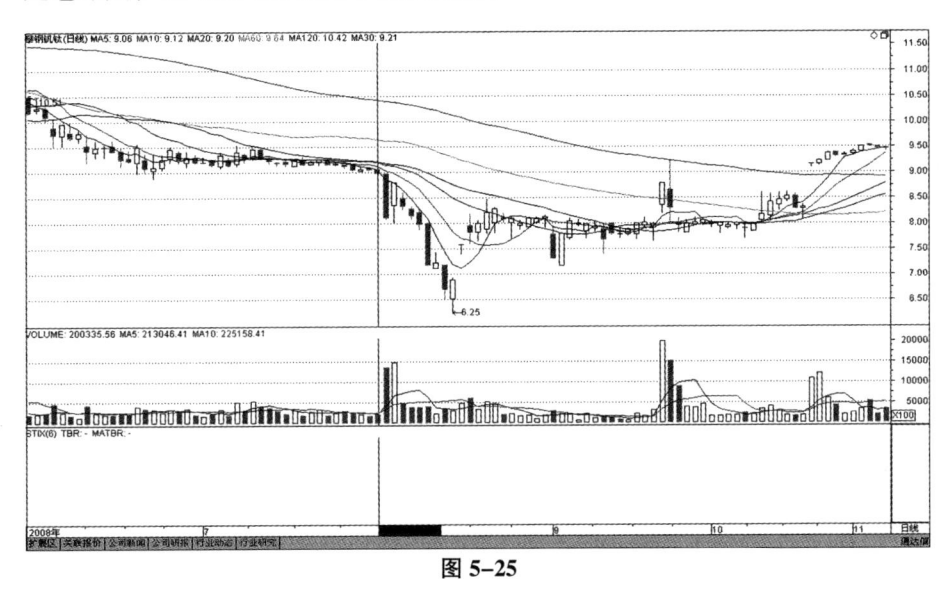

图 5-25

（2）图 5-26 是杭萧钢构（600477）在 2007 年上半年的走势。该股是大

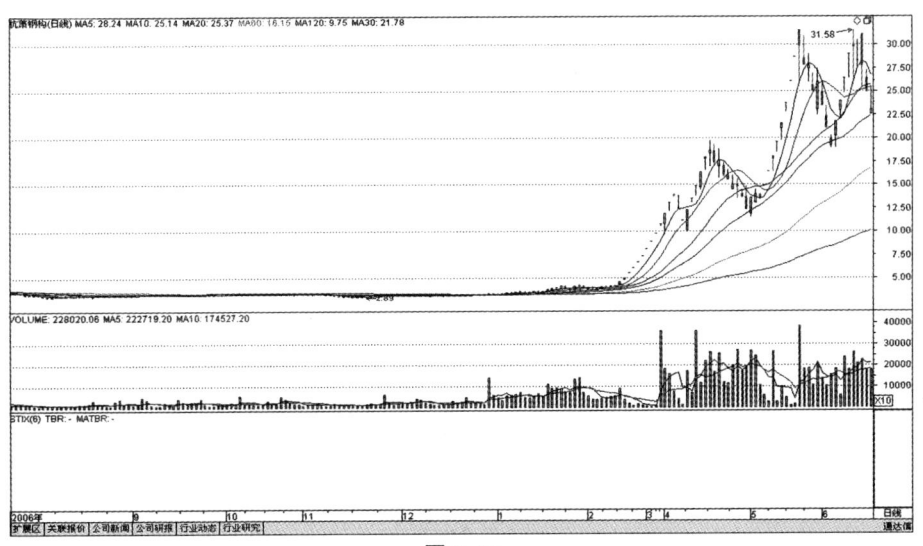

图 5-26

牛股，但在暴涨之前，长时间在牛市中横盘不涨，如果过于超前的重仓持有，可能会因为心态原因出现失误，但是采取组合方式，则能保持良好心态。

金补丁第五式
投资系统

一、战法定义

投资系统是指导投资者行为的方法，它主要包含仓位控制、机会的捕捉、临界的判断。一个投资者是否有一套成熟的投资系统，决定着他是投资工程师还是赌徒。

每个投资者的投资系统也许不一样，但是必须是适合自己能力且自己满意的。

二、战法要点

1. 防范风险

投资系统最重要的功能是防范风险，在笔者的眼里，不怕不赚钱，就怕赔钱，在弄不清楚的时候按照坏的可能性处理。

2. 稳利

在做好防范风险的基础上，也要抓住机会，特别是强势周期的机会，按照操作系统抓机会，也会有心理障碍，要克服这种障碍。

3. 暴利

暴利的获得，一方面依靠技术，另一方面也有运气因素，只要你合理运用技术，运用得次数多了，就一定会碰见黑马。

4. 临界判断

投资系统的制订和理解，是相对容易的。投资系统应用的难点是判断临界点，比如说强势中的30日均线的支撑和有效跌破，就需要使用者的天赋和经验。

笔者的经验是，在判断临界点的有效性时，还是运用逻辑判断，即运用超越、连续、反击、逆反来分析判断，同时参考大盘和指标股的 MACD，另外还要看指数处于临界点时，市场是否有强势板块或者杀跌板块。

有头部构造的考验临界点，需要加大警惕；无头部构造的考验临界点，可略为等待，看是否有反击形态出现。

大行情的第一次大跌，往往都会出现强烈的反击；而弱势中的反弹（大盘成交量不够），第一次大跌，往往预示着行情的结束。

三、战法举例

（1）图 5-27 是上证指数（IA0001）在 2007 年 11 月 5 日股指跌破 30 日均线前后的走势。大盘市盈率很高，面临年底，有头部构造，MACD 死叉负逆反，大盘成交量萎缩，构成大头部。

图 5-27

（2）图 5-28 是中小板综指（399101）在 2010 年 12 月 23 日指数跌破 30 日均线前后的走势。该指数经历长时间上涨，涨幅巨大，面临年底，有头部构造，MACD 死叉，成交量萎缩，构成大头部。

图 5-28

金补丁第六式
次级强震

一、战法定义

当一轮主趋势在运行过程中，也常会发生短暂的次级强烈快速反向波动，如果能够把握好这种波动，就可以避免不必要的惊慌损失，而且能较好地抓住新机会。

二、战法要点

1. 无消息上升强震

上升通道中的强震，如果没有消息配合，都是突然性的，没有头部构造过程，尽管跌幅也比较吓人，跌停股票也较多，但成交量没有缩减，重要均线依然向上，发生的时间很短，常常是一天或者一天半，第二天就会走出反击走势。

2. 有消息上升强震

上升通道中的强震，如果有消息，短线对局部的非绩优股还是有一定的杀伤力的，比如说 2007 年 5 月 30 日的"半夜鸡叫"，这种强震持续的时间会有几个交易日，甚至会跌破重要均线，但是强势市场中的第一轮大跌，无论什么性质，都会出现强劲反弹。后市的判断，主要看大盘是否有新热点，是否能继续维持强势成交量，收复重要均线。

3. 无消息下降强震

下降通道中的强震，如果没有消息的配合，都是突然性的，经常发生在尾市，成交量放大得不够，且无法形成连续形态，30 日等重要均线区域会形成压力。

一般情况下，越是初期下跌越容易出现超跌反弹，越是接近末期下跌，越是难以出现较强的单日反弹。

4. 有消息下降强震

每当市场出现严重超跌时，即中线超跌加上短线超跌，或者指数跌破一个重要关口，市场常常会出现救市的消息，救市消息出现的第一天，上涨会是强劲的，涨停的股票也会比较多，此时不要急于卖出，反而可以买股。其后大盘的判断，要看市场的成交量能否维持，重要均线能否守住。

三、战法举例

（1）图 5-29 是上证指数（IA0001）在 2007 年 4 月 19 日前后的走势。此前上证指数一直运行在上升通道中，没有明显的调整征兆，4 月 19 日当天指数突然大跌，恐慌性抛盘蜂拥而出，沪指盘中最大跌幅达到 254.00 点，跌幅接近 7%，尾盘在一些抄底资金的介入下有所反弹。收盘沪指跌 163.38 点，跌幅 4.52%，收于 3449.02 点。第二天、第三天，指数走出反击形态，继续单边上涨。

（2）图 5-30 是上证指数（IA0001）在 2008 年 4 月 24 日前后的走势。此前指数单边下跌，4 月 18 日下跌 3.97 点，4 月 23 日指数上涨 4.15%，明显是有人提前知道消息抢盘，构成小反击形态，4 月 24 日公布降低印花税利好消息，指数大涨 9.29%，收复 30 日均线，其后随着大盘缩量，指数再度跌破 30 日均线，回归下降通道之中。

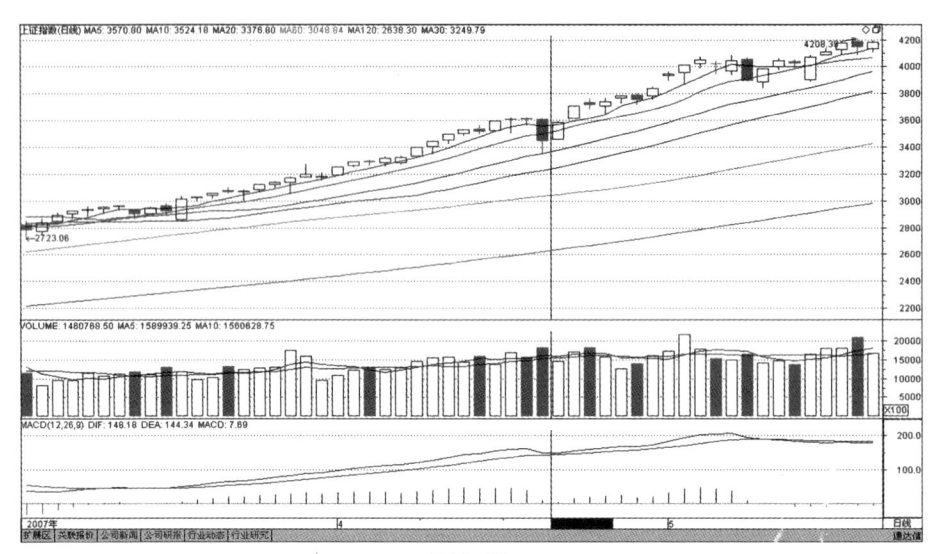

图 5-29

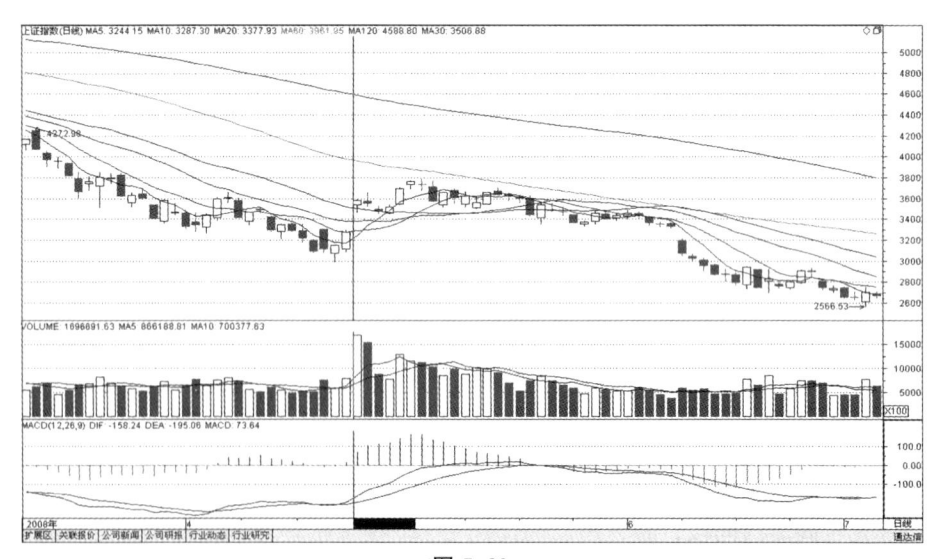

图 5-30

金补丁第七式
特别时间

一、战法定义

股市在特别的时间段，有时会有一股规律性的走势出现，这里总结的就是利用这种规律性特征进行投资获益的方法。

二、战法要点

1. 春节前

据统计，沪深股市成立以来，每年春节前的两个交易日的走势都不算差，特别是在前期已经下跌充分的情况下，春节前两个交易日容易出现"焰火"小行情。在这个时间段，对于走势比较强的筹码集中股，在这个时间段公布利好消息（比如说优秀年报等）低市值股可短线少量的投资。

2. 年底

每年年末，比如说10~12月是市场资金紧张的时间段，也是机构操作积极性差的时候，这个时间段指数容易急跌。

在该时间段，多数筹码集中容易异动，大多数这类个股容易急跌，特别是在年底一两周走弱的基金重仓股需要警惕。

需要注意的是，在12月底，有些机构需要做市值，特别强劲的大机构可能会为做市值，拉升股价。

3. 年初

每年年初，比如说1~2月是市场资金最宽裕的时间段，也是机构操作积极性比较高的时间段，容易出现局部行情。

年初几个交易日，走强的基金重仓股可以适当注意，每年的1~5月，小盘次新股、筹码集中股、重组股容易出现机会。

4. 业绩公布

每年业绩公布期，是高成长股、小盘次新股、筹码集中股的活跃期，在注意大盘背景（平稳才可以）的情况下，注意其波动节奏，寻找短线投资机会。

三、战法举例

（1）图 5-31 是上证指数（IA0001）在 2008 年春节前最后几个交易日的走势。之前，大盘暴跌，在春节前倒数第二个交易日，大盘强劲反弹，沪指上涨 8.13%，春节后大盘继续下跌。

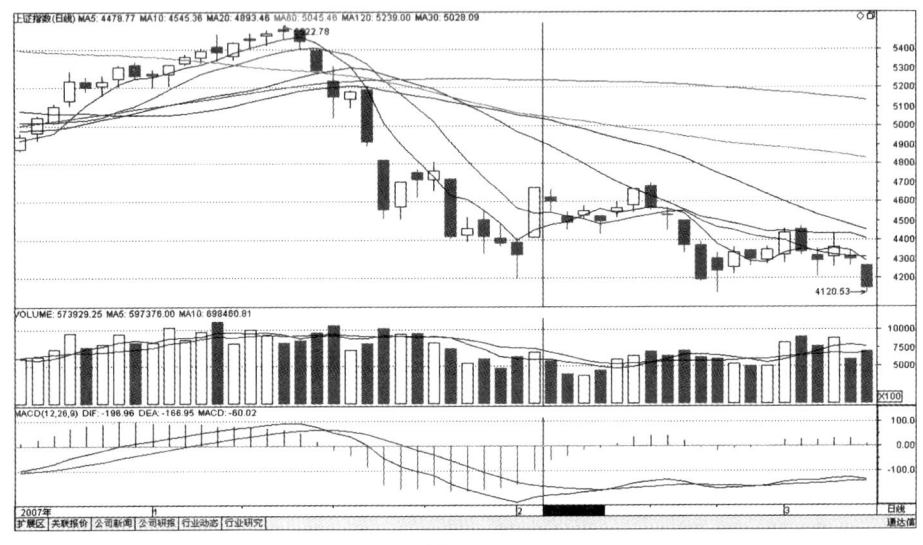

图 5-31

（2）图 5-32 是上证指数（IA0001）在 2012 年元旦后的走势。大盘在 2008 年大跌后，2009~2013 年这几年的 1 月，都出现了局部的板块行情。

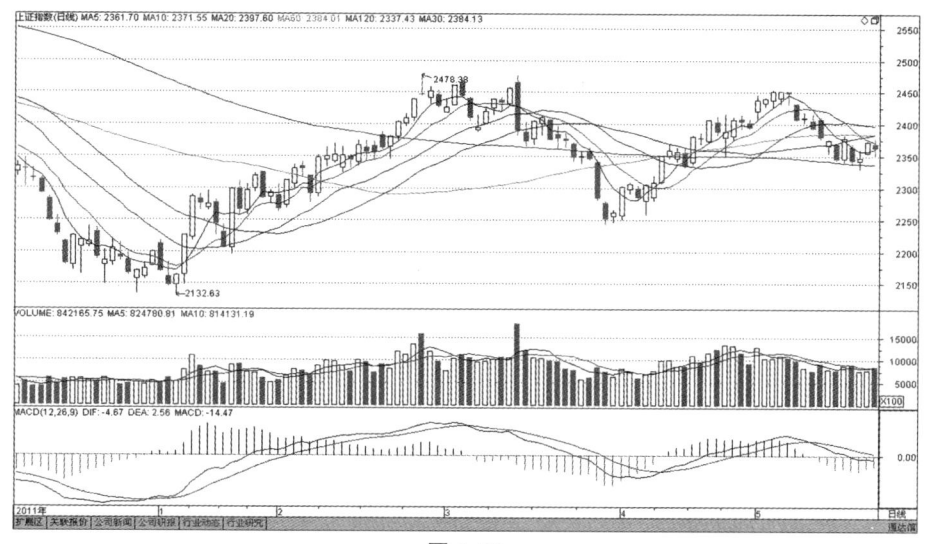

图 5-32

金补丁第八式
通用指标

一、战法定义

在股市投资活动中，判断时机很重要，判断时机比较有效的手段是把价量异动和通用技术指标结合起来。

笔者比较偏好的技术指标是 MACD、宝塔线、大盘的多空指标、个股的均价。

二、战法要点

1. MACD

MACD 称为指数平滑异同移动平均线，是从双移动平均线发展而来的，由快的移动平均线减去慢的移动平均线。MACD 的意义和双移动平均线基本相同，但阅读起来更方便。

当绿柱线缩短、红柱线伸长时，可抱以积极态度；当绿柱线伸长、红柱线缩短时，可抱以消极态度。

当金叉带量大阳时，是强势空翻多时点；当死叉破位大阴时，是弱势多翻空时点。

当死叉临界带量大阳时，该目标特别强势；当金叉临界破位大阴时，该目标特别弱势。

2. 宝塔线

可以作为强势市场中选取强势股的方法，当带量短期均线线上穿，三平底翻红或者两平底翻红时，是短线买进信号。

3. 大盘多空指标

正常情况下，大盘的多空指标的拐点是目标个股的买卖点。

如果多空指标趋强或者趋弱，指数不跟，就证明当前的指数有大跌或者大涨的可能，这种情况如果发生在下午 2:30 以后，容易导致跳水或者抢尾盘。

4. 个股当天均价

股价如果运行在当天均价的上方，并在均线处有强支撑，证明该股为当天强势股。

股价如果运行在当天均价的下方，并在均线处有强压力，证明该股为当天弱势股。

三、战法举例

（1）图 5-33 是新宁物流（300013）在 2013 年 4 月 11 日 MACD 金叉伴随量比急剧放大后的走势。MACD 走强带量可以作为一个股的持有信号，MACD 走弱低量可以作为一个股的抛出信号，当然这只是一种大概率。

（2）图 5-34 是亿纬锂能（300014）在 2013 年 5 月 29 日宝塔线两平底翻红前后的走势。宝塔线两平底或者三平底带量翻红，伴随 10 日均线上穿，是在大盘强势背景下，短线操作强势股的一个很好指标，可以克服一些投资者恐高强势股的心理障碍。

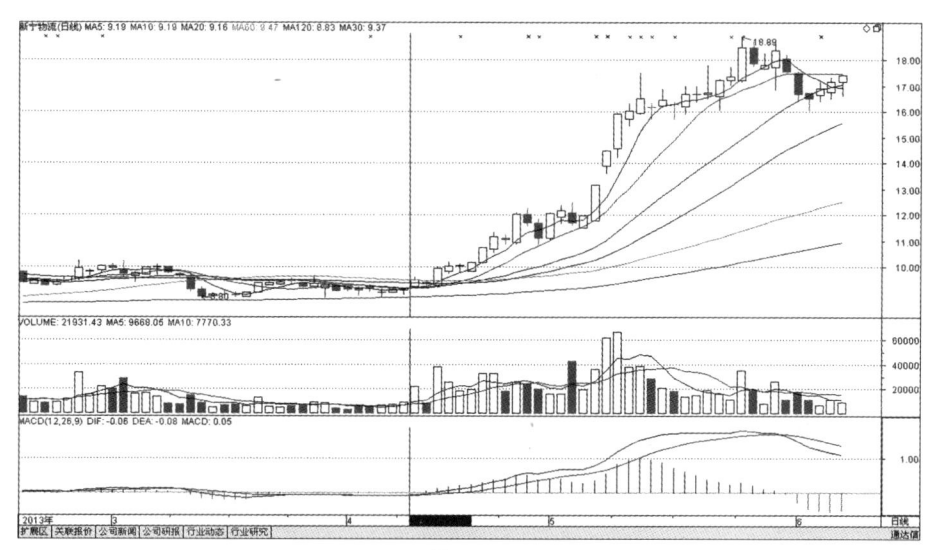

图 5-33

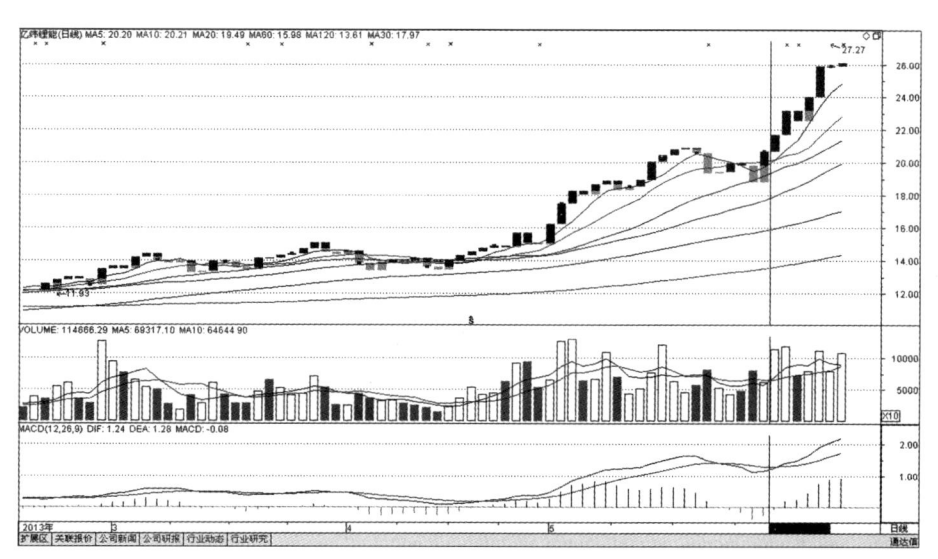

图 5-34

金补丁第九式
国债期货

一、战法定义

国债期货是指通过有组织的交易场所预先确定买卖价格并于未来特定时间内进行钱券交割的国债派生交易方式。国债期货属于金融期货的一种,是一种高级的金融衍生工具。它是为满足投资者规避利率风险的需求而产生的。

二、战法要点

1. 利率政策

市场利率变化会导致国债期货价格相反方向的变化,因此,作为市场利率风向标的基准利率即央行的利率政策是非常关键的考量因素。因为当人民银行调整基准利率时,各种金融资产的利率都会相应调整。从大的趋势来看,银行间以及交易所固定利率国债到期收益率(5年期)和1年期基准利率基本一致。

2. 国债供需

国债本身的供需也会影响期货价格。国债是财政部为了弥补财政赤字而发行的,财政部在年底都会发布第二年关键期限国债发行计划和第一季度国债发行计划的通知,因此,有可能某种期限国债的发行量大于机构配置需求。这会使得新发行国债当天发行利率过高,进而可能对二级市场形成冲击。此外,机构的配置需求会受到资金面的影响,资金面越紧,债券的持有成本就越大;反之,债券的持有成本就越小。因而资金面松紧有可能会影响机构的配置需求,进而可能对债市形成短期冲击。

3. 技术波动

和几乎所有的期货品种一样,国债期货天生就是用来投资或者套期保值的。根据现行的交易规则,国债期货只需要3%的保证金,这意味着其最大杠杆可以达到33倍,也就是说国债品种1%的上涨对应的保证金盈利就是

33%，虽然国债波动相对股票要来得小，但是若遇上重大的宏观事件，收益依然颇为可观。当然若看错市，损失也极大。

4. 可交割债

因为国债期货是给予空头选择交割券种的权利，而且可选择的券种为 4~7 年的国债，目前市场上共有 30 多只国债符合 TF1203 合约的交割条件，可供空方选择来进行交割。因此，空头面临的一个问题，在期货价格已知的情况下，选择一只最有利的债券来进行交割，也就是最便宜可交割债券。

这其中存在着动态的盲点获益，特别是在国债现券或者国债期货的价格处于活跃期的时候。

三、战法举例

（1）图 5-35 是经济周期与债券关系图。国债期货的价格走势通常是与债券同向的，当社会出现明显的经济事件或者经济数据变化超预期时，这个表的作用还是比较大的。

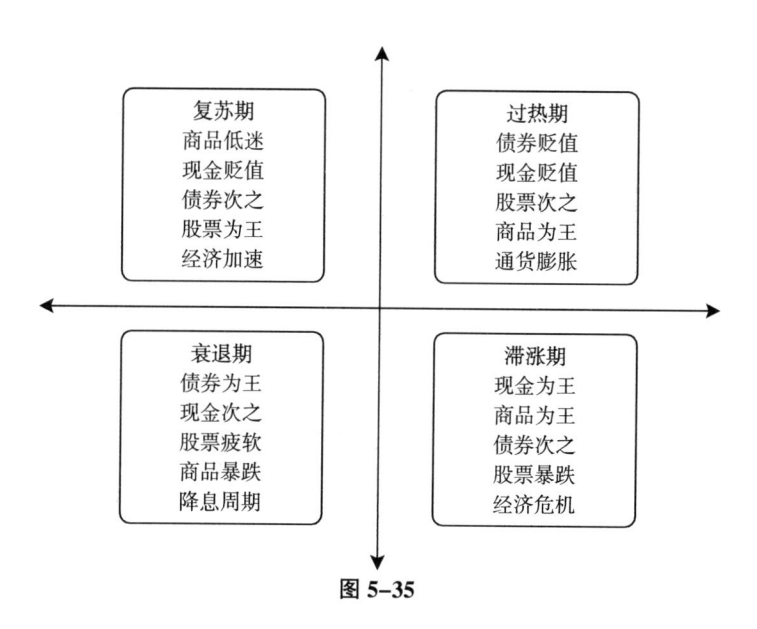

复苏期	过热期
商品低迷 现金贬值 债券次之 股票为王 经济加速	债券贬值 现金贬值 股票次之 商品为王 通货膨胀
衰退期	滞涨期
债券为王 现金次之 股票疲软 商品暴跌 降息周期	现金为王 商品为王 债券次之 股票暴跌 经济危机

图 5-35

（2）图 5-36 是国债期货仿真交易的 K 线图走势。由于本书交稿时，国债期货还没有正式开盘，这部分的操作技巧，在国债期货正式开盘后，读者要自己总结一下。或者关注笔者的微博和博客。

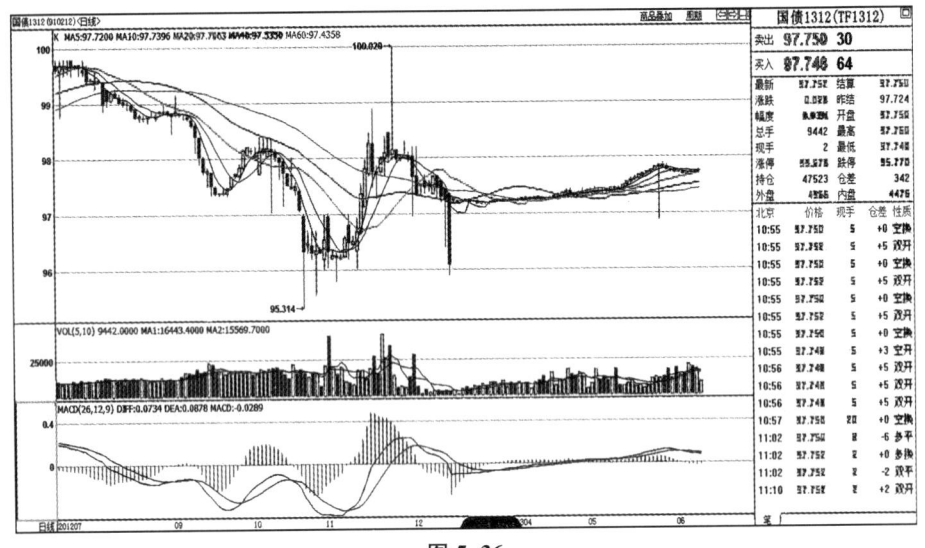

图 5-36

股海加油站

1. 声东击西

乞丐："你能给我一根针吗？我想用它缝一下我的破衣服。"

吝啬鬼："我正站在五层楼的窗台边，即使我把针给你扔下去，你也绝对找不到。"

乞丐："那么，请你把针插在那块面包上扔下来吧。"

2. 提醒

去网吧："老板，上网。"老板看了两眼，问我哪年生的，我答 1988 年。

老板又问属什么，我当时就愣了！开始心算，1991 年属羊，1990 年属马，然后思维就混乱了……

老板叹了口气："记住，你属龙，警察问时别说错，进去吧。"

3. 连环计

那天哥买烟，掏 20.00 元买 15.00 元的黄鹤楼，老板找俺 35.00 元。

俺寻思小店挣钱不容易，说老板找错了。

谁知老板又掏一张 50.00 元钞票给俺，还道歉说不好意思看错了。

后来我只要 5.00 元，老板现在和我结婚了……

第六部分
风控子系统

> 关键语：
> 股市中有两位神：一位是牛，另一位是熊。它们都是我们的朋友，我们要尊敬它们，特别是熊。熊的武功很高，如果事实证明你斗不过它，就与它交朋友吧。打不过的敌人就是朋友。
> 股市投资是一个高风险的职业，只要你没有被大熊咬伤，赚得再少也不会比其他行业赚得少。如果你偏要与熊硬拼，那么很可能你人生最大的一次打击就会发生在股市中。
> 本部分讲述的内容是防范风险。

风控王第一式
拜熊为友

一、战法定义

在熊市中不斗熊，尽量降低现货持有时间，做固定收益。

二、战法要点

当操作系统提示大盘处于低量空头趋势时，操作要领是：

（1）按空头趋势总体操作原则行动：逢高减仓，逢低观望，遇暴跌轻仓少量做短线反弹。

（2）不轻易做多现货股票，不被熊市牛股诱惑，那是低概率事件。在没把握的情况下，不做反弹也不算错。

（3）熊市中操作都是超短线。赚钱后任何时候卖都对。套住的股票一定要设立短线止损条件,不能让损失失控。套 50%,都是由 5%发展而来的。

(4)专注固定收益。不做百年老炖,也不做永动机。躲过股灾,就能获得暴利。

三、战法举例

(1)图 6-1 是上证指数(999999)从 2007 年 10 月 17 日的 6124 点跌到 2008 年 10 月 28 日的 1664 点的 K 线图。许多人的股票市值损失超过 70%,痛不欲生。

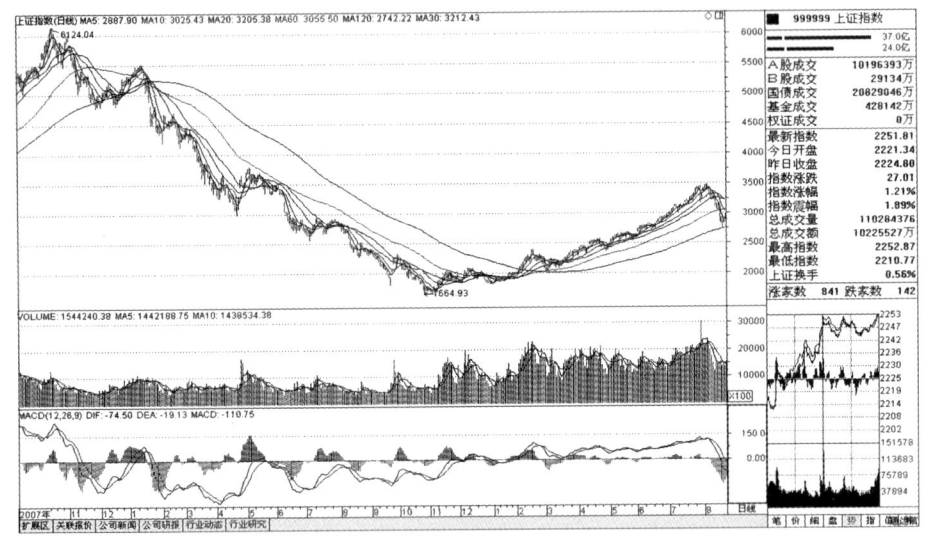

图 6-1

(2)图 6-2 是深市中小板综合指数(399101)从 2008 年 10 月 28 日的 1959 点涨到 2010 年 11 月 11 日的 8017 点的 K 线图。指数上涨 3 倍多,有几十只股票上涨 10 倍,但是主板的沪市综合指数只上涨到 3478 点。这说明,熊市中避过风险的人,有可能在新时期牛市运用选股技术抓住下一轮的暴利机会。而熊市中被套的人解套也很难。

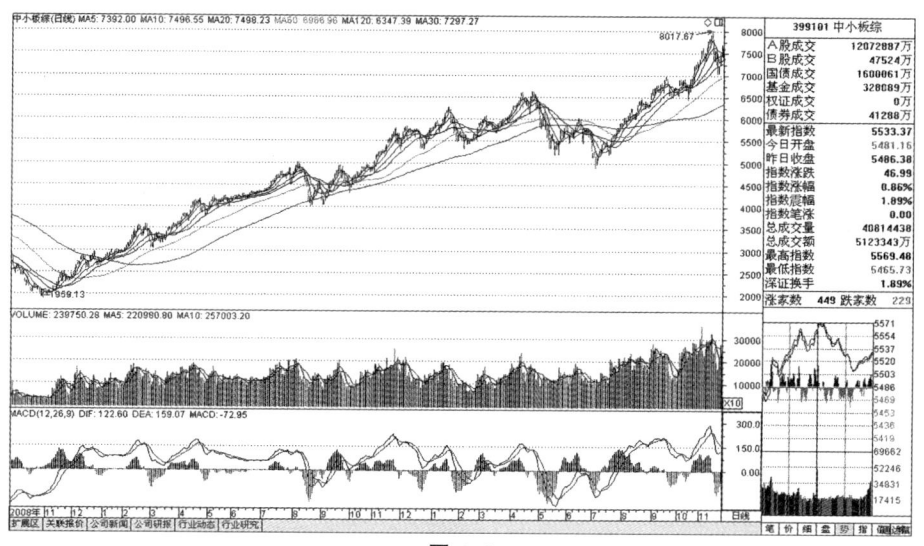

图 6-2

风控王第二式
空趋无量

一、战法定义

出现常量空头排列的个股必杀。

二、战法要点

在整个市场分红满意度达不到投资者要求的大投资时代，当市场处于弱势时，只有符合盲点获益原则和主力量能积累的股票是好股票。有一些股票，也不能说不好，但是没有明显的特点，不符合上述的两条原则，再没有短线题材，就可以执行投资的最后一个原则：不要碰它。因为这些股票很难出现可把握的机会，赚钱不容易，亏钱很容易，除非在价值回归的过程中出现意外题材。

三、战法举例

（1）图 6-3 是绩优蓝筹股浦发银行（600000）在 2008 年及前后的日 K 线走势。该股在大盘单边下跌的背景下，常量空头排列下跌，股价由 2008 年 1 月 11 日的 61.97 元跌到 2008 年 10 月 28 日的 10.77 元。

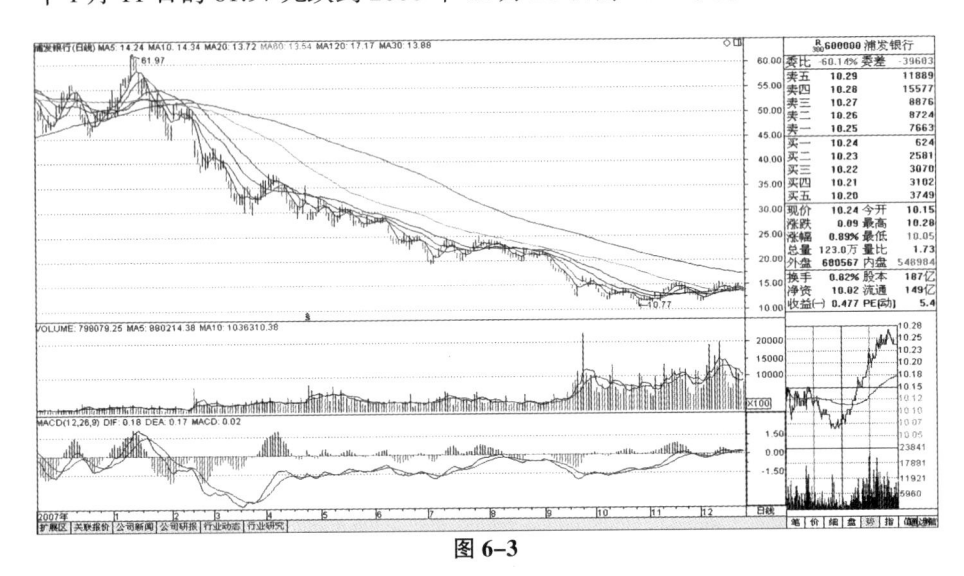

图 6-3

（2）图 6-4 是绩差小盘股深赛格（000058）在 2008 年及前后的日 K 线图。该股在大盘单边下跌的背景下，常量空头排列下跌，股价由 2007 年 11

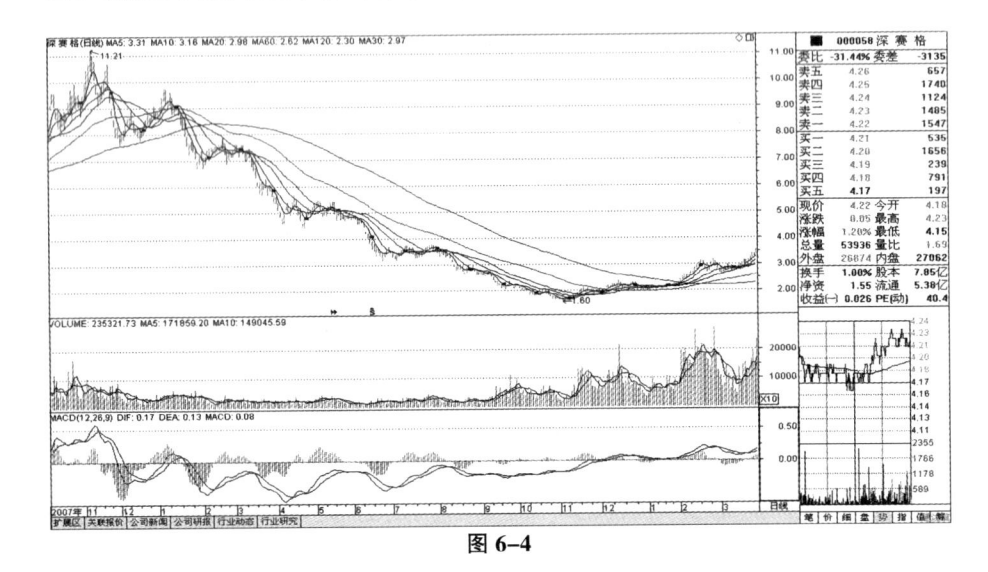

图 6-4

月 7 日的 11.21 元跌到 2008 年 11 月 5 日的 1.60 元。

风控王第三式
利好出尽

一、战法定义

题材兑现或者热点已过的前期热门股必杀。

二、战法要点

在沪深市场中，题材和热点是聚集人气的重要因素。但是，天下没有不散的宴席。在宴席散了的时候必须及时走人，否则就会做"别人牵牛，你拔橛"的事情。利好出尽是利空，这是一条股市谚语，可见有多么重要。但是总有人看见利好出台，或者市场看法形成一致才动手，这也是一条许多人难以改变的坏习惯。

三、战法举例

（1）图 6-5 是清华同方（600100）在 2011 年 4 月 24 日前后的 K 线走势。

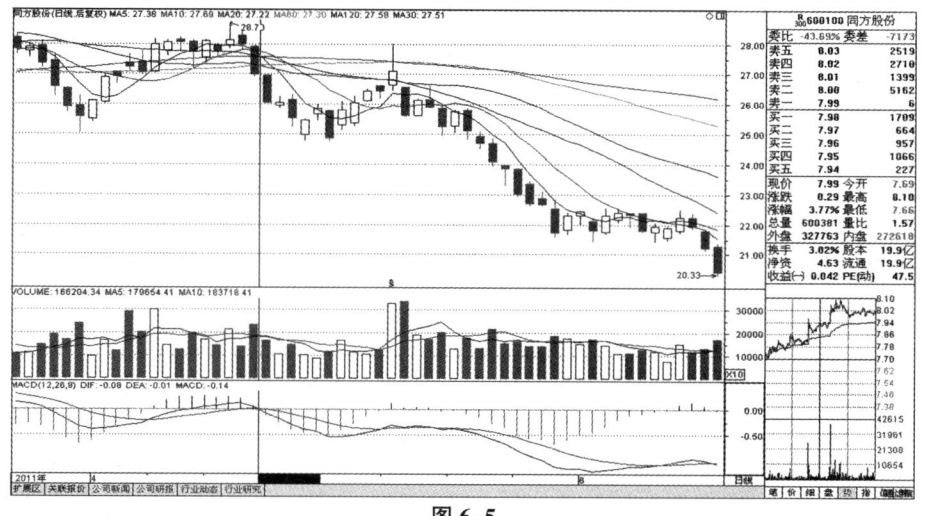

图 6-5

2011年4月24日是清华大学的百年校庆日。在这之前，不少券商研究报告推荐该股（大股东有清华背景），该股年报推出10转增10股的分配预案，该股一度走出强势，但4月24日一过，该股就开始明显下跌。

（2）图6-6是中体产业（600158）在2008年8月8日前后的K线走势。2008年8月8日是北京奥运会的开幕日，在这之前，中体产业具有奥运概念，走势明显强于其他股票，但8月8日一过，该股开始出现暴跌。

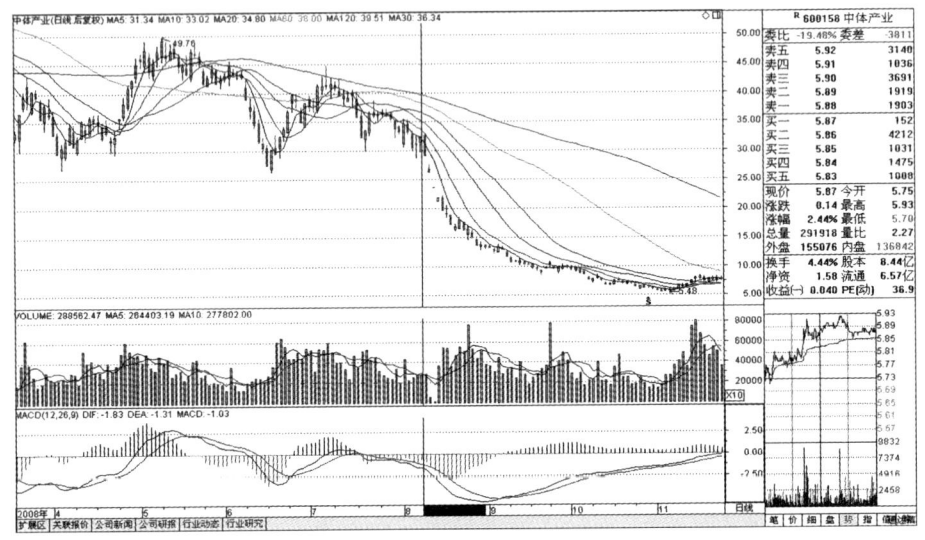

图 6-6

风控王第四式
熊市轮跌

一、战法定义

弱势市场中的抗跌股必杀。

二、战法要点

熊市的典型特征之一就是轮跌。在熊市中"早下跌，晚下跌，早晚下跌；早套牢，晚套牢，早晚套牢；早割肉，晚割肉，早晚割肉"。在熊市中只有在大盘的 PSY 跌得不成样子的时候，短线做超跌股的反弹。永动性的买抗跌股是取死之道。在弱市中出现过强劲反弹的股票，在反弹过后也常会迎来更大的下跌。

三、战法举例

（1）图 6-7 是沪市综指（999999）在 2011 年 8 月 8 日前后阶段走势。在这个阶段，沪市综指持续下跌，在 8 月 8 日这天指数跌了 99.6 点，然后经历过反弹后继续下跌。

图 6-7

（2）图 6-8 是山东黄金（600547）在 2011 年 8 月 8 日前后阶段走势图。在 8 月 8 日前，山东黄金的走势明显强于大盘，特别是在 8 月 8 日这天，在大盘暴跌的时候，山东黄金拉出大阳线，之后不久，股价也跟随大盘大跌。

图 6-8

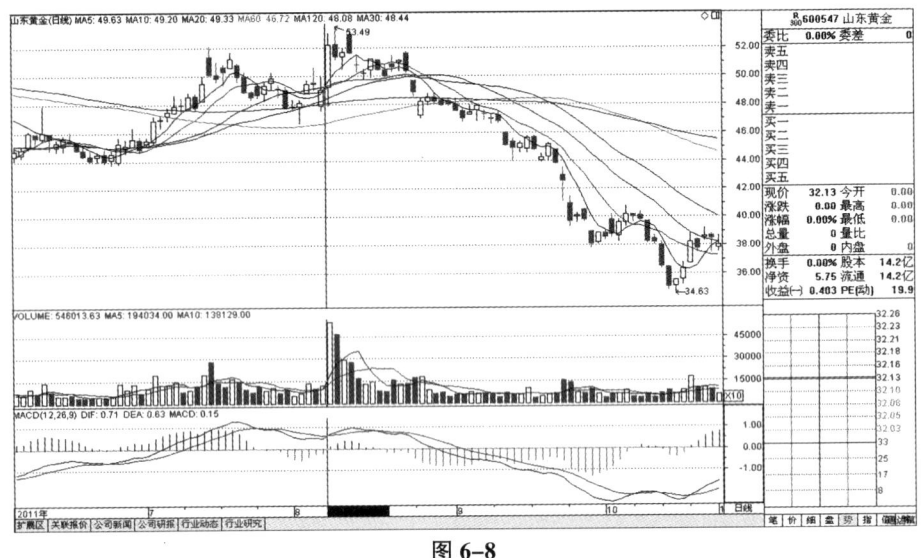

风控王第五式
箩筐套鸟

一、战法定义

即便所有的人都说好,但是股价还是不涨的股票必杀。

二、战法要点

职业机构总结沪深股市有三大特征:零和游戏、博弈投资、箩筐套鸟。在这样的市场,少数人胜利是客观现实。在市场低迷没有鸟的时候,无形之手会想办法撒米引鸟,在市场人气转暖的时候,开始箩筐扣鸟。在沪深市场中,当人们的看法达成一致、股价又无力时,你应该采取逆反措施。

三、战法举例

(1)图 6-9 是苏宁云商(002024)在 2007 年底到 2009 年的周 K 线走势。该股曾经是著名的高成长大牛股,市场形象良好。但自从 2008 年大熊市后，股价一蹶不振，尽管许多人依然十分看好，也是基金重仓股，但是在2009年的中小板大牛市中，股价一直表现不好，并持续到之后几年。

图 6-9

（2）图 6-10 是中国神华（601088）的阶段走势。该股在 2007 年 10 月上市的头两天，股价表现十分强劲，媒体十分的看好，并且有著名大券商研究报告大举推荐，说中国神华的股价估值目标为 150.00 元，谁知该股股价从

图 6-10

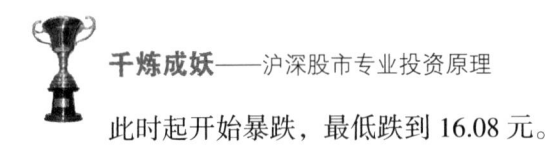

此时起开始暴跌，最低跌到 16.08 元。

风控王第六式
天灾人祸

一、战法定义

基本面明显转坏的股票必杀。

二、战法要点

基本面转坏有三种情况：

第一种是人们通常理解的情况，即因为管理层经营问题或者公司所处行业问题，导致公司基本面转坏。

第二种是由于公司突发事件导致的基本面变坏，常见的突发事件有政策变化、重大失误、天灾人祸等。

第三种是新股上市时过度包装，导致第一年绩优、第二年绩平、第三年亏损。这种情况还是比较普遍的，长线投资次新股时需要注意这种情况。

不管是什么问题，都应该在第一时间抛出股票。

三、战法举例

（1）图 6-11 是 *ST 远洋（601919）从 2007 年 7 月到 2013 年 4 月的阶段 K 线走势。该股主营国际海洋运输，在世界经济景气度热的时候，业绩十分优异，是著名的绩优股，自从 2008 年世界经济处于低谷期，该股的业绩大幅亏损，股价从高点 68.40 元跌到 3.25 元，如果长线持有，损失惨重。

（2）图 6-12 是汉王科技（002362）2010 年 3 月至 2013 年 5 月的周线走势。该股上市时是绩优股，上市后的第二年就大幅亏损，公司股价大幅下跌，由最高的 175.00 元跌到 7.50 元。

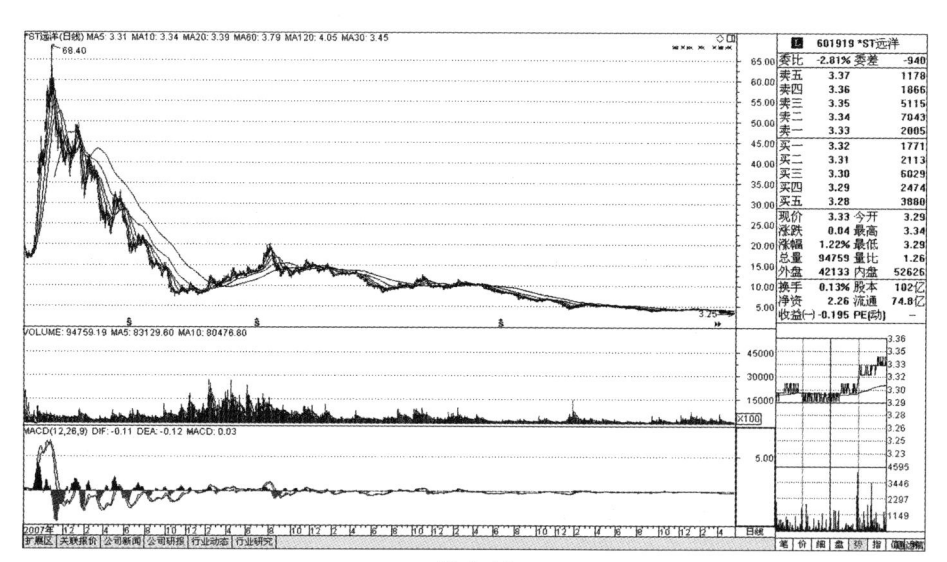

图 6-11

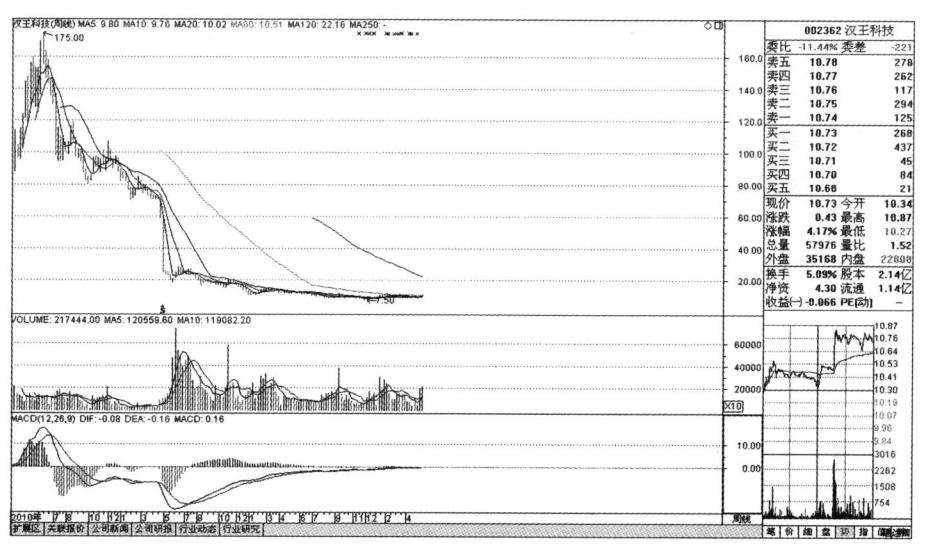

图 6-12

风控王第七式
铁钩钓鱼

一、战法定义

明显异动,随后就下跌的股票必杀。

二、战法要点

有很多机构在出货前,还想做最后一次挣扎,然后立刻露出杀机。这类股票常常是一类套牢不深的庄家所为,经常有"技术高手"被主力的异动招数所骗。沪深市场是一个愚蠢的市场,再简单的骗术也能够伤人。

三、战法举例

(1)图 6-13 是日照港(600017)在 2012 年 5 月 16 日前后的阶段走势。该股在大盘表现一般的情况下,本身也没有任何题材,突然涨停,后又出现高开的放量大阴线,其后开始下跌,股价由 3.57 元跌到 2.57 元。这是机构

图 6-13

在弱势中的一种经典出货办法。

（2）图6-14是上海电力（600021）在2011年7月29日前后的阶段走势。该股在大盘表现一般的情况下，本身也没有任何题材，突然涨停，后又出现高开的放量大阴线，其后开始下跌，股价由6.85元跌到4.10元。该图与图6-13十分相似，是专门消灭追涨杀跌的永动机的绝招。

图 6-14

风控王第八式
趁火打劫

一、战法定义

短线见效快的、非实质性利好的股票必杀。

二、战法要点

趁火打劫有用技术性手段的，也有用消息面利好的，有时两者同时用。相对来讲，在做技术性分析和消息面判断的时候，都应该把职业机构的逻辑性原理应用其中：该涨不涨，更要看跌；该跌不跌，更要看涨。在股市里战斗，一定要养成多方向考虑的思维。

三、战法举例

（1）图 6-15 是上证综合指数（999999）在 2012 年 5 月 14 日前后的市场表现。5 月 14 日这一天，在央行下调银行存款准备金率的利好的情况下，大盘高开低走放量下跌，在其之前以及之后，大盘的下跌趋势都没有改变。这说明，在大盘处于弱势期间，遇到非实质利好，不但不能轻易做多，反而应该借机出货。

图 6-15

（2）图 6-16 是恒星科技（002132）在 2011 年 5 月 24 日前后的阶段走势。在 5 月 24 日前，恒星科技的股价走势还比较平稳，5 月 24 日，公司公布签订大单，自公告当日起连续两日放量下跌。"利好"俨然成了主力在弱势下出货的烟幕弹。

图 6-16

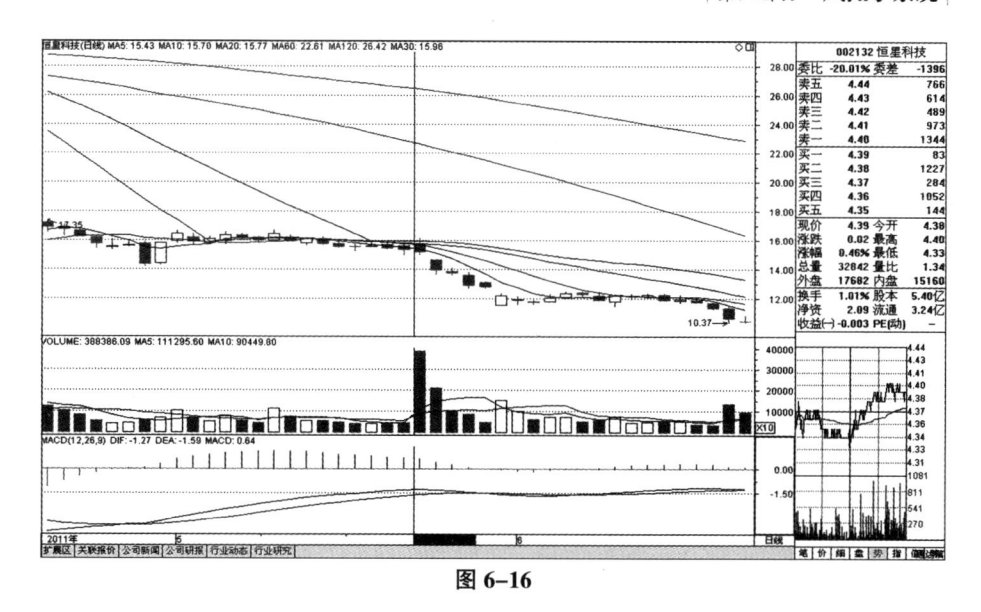

风控王第九式
恶性圈钱

一、战法定义

有普通融资危险的个股必杀。

二、战法要点

沪深股市的最大风险有：恶性圈钱、公司退市、挤泡沫。其中最防不胜防的是恶性圈钱，坏公司要退市，好公司要增发圈钱，这使得基本面增长分析难度加大。为什么上市公司这么热衷恶性圈钱呢？原来它是非流通股东保值增值、获得暴利的最容易的手段。

三、战法举例

（1）图 6-17 是中国平安（601318）在 2008 年 3 月 5 日前后阶段的 K 线走势。3 月 5 日，中国平安召开 2008 年第一次临时股东大会，尽管有众多散户反对，情绪激动，但在机构和基金支持下，平安再融资表决通过，融资方案为公开增发不超过 12 亿股 A 股和 412.00 亿元分离交易可转债。在这次股东大会前后，中国平安的股价下跌，并带动了大盘下跌。

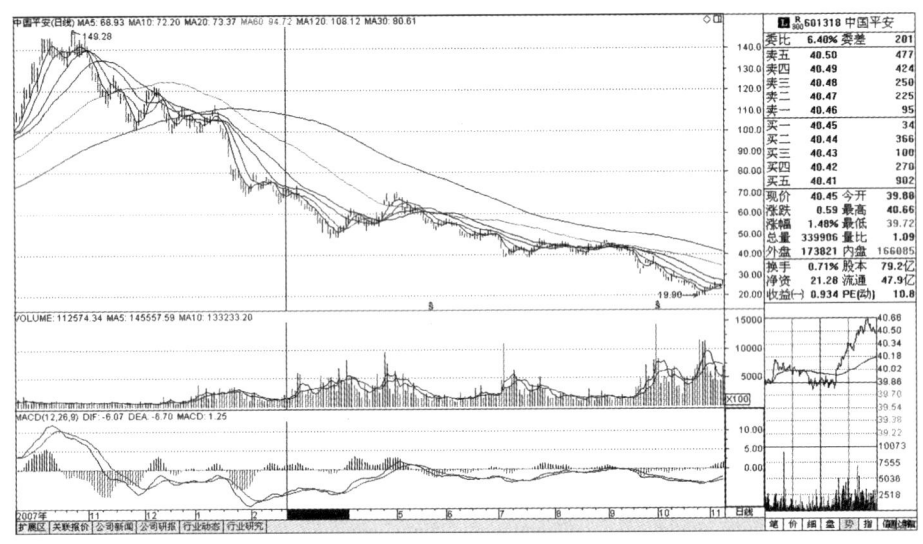

图 6-17

（2）图 6-18 是南山铝业（600219）从 2009 年 7 月 24 日到 2013 年 5 月 17 日的阶段周 K 线走势。该股有对应的转债交易，在大盘的弱势期间，含转债的上市公司股票在转债存续期间，通常走势比较滞重。

图 6-18

风控王第十式
退潮裸身

一、战法定义

高位跌破多头均线的股票必杀。

二、战法要点

高位的定义是什么？有两个含义，第一类是从低位涨到高位的，这类股票以庄股为主，比如沪深股市中著名的百元股亿安科技以及高价股中科创业等。第二类是新股定位较高的股票，比如清华紫光上市时的定位是 80.00 多元，一度也接近了百元，最后跌至不到 10.00 元。这两类股票严格说不是必杀，而是不能碰。

三、战法举例

（1）图 6-19 是中国船舶（600150）在 2007 年 10 月大盘见历史高点

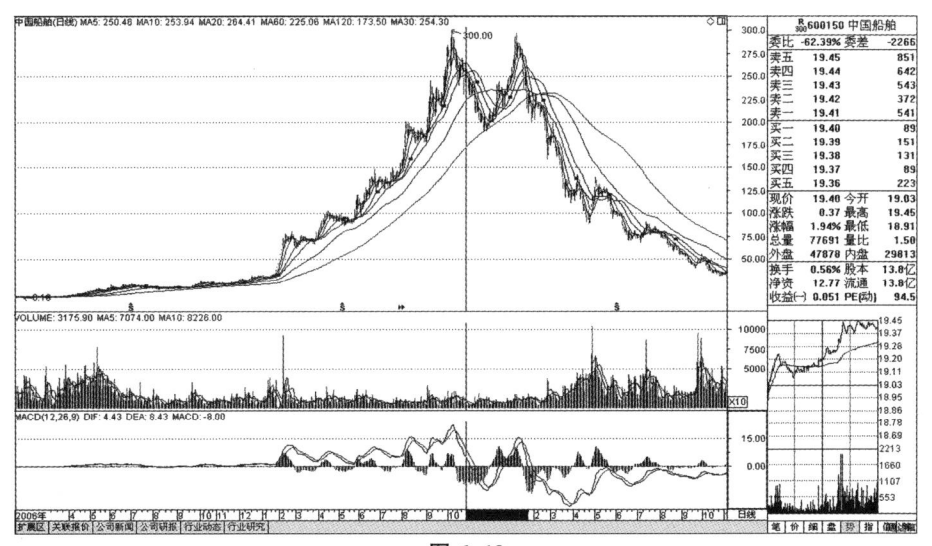

图 6-19

6124点时前后的股价走势K线。该股由于股改、资产重组和大牛市共振，股价由低位的不到10.00元一口气涨到300.00元，大牛市退潮后，股价又跌回十几元，对于长线"炖股"者来说真是一场游戏一场梦。

（2）图6-20是海普瑞（002399）从2010年5月上市到2013年的阶段走势周K线。该股是中小企业板中著名的绩优股，上市首日定位过高，加之大盘背景不佳，尽管属于这个时期基金喜欢的医药板块，股价依然是熊途漫漫。

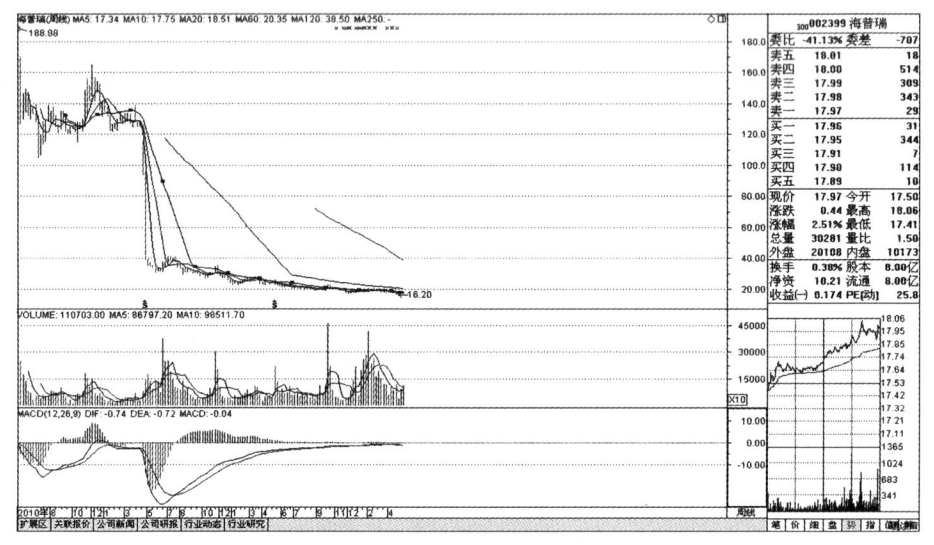

图 6-20

风控王第十一式
主力无奈

一、战法定义

控盘主力不积极的股票必杀。

二、战法要点

沪深市场是战场，是一个千万人乱战的地方。散户与主力斗，主力与主力斗,融资者与投资者斗,无形之手同所有的投资者斗。在这种情况下,主力不是万能的,它也会有无奈的时候。相比中小资金来讲,大资金的操作难度更大,在大资金龙陷浅滩时,没有必要陪着它喝辣椒水。

三、战法举例

(1)图 6-21 是爱施德(002416)在 2010 年 11 月 2 日至 2012 年 12 月 5 日的阶段走势。该股被前一个年度的阳光信托私募冠军机构重仓持有,但是公司基本面和股价一直表现不好,机构也没有办法,最后暴亏斩仓出局,股价也跌得很惨烈。

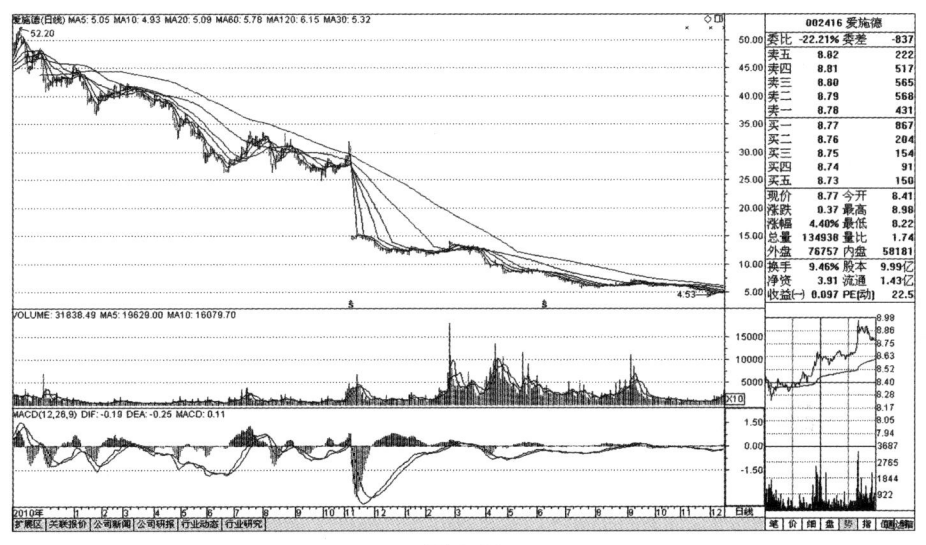

图 6-21

(2)图 6-22 是用友软件(600588)在 2012 年 8 月 15 日至 2012 年 12 月 13 日的阶段日线走势图。该股是机构重仓股,有大量公募基金与 QFII 驻扎,然后在股价与多条方向向下的均线集于一线后,照样大跌,机构重仓股一旦杀跌,常常会导致股价跌停。

图 6-22

风控王第十二式
彩色泡沫

一、战法定义

主力目的达到的股票必杀。

二、战法要点

沪深股市是政策市、消息市、主力市,对于这三个规律的认识是异常重要的。只有把这个问题解决了,技术分析、基本分析等其他技术才有用场。否则容易瞎子摸象,盲人骑快马。"为国企服务,为融资服务,又不要出太大的乱子"是大主力与上市公司最常见的目的。因此,要注意政策的阶段倾向,注意上市公司的利益倾向。

三、战法举例

(1) 图 6-23 是报喜鸟 (002154) 在 2012 年 11 月实施公开增发期间的 K

线走势。公开增发前,股价明显比较抗跌,强于大盘;公开增发后,股价开始快速下跌。这种走势是市场弱势,公开再融资股常见的走势。

图 6-23

(2)图 6-24 是上证指数(999999)在 2010 年 9~11 月的 K 线走势。在 2010 年 10 月,有大量的银行股要再融资,大主力突然发动行情,以银行股为主打目标,待银行股的再融资结束,大盘行情也立刻结束。这招可以判断

图 6-24

行情结束的可能时点。

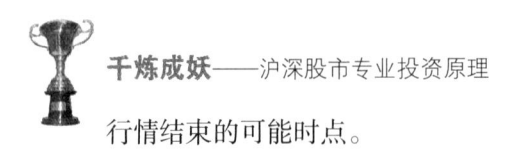

风控王第十三式
战场哗变

一、战法定义

低成本的限售股高位解禁，股价一旦弱势，此类股必杀。

二、战法要点

最常见的低成本限售股有大小非、低价定向（财务投资）增发股，这类股票的持有者获利非常大，一旦对大盘前景走势预期不明朗，杀跌会比较坚决。

有的机构和投资者也会在解禁日前夕就开始抛股回避风险，使得这类股的下跌风险在解禁日前夕就开始释放，也有的机构在解禁前夕适当拉高股价诱多或者争取高抛。

相对来说，小非解禁的杀伤力比大非解禁杀伤力强，小公司解禁的杀伤力比大公司的杀伤力强。

三、战法举例

（1）图6-25是新希望（000876）在2011年11月7日定向增发股解禁上市前后期间的K线走势。2011年11月，新希望在实施重大资产重组及发行股份购买资产后，股本总额增加至17.37亿股。经过一年的锁定期，2012年11月7日多达2.42亿股的重组限售股份也随之正式上市流通，其后股价走弱。

（2）图6-26是赞宇科技（002637）在2012年11月26日股东限售股解禁上市前后期间的K线走势。解禁当日即遭遇股东巨量减持，股价也连续大阴线。

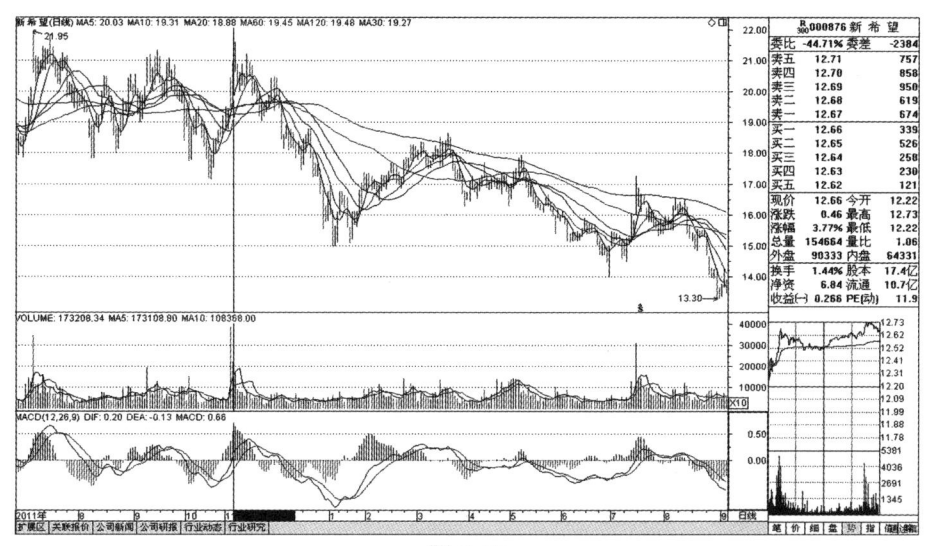

图 6-25

图 6-26

股海加油站

1. 八哥

走过花鸟市场听到一只八哥在说话,觉得好玩就停下来听。它说:"欢迎光临。"

我没觉得有什么了不起,很常规。

然后它非常屌地抖了一句包袱:"哟!我怎么会说话了。"

2. 微信

刚才在公交车上,忽然听到身后"咔咔"摇微信的声音。

我突然心生邪念,手机调成静音也摇,一看头像正是那货。

于是发消息给他:贫道每日一卦。今日算你在9路公交车上,抱一褐色皮包,请尽快下车,否则有血光之灾。

然后那货就下车了……

3. 习惯

在一家网店看中一件夹克标价200.00元。与店主砍价,店主说190.00元可以成交。

我仔细看了照片,觉得价格还是偏高,希望再降,可店主不肯让步。

没办法,我说"拜拜"了,习惯性地打出"88"二字。

店主发来一个"哭"的表情,然后说:"成交。"

下篇
千年狐

《玄中记·说狐》:"狐,五十岁,能变化为妇人;百岁为美女,为神巫……能知千里外事,善蛊魅,使人迷惑失智;千岁即与天通。"

第一部分
人物志

> 关键语：
> 　　中华传统智慧主要师从两脉：一脉是王阳明的"致良知，知行合一"智慧，另一脉是南北朝的"超限厚黑"智慧。
> 　　智慧开启的方法：
> （1）睁眼看世界，见多识广，不坐井观天；
> （2）事物没有绝对的好坏，不同的事物整体一比较就高下立分；
> （3）网状思维，多角度看问题，不只站在某一个习惯角度看问题；
> （4）实事求是，看根据，看逻辑，看客观，具有正义感；
> （5）自我角度；
> （6）有专业技能。
> 　　男人三大责任：①让父母骄傲；②让自己的女人成为最幸福的女人；③保持高贵的灵魂。
> 　　女人三大责任：①引爆自己的男人，让他飞翔；②照顾好他的家族；③做气质非凡、独一无二的自己。
> 　　父母三大责任：①成为孩子的榜样；②帮助孩子建立强大内在力量和外在好习惯；③不惜代价地帮孩子实现梦想。

旺夫术——红拂

成为一个优秀的人，至少应有三个经历中的一个：

（1）父母开导；

（2）名师指路；

（3）贵人相助。

人生最重要的生活技能是：明是非，识网人，习技能。

下面这个故事，说明了上述几点。

隋末，李靖初出茅庐，去谒见皇叔杨素，想以自己的本领打动他，寻求进身之路。

杨素没有太看得起这个年轻的无名小卒，但还是接见了李靖，不过态度轻慢。李靖既很恭敬也有点不满，说："天下正乱，英雄竞相崛起。您身为王室重臣，应很注意网罗豪杰啊。"杨素一看李靖有点年轻精英风范，就站起身向他道歉，并和李靖长谈。

在李靖与杨素交谈的时候，有一绝色美女，手执红色拂尘，站在旁边，仔细听着李靖的话。在李靖走的时候，美女对男仆说："你问他住在哪里？以备司空招他。"李靖告诉了男仆。

待李靖回到客栈，那晚的五更刚过，忽然听见轻声叩门，李靖起来询问。见是一个紫衣戴帽的人，杖上挂着个包裹。李靖问："谁？"答道："我是杨家执红拂的女子。"李靖请她进屋。脱去紫衣摘去帽子，正是那绝色美女，十八九岁。未施脂粉，身着花衣向前拜礼，李靖吃惊地还礼。美女说："我在杨府这么久，看天下的人也多了，没有比得上你的。菟丝、女萝不能独自生长，愿意托身于乔木之上，所以来寻你。"李靖又惊又喜，说："司空大人手眼通天，他追究下来，怎么办？"红拂女答："他已经老糊涂了，不用害怕的。先前也有逃跑的姐妹，他不怎么管的。我已经考虑得很仔细了，你不用疑虑。"李靖问她的姓名，答："姓张，名出尘。"李靖又仔细地看了看她，仪容举止、脾气性情，真是天仙一般，任你是什么样的英雄，都不得不屈服。李靖又高兴又害怕，立刻拉着张美女换了家客栈。

白天看到城门并无异常，两人赶紧乘马逃向太原。李靖原本求官，结果得了一个绝色美女。

途中住宿在灵石的一个旅舍。张出尘将长发打开，站在案前梳头。李靖在外面刷马。忽然有一个人，中等身材，满腮卷曲的红胡须，骑驴进到旅社。把皮革的包裹扔在炉前，坐在凳子上，看着张美女梳头。李靖有点生气，但没有显露，继续刷马。张美女有识人之术，这是女人最重要的智慧。她细看来者的面相，一手握着头发，一手放在身后向李靖摇手示意，让他不要发作。张美女急忙梳完头，整理衣襟上前问那人姓什么。那客人答："姓张。"张美女高兴地说："我也姓张，应该是妹。"于是向他行礼。问排行第几。答："老三。"他反问张氏家中排行第几，答："老大。"虬髯客也脸露笑容地说："今天真幸运遇上大妹，你有旺夫相。"张氏惊讶道："真的，我要告诉他。李郎快来拜见三哥。"李靖急忙进来。

李靖邀请那客人吃饭。客人也不客气，抽出腰间的匕首，切肉三人一起吃。吃完，剩下的肉乱切了几刀递到他拴在门外的驴前喂给驴吃，速度很快。客人说："看李老弟的样子，是贫士，怎么得到这样的绝色？"李靖回答："我现在虽然是屌丝，但也是有志向之人。别人问我，我不会说的。兄长问，就不瞒你。"李靖一一说出事情的由来。客人问："那么准备去哪儿？"李靖说："去太原找朋友。"客人又问："有酒吗？"李靖说："我马上拿来。"李靖取来一斗酒。斟过一遍酒后，客人说："我有些特殊的下酒物，你一起吃吗？"李靖说："谢谢。"客人打开皮制的包裹，取出一个人头和一副心肝。把头扔回囊中，用匕首切心肝，请李靖一块儿吃。说："这人是一个曾经欺辱我的狗官，恨他10年了，今天才抓到，我的恨消除了。"又说："看李郎你的仪表气度，是真正的男子汉大丈夫。你太原那个朋友也是不寻常的人吧？"李靖答："我认识一个人，我认为他是一个能成大事的人，前途不会次于杨素。"客问："姓什么？"李靖答："和我同姓。"客人说："多大年纪？"答道："仅20岁。"客人说："现在做什么？"李靖说："是太原守将的公子。"客人说："嗯，我听说过，我也想见他。你能引见吗？"李靖说："我的哥们儿刘文静和他关系不错，凭借刘文静可以见到他，你为什么要见他呢？"客人说："望气的人说太原有奇异的气象，让我寻访这王气。你明天出发，何日能到太原？"李靖计算了一下行程，告诉那客人。客人说："到达的第二天，天刚亮时在汾阳桥等我。"说完，骑驴而去，速度如飞，回头间再看就看不见了。李靖和张氏非常惊奇，很久才说："这人不是凡人，不像不利于咱们的。"

　　到了太原，李靖果然又遇见那虬髯客，便一同前去拜见刘文静。李靖对刘文静谎称："有个相面高手想见李世民，请你把他请来。"刘文静平素就觉得李世民非同常人，听说有相面高手来到，就借故把李世民请来。李世民来了，虽然不讲究着装，很随便，但神采飞扬，仪态与常人不同，虬髯客默不作声，坐在末位，看得出心情不好，饮了几杯酒，招李靖过来对他说："是真命天子。"李靖把这话告诉刘文静，刘文静很高兴，劝李靖留在太原一同发展。从刘文静家出来，虬髯客说："吾看八九不离十，但还想让道长兄再见他，最后确认一次。李郎，我想让你和妹妹再入京。某日的午时，到马行东酒楼下找我。下面有这头驴和另外一头瘦驴，就知识我和道兄在楼上了。见了就上楼，非常重要。"说完又告别离去。

　　到了约定的日子，李靖果然在酒楼下看见两头坐骑。李靖提着衣襟登上楼，虬髯客与一道士正在对饮，见李靖来了，招呼坐下，围坐饮酒。酒斟过十多遍，客说："楼下的柜中有钱10万。选一隐秘处把妹留下，某日再到汾阳桥会我。"李靖在约定的日子到了汾阳桥，道士和虬髯客已经到了。一同去拜见刘文静，刘文静正在下棋。作揖之后就把事情说了。刘文静赶紧派人再请李世民来看棋。道士和刘文静下棋，虬髯客和李靖在一旁陪着。不一会儿，李世民到来，作了个长揖坐下，神清气爽，眼睛炯炯有神。道士一见神色黯然，下了一棋子说："这局全输了！在此失掉了全局！无法可救！不下了！"停止下棋，然后告辞。出了府，道士对虬髯客说："这个世界不是你的世界，别的地方可以。勉力为之；不要把这事放在心上。"于是共同入京。分别的时候虬髯客对李靖说："计算你的行程，某日才到。到的第二天，可与大妹同往某个里巷的小屋中找我。你和大妹相遇，结为夫妇，一穷二白，我想让你们认识一下我的妻子，她可能会有些薄礼，不要推辞。"说完，叹息而去。李靖策马而回。

一到京城，李靖就与张出尘一同去拜访虬髯客。见到一小板门，敲门，有人应声，说："三郎让我们恭候李郎和娘子已多时了。"进了里门，门更壮阔。40位美婢，排列庭前。20位奴仆引领李靖进入东厅，厅上的陈列摆设都是极为珍贵稀有的东西。箱子中的装扮的饰物非常多，都不是人间寻常之物。装饰完毕，又请去换衣，衣服也非常珍奇。换好衣服，有人传话道："三郎来了！"正是虬髯客，头戴纱帽，身着裘衣而来，也有龙虎之气，相貌不凡。大家高兴地相见。虬髯客催促他的妻子出来拜见，也是个天仙般的美女。于是引进中堂，摆设下的酒筵非常丰盛，即使王公贵族之家也不能相比。四人入席后，又叫出20位歌舞女，在面前排列演奏，乐声似从天降，不是人间的曲子。

吃完饭，又行酒令。家人从东堂抬出20个几案，每个都用锦绣织成的巾帕盖着。排列摆放好后，全部揭去巾帕，是文簿和钥匙。虬髯客说："这是宝物钱币。我所有的东西，全部赠送给你。为什么？我是个想成大事的人，准备离开中原开创一番新世界。现在既然中原天下有主，我还留在这里干什么？太原的李氏，是真正的英明的君王。三五年内，就能遇上事业。你凭着奇特的才能，辅佐太平君主，全力为善，一定会成事的。大妹犹如天仙，藏有旺夫运。不是大妹，就不能使李郎消灾免祸，不是李郎，就不能使大妹享受荣华。帝王的兴起，就会有一些辅佐他的人像有诚约一样如期而至，就像虎啸生风、龙吟云中一样，本来就不是偶然的。拿着我的赠送，辅佐真命天子，帮助他成就功业，勉力为之吧！这之后再过10年，东南方数千里之外有不寻常的事发生，就是我成功了。大妹和李郎可以向东南方洒酒恭贺我。"于是命家中童仆排列叩拜，说："李郎、大妹是你们的新主人。"说完，和他的妻子带着几个奴仆，骑马离去。走了几步，就看不见了。

李靖一夜暴富，然后用资财资助李世民平定天下。

贞观十年，李靖任左仆射平章事。适逢南蛮入朝上奏说："有千艘海船，10万兵士，进入扶余国，杀死原君王，自立为新王。现在已经安定。"李靖心知是虬髯客得以成事。回来告诉张出尘，两人穿着礼服向东南方洒酒祝祷叩拜。

李靖官拜卫国公，戎马一生，著有《李卫公望江南》《六军镜》《玉帐经》、《兵家心书》《兵铃新书》《李卫公问对》《卫公兵法》，这些兵书半数是张出尘根据虬髯客留下的书籍整理出来的。

女侠——聂隐娘

唐德宗贞元年间，藩镇割据。

魏博镇大将聂锋有一个女儿，名叫聂隐娘，刚刚10岁。

有一天，一名尼姑到聂锋家前讨饭，看到了小女孩，特别喜爱。她说："将军，能不能将这个女孩交给我几年，我想传她奇术。"

聂锋听后很生气，不但没有答应，还斥责了尼姑。

尼姑说："将军，你今天要把这女孩藏好，你就是把她锁在铁柜中，我也要把她偷走。"

这天晚上，隐娘真的丢了，聂锋大吃一惊，令人到处搜寻，也没有找到。

5年后，尼姑把隐娘送回，并告诉聂锋说："我已经传她奇术，送还给你。"

尼姑说完话就不见了。

聂家人悲喜交加，问女儿学些什么。女儿说："开始时也就是读经念咒，也没学别样。"

聂锋不相信，又接着问女儿。隐娘说："我说真话恐怕你们也不信，那怎么办？"聂锋说："你就说真话吧。"隐娘便把真实情况说了一遍。

我初被尼姑带走时，也不知走了多少里路，天亮时，到一大石穴中，穴中没人居住，猿猴很多，树林茂密。这里已有两个女孩，也都是10岁，都聪明美丽，就是不吃东西，能在峭壁上飞走，像猴爬树一样轻捷，没有闪失。尼姑给我一粒药，又给了我一把二尺长的宝剑，剑刃特别锋利，毛发放在刃上，一吹就断。我跟那两个女孩学攀缘，渐渐感觉自己身轻如风。一年后，学刺猿猴，百发百中。后又刺虎豹，都是割掉脑袋拿回来。三年后能飞了，学刺老鹰，没有刺不中的。剑刃渐渐磨减到只剩五寸长，飞禽遇到，有来无回。

到了第四年，尼姑留下那两个女孩守洞穴，领我去城市，我也不知是什么地方。她指着一个人，说他是坏官，叫我在那人不知不觉中，把他的头割回来。像鸟飞那么容易，给我一把羊角匕首，三寸长，我就在大白天把那人刺死，别人还看不见，把他的头装在囊中，带回石穴，用药将人头化为水。

5年后，尼姑又说，李师厚打仗，屠城杀死很多无辜人，你晚间可到他的房中，把他的头割来。于是，我就带着匕首到那房中，从门缝中进去，一点儿障碍都没有，我爬到房梁上，直到天亮，这才把那人的头拿回来。尼姑大怒说，怎么这么晚才回来？我说，我看那个人逗弄一个小孩儿玩，怪可爱的，我没忍心下手。尼姑斥责说，以后遇到这样的事，先杀了孩子，断其所爱，然后再杀他。

前不久，尼姑说，你的武艺已经学成，可以回家了。我把你的后脑开开，把匕首藏在里面，伤不着你，用时很方便。我拜谢了尼姑，就把我送回来了。我问，什么时候能再见她，她说，20年后才能一见。

聂家人听隐娘说完后，都又惊又怕。

每天夜晚，隐娘就不见了，天亮才回来，聂锋也不敢追问。

有一天，一个磨镜少年来聂家求亲，隐娘告诉父亲说："我愿意。"父亲只好答应。隐娘便嫁给了那少年，那年轻人只会制镜，不会干别的，聂锋供给他们吃用，小两口住在外面。

后来，聂锋去世，魏博镇节度使知道隐娘的一些事情，雇她为宅院侍卫。

宪宗元和年间，魏博镇节度使和陈许节度使刘昌裔关系不睦，就派隐娘刺杀刘昌裔。刘昌裔能神算，并与聂锋有旧交，命令衙将带人在隐娘来时的那天早晨到城北等着。

衙将对隐娘夫妇行礼一揖,说,我们大人想见两位,所以让我们远远地就出来迎接两位。隐娘夫妻说,刘仆射果然是神人,不然的话,怎么知道我们要来呢,我们愿见刘公。刘昌裔来了,隐娘夫妻拜过后说,谢大人不杀之恩。刘昌裔说:"不能这样说,各为其主,人之常情,我比魏博节度使更有能力,也更敬服你们,我请你们留在这里,你们愿意吗?"

隐娘夫妇便留下了。

第二天,隐娘对刘昌裔说:"魏博节度使不知我们在这儿住下了,必定会再派人来,今天请你剪些头发,用红绸布包上,送到魏博节度使枕前,表示我们不回去了。"刘昌裔照办。到了四更,隐娘返回,对刘昌裔说:"信送去了,后天晚间魏博节度使必派高手精精儿来杀我和您,我已经想好了应对办法,您不用担心。"

刘昌裔豁达大度,毫无畏色。

这天晚上,烛光通明,半夜之后,果然看见一红一白两个幡子,互相击打,飘飘然在床的四周转悠。过了很久,见一个人从空中跌下地来,身子和头分开了。隐娘也出现了,说,精精儿现在已被我打死。隐娘将精精儿的尸体拽到堂下用药化成了水,连毛发都不剩。

有一天,聂隐娘夫妇出门没有骑驴,部下说,他们骑来的两匹驴不见了,刘昌裔派人前后寻找,后来在一个布袋中,看见了两个纸驴,一黑一白。

刘昌裔算出,另一节度使会派一个叫空空儿的超一流高手来刺杀自己,空空儿的神术是神不知鬼不觉,来无影去无踪。聂隐娘的武艺可能也赶不上他,刘昌裔问她有什么办法?聂隐娘说:"你用于阗玉围着脖子,盖着被,我变成一只小蚊虫,潜入你肠中等待时机,其余人不用知道这件事情。"刘昌裔按她所说的办法做了。到了三更,刘昌裔虽然闭着眼睛却没睡着,果然听到脖子上砰的一声,声音特别大。隐娘从刘昌裔口中跳出,祝贺说:"仆射没事了。这个人像雄鹰似的,只是一搏,一搏不中他便远走高飞,他没击中感觉很耻辱,还不到一更,他已经飞出1000多里了。"他们察看了刘昌裔脖颈上的玉石,果然有匕首砍过的痕迹,很深。刘昌裔重赏了隐娘夫妇。

唐宪宗元和八年,刘昌裔从陈许调到京师。隐娘不愿跟随去京,她说:"从此我要游山逛水,遍访圣贤,成为一个逍遥人。"

刘昌裔同意了。

刘昌裔死时，隐娘骑驴到了京师，在刘的灵前大哭一场。唐文宗开成年间，刘昌裔的儿子刘纵任陵州刺史，在四川栈道上遇见了隐娘，面貌仍和当年一样，她还像从前那样骑一头白驴。聂隐娘对刘纵说："你面相显有大灾，你不应该到这里来。"她拿出一粒药，让刘纵吃下去。然后说："来年你不要做官了，赶紧回洛阳去，才能摆脱此祸。我的药力只能保你一年免灾。"刘纵不太相信，送给隐娘一些绸缎，隐娘没有要，飘飘然而去，如神似仙。

一年后，刘纵舍不得辞官，果然死于陵州。

从那以后再没有人见过隐娘。

智侠——红线

这还是一个唐朝的故事。

潞州节度使薛嵩家有一个婢女，名字叫红线，她会弹琵琶，也懂《四书五经》。薛嵩让她管理各种文书，称为内记室。

有一次军中宴会上，红线对薛嵩说："听外面的鼓声很悲凉，这打鼓的人必定有心事。"

薛嵩找来打鼓人一问，他说："昨晚我妻子死了，我没敢请假。"

薛嵩听完就让他回家了。

唐肃宗至德年间，河南、河北一带很乱。

朝廷命令薛嵩守卫滏阳，并代管山东。

战争刚过，军府初建，朝廷命薛嵩将女儿嫁给魏博节度使田承嗣的儿子，又让他的儿子娶滑亳节度使令狐章的女儿。使滏阳、魏博、滑亳三镇联姻，经常派使相互往来，目的是想保证三镇不要互相攻伐。

魏博节度使田承嗣肺部患病，天热就加重。他常对部下说："我若驻守山东，那里天气比较凉快，我就可以多活几年。"想到做到，田承嗣从军中选拔了三千勇士，称为外宅男，给予格外优厚的待遇。想选择时机，吞并潞州。

薛嵩知道这一消息后，非常忧愁，想不出办法应对。一天夜晚，军营的大门已经关闭，薛嵩挂着拐杖到庭院，只有红线跟在身后。

红线问:"您这一个多月寝食不安,好像有心事,是不是因为田承嗣的事?"

薛嵩说:"是的。事关安危,你有什么办法?"

红线说:"我虽为奴婢,也很想为您解忧排愁。我想去趟魏城,观察下形势,探探虚实。一更去,二更便可回来。请您先准备好一个使者和一匹马、一封问候信,其他事情等我回来再说。"

薛嵩有点担心:"这事若办不好,反会招致田承嗣立刻报复的。"

红线说:"我此去定能办好。"

说完回到自己屋中,准备行具,梳洗打扮,梳一个乌蛮髻,头插金雀钗,身穿紫色绣花短袍,腰系青丝带,脚蹬轻便靴,胸前佩龙文匕首,前额上写着太一神名。向薛嵩拜了拜,转眼不见了。

薛嵩回屋关门,背灯而坐,独自饮酒,薛嵩平日不善饮酒,但这一晚上喝了很多酒,没醉。忽然听到一阵风吹过,好似有片树叶落下来,他惊起刚要喊人,却是红线回来了。

薛嵩着急地问:"事……事情怎样?"

红线说:"非常顺利。我把田承嗣床头的金盒拿来了。我半夜前就到了魏城,过了几道门,便到了他睡觉的地方,听到外宅男在走廊上睡觉,鼾声如雷。中军士兵在院中走动,互相打招呼。我开了左门,到了他床前,您亲家公躺在床上,露着脚睡得正香,头裹黄巾,枕花枕头,枕前露一把短剑,短剑前有一个开着的金盒。盒内写着他的生辰八字和北斗神名,上面盖着香料和珍珠。看他那熟睡的样子,他没想到他的性命就在我手里,杀他是很容易的事,我怕那样会惹来疯狂报复和朝廷责怪。这时,蜡烛快要熄灭,香炉的香已燃尽,他的侍者四散了,兵器扔在了一起,有人头碰屏风,鼾声大作,有的手持汗巾、毛掸睡着了。我拔他们的头簪、耳环,摸他们的衣服,都像有病似的不能醒来。我便拿金盒回来了。出魏城西门,走了200多里,隐约看见城墙上的铜台,漳水向东流去,月上林梢,晨鸡鸣动。去时很愤怒,回来时很高兴,忘记了疲劳。害怕您担心,我连夜赶回。"

听完,薛嵩非常高兴,立刻派人到魏城,给田承嗣送了一封信,信上说:"昨晚有人从魏城来,从您床头上拿了一个金盒,我不敢留下,特派专使连夜送还。"

派去的人到了魏城，发现全城正在搜捕盗金盒的人，他立即求见田承嗣。

田承嗣一见金盒，惊异得差点晕倒。设宴款待，给薛嵩派来的人很多赏赐。第二天，专门派人带了3万匹布、200匹好马，还有一些珍贵的礼物，献给薛嵩。并让人转告薛嵩：多谢您不计私怨，我要悔过自新，不再连累亲戚，我招募的外宅男，本是为防盗，没别的企图，现在就叫他们脱掉军装，回家种地。

以后的一两个月内，河北、河南信使经常来往，一派平和景象。

忽然一日，红线要辞别。

薛嵩留恋地说："你生在我家，你想上哪儿？我还要依靠你，你怎么能走呢？"

红线说："我前世是个男子，周游四方，寻求学问，读过神农的药书，给世人看病消灾。当时有一孕妇，肚内生了虫子，我给她服了芫花酒，妇人和腹中的双胞胎都死了。我一次杀了三个人，阴曹地府为了惩罚我，把我变为女子，贬为奴婢。幸亏生在您家，已经19年，穿够了绸缎，吃尽了美味，您对我格外宠爱。现在您管辖的疆土太平，人们安居乐业，我也想留在这里，可这样违背了天意，上次去魏城，是为了报恩。现在两地太平。对我一个女子来说，功也不算小，可以赎我的前罪，还我男儿身，我想离开尘世，在山里修仙得道。"

薛嵩说："不能这样，你一个小姐之身怎么能住在山里呢？"

红线说："为了来世，我怎能久留？"

薛嵩知道不能留住，便为她饯别，集合宾朋好友，夜宴中堂。为了助酒兴，薛嵩请在座的冷朝阳作词，其词曰：采菱歌怨木兰舟，送客魂消百尺楼。还似洛妃乘雾去，碧天无际水空流。

唱完，薛嵩非常悲痛，红线向薛嵩拜倒并且哭泣，假装着喝醉离开宴席，然后不见了踪影。

一等男人——王阳明

阳明是王守仁的号，人称王阳明。

他生于明朝中期，明朝是一个比较刺毛的朝代，下愚上诈，不论皇帝、官员还是民众，鄙视精神，追求物质，行事渐无底线，社会溃烂。王阳明试图力挽狂澜，拯救人心，乃发明"身心之学"，倡良知之教，修万物一体之仁。

王阳明不仅是宋明心学的集大成者，一生事功也是赫赫，立德、立功、立言，虽久不废，此之谓三不朽。

他是中国历史上少有的好人得势不吃亏、坏人惹不得的经典范例，他后来的追随者也有不少成功案例，比如胡宗宪、张居正、戚继光。他是笔者最崇拜的中国历史人物，没有之一。

一、不羁少年

王阳明于明宪宗成化八年（1472年）农历九月三十日亥时出生于一个书香门第、官宦世家，其远祖为东晋大书法家王羲之。

他出生前夕祖母梦见有人从云中送子来，梦醒时王阳明刚好出生，祖父便为他起名叫王云，乡中人亦称其降生处为瑞云楼。

他5岁时还不会说话。一天一位高僧经过，抚摸他的头说"好个孩儿，可惜道破"，意指他的名字"云"道破了他出生的秘密。其祖父恍然醒悟，遂更其名为守仁，此后他便开口说话了。

他10岁时，父亲王华高中状元。

十一二岁在京师念书时，他问塾师："何谓第一等事？"老师回答说："只有读书获取科举名第。"他有不同看法："第一等事恐怕不是读书登第，应该是读书学做圣贤。"尽管如此，他学习并非十分用功，常常率同伴做军事游戏。年轻时他出游边关，练习骑马射箭，博览各种兵法秘籍，遇到宾客常用果核摆列阵法作为游戏。

这说明，人在儿童、少年期间，其创造性不能被固定性思维抹杀。

二、龙场悟道

王阳明于明武宗正德元年（1506年），因反对宦官刘瑾被廷杖四十，贬谪至贵州龙场（贵阳府修文县治，现为贵州省修文县龙场镇）当驿丞。途中被刘瑾派人追杀，他机智地化险为夷。

在龙场这寂寞困厄的环境里，王阳明结合历年来的遭遇，日夜反省，终有顿悟，这就是著名的"龙场悟道"。

他在这段时期写了"训龙场诸生"，核心思想是"心外无理，心外无物"。

三、知行合一

正德十二年（1517年），江西南部以及江西、福建、广东交界的山区爆发民变。山民依靠山地据洞筑寨，自建军队，方圆近千里。地方官员无可奈何，遂上奏明廷。兵部举荐时任右佥都御史的王守仁巡抚江西，镇压民变。

王守仁念战争破坏巨大，主张两手硬，围剿和招安并举，用两年时间平息了这场声势不小的造反风波。

在这期间的社会实践中，他发现一样神秘的工具——"知行合一"。"知行合一"是多数人先天不具备的一种技能，需要后天养成，这个理论是"心外无理，心外无物"的细化和实践发展。

笔者认为，王阳明的智慧不仅仅在于道德和理论，更在于实践。

有人可能认为"知行合一"的意思是知道又做到，两者是分开的。不是，阳明先生的意思是，"知道又做到"才是真的"知"，"知道没有做到"不是真的"知"，"真知"不是看过或者记住的东西，而是能克服心理天然障碍形成本能的东西。

经常有炒股人说，"我原来应该在某股上赚大钱的，或者不会出现某个大失误的，因为某某原因，使得我没有赚到大钱或者避免大失误"。如果你不从自己找原因，不追求"真知"，埋怨外界，你下次还是抓不到大黑马，还得赔大钱。

四、擒获宁王

王阳明一生最大的军事功绩是平定洪都的宁王朱宸濠之乱。王阳明将去福建剿匪时（朝廷不给军队，自己想办法空手套白狼），所率少数部队行军刚到丰城，宁王朱宸濠突然举兵叛乱。因此王守仁积极备战，调配军粮，修治器械，然后发出讨贼檄文，公布宁王的罪状，要求各地起兵勤王。

王阳明在与宁王军队水战时，他仿效了赤壁之战，放火烧船。宁王群臣正在船上召开"早朝"会议，王阳明大军杀到，用小船装草，迎风纵火，烧毁了宁王的副船，王妃娄氏以下的宫人以及文武官员们纷纷跳水。宁王的旗舰搁浅，不能行动，仓促间换乘小船逃命，被王阳明的部下追上擒获，宁王的其他文武大臣也成了阶下囚。不久，南康、九江也被官军攻陷，宁王之乱全面平息，前后只有35天时间。王阳明因此而获"大明军神"之称。

中国历史智慧，其实就那几样，来回用，看完这章《人物志》你可能会更有体会的。股市也一样，关键是知行合一。

五、王阳明思想

还是来点真家伙吧，笔者认为，没有基础素质的保证，专业素质很难达到一定高度。

（1）"破山中贼易，破心中贼难。"（炒股时，你要知道你自己的心中贼是什么，才能破）

（2）"夫万事万物之理不外于吾心。"（克服心障，形成本能）

（3）"心即理也。""心外无理，心外无物，心外无事。"（一切服从操作系统）

（4）"人心之得其正者即道心；道心之失其正者即人心。"（专业需要训练）

（5）"无善无恶心之体，有善有恶意之动，知善知恶是良知，为善去恶是格物。"（四句教，这是普通人最该理解的）

（6）"你未看此花时，此花与汝心同归于寂。你来看此花时，则此花颜色一时明白起来。便知此花不在你的心外。"（只做自己能力能实现的投资）

（7）"有志于圣人之学者，外孔、孟之训而他求，是舍日月之明，而希光于萤爝之微也，不亦谬乎？"（笔者的三个自信：自信系统、自信复利、自信概率）

（8）"圣人与天地民物同体，儒、佛、老、庄皆我之用，是之谓大道。二氏自私其身，是之谓小道。"（自信不固执）

（9）"殃莫大于叨天之功，罪莫大于掩人之善，恶莫深于袭下之能，辱莫重于忘己之耻，四者备而祸全。"（记住）

（10）"夫学贵得之于心。求之于心而非也，虽其言之出于孔子，不敢以为是也，而况其未及孔子者乎？求之于心而是也，虽其言出于庸常，不敢以为非也，而况其出于孔子者乎？"

（11）"所以为圣者，在纯乎天理，而不在才力也。故虽凡人，而肯为学，

使此心纯乎天理,则亦可为圣人。"(顺势而为,知行合一)

(12)"天地虽大,但有一念向善,心存良知,虽凡夫俗子,皆可为圣贤。"(在股市中,炒股并不难,谁都可以成功)

超限师——侯景

侯景小名狗子。少年时顽劣不羁,横行乡里,是著名的恶少。成年后身高不满七尺,深受边镇剽悍好武风气影响,骁勇有臂力,因左足生有肉瘤所以步态不稳。他知道扬长避短,骑射成为他的特长。

其社会智慧达到超一流的顶级水准,可惜不会写书,其原创智慧常被人误以为是后人的智慧。

一、乱世发迹

北魏末年边镇大乱,鸣鼓角、树旗帜者不计其数。

侯景是葛荣为首的一股暴动乱军中的将领。

动乱中,尔朱荣集团掌握了政权,开始征剿各地乱军。此时,识时务的侯景率领自己的部队投靠了尔朱荣。

侯景好学,原本对兵法只是略知一二,慕名跟随慕容绍宗学兵法,可没过多久,大家却看见慕容绍宗常常来向他讨教了。

乱世中,有才人不会被埋没,侯景被尔朱荣任命为剿乱行动的先锋官。

公元528年八月,侯景与葛荣在滏口展开大战,侯景生擒葛荣,各地暴动逐渐地被尔朱荣军事集团镇压。侯景因功升为定州刺史。

后起的高欢又消灭了尔朱家族,侯景原来与高欢同是怀朔镇的镇兵,又有都参加过六镇起义的旧谊,遂又率众投降了高欢。

悍勇能战,驭军有法,每战胜后都将所抢掠之财宝女子分与手下将士。因此,侯景非常受部众拥戴。由于善挟巧诈,作战多捷,侯景自视甚高,桀骜不驯,对东魏勇冠一时的猛将高敖曹、彭乐等也不屑一顾。

二、西道大行台

东魏迁都于邺后,高欢置重兵于河北,自居晋阳,全力对付西魏和北方的柔然,对与梁接境的河南一带鞭长莫及。但河南古称"四战之地",战略地位重要,不能放弃。高欢选中了侯景,驻守经略河南。

这一点与三国时的刘备留关羽镇荆州的情况很相似,而侯景更尽职。

534年,侯景攻荆州督贺拔胜,在荆州连败贺拔胜、独孤信、史宁等西魏骁将。

因为久居河南,与南朝的梁国接壤,侯景对南梁的腐败状况非常了解。他藐视梁武帝萧衍妄敦戒素、佞佛昏谬,曾夸口说:"我愿请兵横行天下,过江生擒萧衍老头子,让他去当太平寺主。"

537年,高欢大举伐西魏,任侯景为西道大行台,经略关西地区。

侯景建议,宜分前后两军相继而进。前军若胜,后军跟进;前军若败,后军承之。高欢没有接受这万全之计,结果在十月沙苑战败。

其后,侯景马上向高欢请劲兵数万,言称追击宇文泰骄胜之兵可获必胜。

高欢的妃子娄氏对丈夫说:"侯景此去即使能击败宇文泰,也肯定不会回来了。"这话是指侯景有可能会趁机割据关中。

于是,高欢没有采纳侯景的建议。

沙苑战败后,西魏军东进洛阳,河南诸郡多数投降了西魏。

为夺回河南战略要地,538年二月,侯景率卢勇等将西进,攻下南汾州、颍州、豫州等地。

七月,侯景与大将高敖曹把西魏将领独孤信围困在金墉城。

宇文泰亲率大军急趋救援。

侯景布阵坚固,北据河桥,南依邙山,一战几乎要生擒了宇文泰。只因西魏援军及时赶到,兵势复振,宇文泰才反败为胜,打败了高敖曹。

在此次河桥之战中,侯景因机制变、因形用权的用兵特长引人注目。

这一战后,高欢对侯景的作战才能更加信任。

三、盛极而衰

侯景继续成为独当一面的封疆大吏。

河南殷实富裕，人口数百万，侯景在此经营多年，早与当地豪族建立了紧密的联系，逐渐发展成强大的地方势力，初步具备了割据一方的经济、政治条件。

543年，东西魏两国在邙山再度大战，东魏获得大胜。

侯景用计赚取虎牢城，连收北豫州和洛州，被封为司空；545年改授司徒。

这时，侯景逐渐骄傲。他对高欢之子高澄不满，一次喝醉酒后说："高欢在，我不敢怎么样。高欢要是死了，我绝不能与鲜卑小儿（高澄）共事。"

高澄听说后，怀恨在心。

547年正月，高欢病危。他对高澄说："侯景狡猾多计，野心勃勃，我死后肯定不能为你所用。在朝中的大臣中，只有慕容绍宗可以和侯景匹敌，我一直不重用他，就是为了留给你去迁升他，让他对你感恩，让他去对付侯景。"

高欢刚死，高澄立刻先发制人，以其父的名义给侯景写了封信，命令他到晋阳来，好就近控制。

据说，侯景当初曾与高欢有过约定说："我领兵在外，须防诈谋，以后您给我写的书信，请加上一个暗号。"但是，高欢在临终时忘记了告诉儿子这件事，以至于侯景接到信后知道有诈，马上反叛。

高澄是老狐狸高欢的儿子，不可能没有两下子，马上采取了平叛措施。他对侯景许以种种优厚条件诱降，同时遣重兵昼夜兼程，企图包围侯景，一举歼灭之。

双方兵力对比悬殊，侯景无法取胜，仓促间急举河南六州投降西魏请援。

同时，他又遣行台郎中丁和上表梁国皇帝萧衍，倾河南全境豫、广、颍、洛、阳、西扬、东荆、北荆、襄、东豫、南兖、西兖和齐十三州降梁求援。

侯景向梁国的投降乃是解急权宜之计，梁朝众臣都不同意接受侯景。

这时已经83岁的梁武帝萧衍却说自己不久前做了个异梦，梦见中原牧守以地降梁。

权臣朱异为邀宠，硬把此梦解释为天下统一的征兆。

萧衍真以为自己异梦通神，想依靠侯景替他扩土北进。他接受了侯景的投降，并封侯景为河南王、大将军、大行台。

五月，东魏大将韩轨领重兵围侯景于颍川。

处于弱势中的侯景再割东荆、鲁阳、长社、北兖四城向西魏请救。

宇文泰非常狡猾，既不愿放过这个稍纵即逝的东进良机，又审慎冷静地注意防范诡诈的侯景在危机解除后反悔，因此准备好援兵，但不立即采取行动。

萧衍纳降后即派兵运粮接应侯景。547年八月，贞阳侯、萧渊明受命率10万大军屯寒山，与侯景犄角，大举北伐。

十一月，东魏大将慕容绍宗大败梁军，俘萧渊明，再回师进攻侯景。

两军于涡阳对垒。侯景命部下用一种特殊战术：战士被短甲、执短刃、入阵砍人胫马足，大败慕容绍宗。绍宗部下后来的一代名将斛律光狼狈逃走，张恃显落马被擒。

慕容绍宗慨叹说："从未见过像侯景这么难对付的家伙。"于是定计深沟固垒。两军相持数月后，侯军粮尽。

548年正月，侯景部将暴显等降慕容绍宗，侯景4万多人的大军溃散，只能收散卒步骑兵800人逃走。

正不知道去哪里的时候，机会从天而降：南梁马头的地方官刘神茂一直对南豫州监州事、名将韦睿之子韦黯不满，见侯景到来非常高兴，前去参见并献上了取寿阳的计谋。

侯景依计行事，来到寿阳城下，派人去见韦黯，说自己是朝廷的客人，如果不接他入城，魏兵追到，自己有失的话，朝廷必然会怪罪。

韦黯信以为真，开门迎接，侯景一进城就翻脸夺了韦黯的权，强行占领了寿阳。

正常人听到这种消息，应该是勃然大怒，下令征讨，谁知萧衍却顺势任命侯景为南豫州牧。

东魏乘胜收复失地，并想利用萧渊明作为筹码，遣使说高澄愿与南梁和好，欲离间梁、侯关系，坐收渔利。

此时的侯景要兵没兵，要地没地，身价大减。

548年二月，梁与东魏间开始和平谈判。

侯景害怕南北和好后，自己会变成筹码，就上书对萧衍说："陛下和高氏联合，我将如何自处？"

萧衍信誓旦旦，保证不会出卖他。

侯景不太放心，又向萧衍求与南朝高门王、谢联姻，萧衍说："王、谢门第太高，不如退而求其次，向朱、张以下门第试一试。"

侯景恨恨地说："什么门第，总有一天，要把皇家儿女配给奴隶。"

为了摸清萧衍的真实态度，侯景派人伪造东魏书信去梁朝都城，说愿意用萧渊明交换侯景。

萧衍中计，把回信给来人说："你早上送还萧渊明，我晚上送还侯景。"

侯景看过信勃然大怒，说："早就知道这糟老头子心肠薄得很。"

心腹谋士王伟劝他："是坐以待毙还是起大事，该决断了。"

四、侯景之乱

侯景决心反梁，强行抓兵，并给部下许下重愿，如若造反成功，所有人按需奖赏，土地、美女、权力、浮财全有。

都城在建康的梁朝对仅500里以外发生的事情竟然浑然不知，侯景在寿阳有什么需求，梁朝廷都答应，包括战备物资。

侯景积极备战的同时，不忘搞统一战线，暗结早就觊觎皇位的梁前太子、临贺王萧正德，密约事成后拥戴萧正德为帝。

萧正德天真地应允了。

548年八月，侯景以诛奸佞骄贪、蔽主弄权而为时人憎恨的中领军朱异、少府卿徐驎、太子右卫率陆验3个奸臣为名，在寿阳起兵进攻梁朝。

侯景起兵后，利用了南梁社会的尖锐矛盾，他传布檄文，直斥梁朝贵族和官吏对广大百姓的残酷剥削，号召穷人造反，陈词慷慨激昂，颇具煽动性，贫苦百姓为眼前利益所诱，参军的人数众多。

548年，侯景听说大批梁军欲前来征讨，与王伟商量，王伟建议放弃寿阳，采取掏心战术，直取建康，获得侯景的采纳。

侯景轻松地越过长江天险，直扑梁国都城建康。

萧衍不知所措，把军权交给太子萧纲，命羊侃辅佐萧纲守城。羊侃，爱读《左氏春秋》和《孙吴兵法》，又善使一条两丈四尺长的两刃矛，文武双全。

此时，梁朝没人知道自己人萧正德已经和侯景秘密勾结，萧正德仍然担负着防守建康正门宣阳门的重任。

两天后，侯军抵建康城，萧正德大开宣阳门，迎接侯景军入城，侯景未遇激战就接连占领东府城、石头城，接着进围台城，开始大举攻城。

台城军民在羊侃和萧纲的指挥下奋力抵抗。

侯景大造飞楼、撞车、阶道车等攻城器具，羊侃见招拆招，一一破解，叛军攻城遇阻。

五、侯景智慧

此时，侯景拥兵（多是新兵）几万人，梁都城建业有百姓近百万人，台城守兵几万，城外援兵有几十万人。

侯景的高智慧发挥效用了。

他利用家奴对主人的怨恨心理，宣称凡是家奴来投，一律解放为自由人。

又找来一个大臣朱异的家奴，封为仪同三司的高官，让他穿锦袍骑骏马，在城下对朱异大骂："你做了30多年官，才混到个中领军；我刚跟随侯王，就当上仪同了！"

台城中的家奴很快就有大批人反戈逃了出去，参加了侯景的部队。由于侯景的宣传到位，对胜利后的许愿非常诱人，大批穷人参军，叛军兵势大盛。

老百姓这时都认为：梁国官军打赢了，老百姓没好处，跟原来一样。如果侯景打赢了，大家要什么侯景都给，包括皇宫里的宫女。

此时，羊侃又突然病死，台城中的栋梁倾折。

侯景趁机猛攻台城，幸亏城中有一个叫吴景的下级军官，精通对付攻城器具的方法，才顶住了攻势，阻挡了叛军。

侯景无奈，下令停止攻城，引玄武湖水灌城，城中积水极深，形势更加危急。

这时各路勤王的军马仍在建康城外采取观望态度。勤王军虽然人数众多，可是没有统一指挥，军心涣散，谁都不敢主动先进攻侯景叛军。

叛军围城日久，台城内粮食耗尽，军士煮弩弦、皮革制的盔甲、熏鼠捕雀而食。城中饥饿和疫病流行，死者横尸满路，后来仅剩二三千羸弱军兵死守。侯景也渐粮饷不支，又听说梁荆州的精锐援军将到，非常恐慌。

这时王伟献计：假称求和，休整兵马，待对方懈怠，再一举击破，获侯景采纳。

549 年二月，侯景与萧衍歃血为盟停战。萧衍不听大臣傅岐的劝告，接受侯景的休兵条件，割江右四州之地（南豫、西豫、合州、光州）给侯景，遣诸路援军返师，台城守卫也尽收兵甲。

侯景此时趁机派兵四处劫掠、烧杀、抢夺军粮，缮修器械，休整军队。

十余日后，毁盟，重新开战，猛攻台城。

十二月二日夜，叛军攻上台城西北角，永安侯萧确抵挡不住，退回宫中，对萧衍报告："台城失守。"

萧衍躺在床上问："还能不能打？"

萧确说："没法再打了。"

萧衍叹道："自我得之，自我失之，有什么遗憾的？"

台城陷落，萧衍和太子萧纲都被侯景所获。

侯景和萧衍有一段对话。萧衍问侯景："渡江时有多少人？"

侯景答道："千余人。"

又问："围台城时有多少人？"

答道："10 万人。"

再问："现在呢？"

侯景骄傲地答道："四海之内，全都是我所有！"

最后问："你给穷人的许愿，能实现吗？"

侯景笑："先打赢仗再说，天下是我的，给与不给，还不是我说了算。"

侯景胜利后，在建康城中大肆烧杀抢掠，屠杀奸淫无恶不作，几乎把建康城的人杀光。

江南的士族，尤其是王、谢两家的富户一概受到大规模的屠杀和凌辱。整个建康城哀号声冲天，血流成河，原本繁华富庶人口稠密的建康城，被侯景屠杀抢掠后尸横遍野，残垣断壁。

侯景懒得对萧衍动刀，只是不给他供应饭食。五月初二，这位笃信佛教的老头儿饿死，终年 86 岁，遗言是谁也不知道什么意思的"呵呵"两声。

萧衍为自己的昏庸付出了代价，本来死不足惜，只可怜江南的千万百姓也同时为他的昏庸付出了更大的代价，特别是建康城一地的百姓被屠杀了一半之多。

六、侯景结局

549年五月二十六日，侯景立萧纲为帝（梁简文帝）。先前答应萧正德的条件，早就忘掉了。

侯景自寿阳800人起兵，奇袭建康至攻陷台城，历时仅7个月。他率不善水战的少量北方胡族军队，越过长江，长驱直入，一路烧杀奸淫掳掠，短期内一举摧毁梁朝，实属惊人的奇迹，前无古人，后无来者。但是，他的一些招术，被后来的黄巢、李自成等学会。

侯景的成功与萧衍昏庸愚蠢密不可分，但也反映出侯景战术灵活，判断准确、工于心计的指挥才能，以及他手下北方胡族军队的悍勇嗜杀。

最最关键的是，他给部下、穷人的许愿，尽管是弥天大谎，但确确实实地打击了敌人，发展了自己。

550年，侯景自为相国、汉王；十月，别出心裁地自封为宇宙大将军、都督六合诸军事。简文帝萧纲已经成了他砧板上的一块肉。

侯景出身行伍，在长期的军旅生涯中，养成了反复无常、残酷凶狡的性格。他有野心而无政治才能，生性暴戾嗜杀，不懂真正收取民心。在他夺下都城后，很快就忘了当初的许愿，反而疯狂杀人，震慑天下。

侯景很快又尽失民心，在战术上也犯了以己之短击敌之长的严重错误，冒进进攻巴蜀。

梁将王僧辩受命拒侯景，在巴陵沉船靡旗，伪装将遁。侯景中计，昼夜猛攻巴陵，数旬不克。叛军损失惨重，粮草缺乏，疾疫蔓延，战斗力大损。

六月，赤亭大战中，梁将胡僧祐和陆法和击败并生擒大将任约，断了侯景一臂。

侯景只得放弃经略江汉，想退回建康。撤退途中，又遇到梁豫州刺史荀朗在途中伏击，再度大败。

梁军士气大振，转入战略反攻。

侯景率领几千残兵回到建康后，和王伟商量要称帝，王伟认为这样可以显示树威，表示赞同。

十一月，通过传统的加九锡和禅让的方式，自立为帝，改元太始，国号汉。

王伟提出要立七庙，侯景不懂什么意思，王伟告诉他："皇帝必须祭祀七代祖宗。"

侯景想了半天才说："我就知道我父亲叫侯标，而且他埋在朔州，灵魂怎么会跑来这里受用？"

最后就由王伟帮他的祖宗七代重新起名了事。

梁朝的皇族开始反攻，派梁江州刺史王僧辩、东扬州刺史陈霸先征讨侯景。一直打到建康城郊外，侯景率军堵塞秦淮河口迎战，陈霸先奋勇当先，渡过北岸，筑起营寨，梁军其他各部也陆续过河。两军交战，侯景率万余步兵、八百铁骑先后8次猛攻，都无法得胜。此时石头城中的守将开城投降梁朝。侯景只得亲自率百余骑兵，弃长矛持短刀突击陈霸先军，仍然不能取胜，叛军士气尽失，大批溃散。侯景率部下数十人逃往吴郡。王伟逃往京口，被擒杀。侯景收拾残兵，有船200艘，兵数千人。又在松江被击败，只剩一条船，几十个人。侯景在沪渎下海，准备逃往北方。

当初侯景在建康时，强娶南朝梁简文帝萧纲之女溧阳公主为妻，又霸占羊侃之女为妾，夜夜淫辱。却用羊侃之子羊鹍为官。羊鹍把仇恨埋在心底，表面上装得忠心耿耿，经常跟随在左右。他趁侯景睡着的时候，命令水手改变航向，转往京口。侯景睡醒后见状，大惊，这时羊鹍带着几个人冲了进来，指着侯景说："今天要借你的脑袋取富贵！"

侯景本想跳水逃走，可是去路被封，只好跑到船舱里，想用刀砍开船底逃走，被羊鹍赶上，一矛刺了个对穿。

身残志坚、一直致力于背叛事业的侯景结束了其跌宕起伏的传奇人生。羊鹍割开侯景的肚子，塞入大把的盐，以防腐烂，然后将他的尸体送往建康城。

王僧辩将侯景的头卸下，送到江陵。又砍下他的手，派谢葳羙送到了北齐。然后把侯景的尸首扔在建康城内闹市中，人们纷纷前去争着割他的肉来吃，最后连骨头都被抢光了。

侯景曾经十分宠爱的溧阳公主也加入了食肉的行列。

此前，侯景有5个儿子在北齐，世宗高澄下令把侯景的大儿子面皮剥下来，下锅活活煮了。另外4个儿子，统统被行了宫刑。显祖高洋即位后，梦见有些猕猴坐在自己的龙椅上，心中猜疑，于是下令也将4人全部下锅煮了。

第一部分 **人 物 志**

解套大师——布扎蒂

在城郊外,这座专门关押无期徒刑犯的监狱里,有一条看似十分人性实则极为残忍的规定。

每一个被判终身监禁在这里的人,都有一次站在大众面前向全体市民发表半个小时演说的机会。犯人由牢里被带到典狱长办公室所在大楼的露台上,前方是供听众聚集的自由广场。若演讲结束听众鼓掌,演讲者就重获自由。

这听起来好像是天大的恩惠,其实不然。首先,向大众求助的机会只有一次,也就是说一辈子只有那么一次。其次,万一听众不捧场,事实上,大多数情况是如此,再次的服刑就等于是社会大众的判决,对犯人来说分外沉重,也因此这之后的服刑岁月更显难挨、更觉凄凉。

除此之外还有另外一点,它让希望变成折磨。犯人并不知道什么时候轮到自己,一切都由典狱长随机决定。有可能才入狱半小时就被带上露台,也可能需要漫长的等待。有人年纪轻轻入狱,走上命运的露台时已经垂垂老矣,几乎丧失说话能力。所以面对如此艰难的考验,人根本无法在平静的心情下进行准备工作。每一个犯人都会想:说不定明天就轮到我,也许是今天晚上,或一个小时之后。于是他们便开始焦虑,人在焦虑中什么都理不清了,如果你是炒股的,你就懂的,就连最不相干的想法也都夹杂在一起,叫人神经衰弱,就连短暂的放风时间犯人们也不敢跟其他牢友交谈。一般来说,犯人都不信任别人,不愿意互相交换关于这个本应该是主要话题的意见。每个犯人都以为自己发现了大秘密,这一点也和炒股人很像,找到了无懈可击的话题来掳获听众的心,都担心万一泄露给别人就会被抢先一步:也就是说,某些说辞大家听第一遍会被感动,重复听第二遍,就没有兴趣了。

为了了解情况,可供参考的就是那些已做过演说但未获青睐的前人的经验谈,至少也要探听一下他们采用了什么方法。但这些被"筛掉"的家伙们一句话都不肯说,不管其他人怎么求他们吐露演说的内容和群众的反应,都没有用,他们只冷冷一笑,不发一言。既然我要在牢狱里度过余生——他们心里一定那么想——那你们也都留下吧，休想我会帮你们，反正我本来就是坏蛋。

其实，就算他们守口如瓶，一些小道消息还是会传进犯人耳朵里，只是没什么具体依据。举个例子吧，据说，犯人主要的诉求有二：自己的清白和对家人的爱，那还用说嘛。至于他们是怎么个说法？遣词造句有什么技巧？有没有痛骂，还是哀求？有没有落泪？这些，就没人知道了。

最棘手的是那些来听演讲的市民。犯人们固然是十恶不赦的坏蛋，可外面那些自由的男男女女，也不是省油的灯。一宣布有犯人要上露台讲话，自由的人们就蜂拥而至，不是因为有人的命运掌握在他们手上，事关重大，而是带着逛庙会、看戏的心情而来。万头攒动中不仅有低下阶层，还有卫道人士、公务人员、专业人士、劳工携家带眷一起来。他们的态度也未必是同情，更多的是怜悯和嘲讽。他们也是来看热闹的。犯人们一身条纹牢服，顶着小平头，看起来就是一副卑鄙、可笑的小人模样。倒霉鬼出现在露台上时，等待着他的——可想而知——不是尊敬和令人胆怯的静默，而是口哨、脏话齐飞，外加阵阵哄笑。本已心情起伏、全身无力的犯人，面对这样的舞台能做什么？四面楚歌。

还有，虽然传说中曾经有极少数无期徒刑犯通过了这个考验，但那只是传说。确定的是，从布扎蒂入狱至今这一年来，还没有人成功过。差不多一个月一次，犯人其中一个会被带上露台讲话。之后，一个不少又全都被带回牢里。群众把每一个人都嘘下台。

布扎蒂入狱前是个职业操盘手，被有关机构冤枉进了监狱，说是操纵市场。

守卫通知布扎蒂，轮到他上场了。下午两点。再过两个小时，布扎蒂就要去面对大众了。他一点儿都不怕，知道自己该说什么。布扎蒂相信自己已经找到了答案。他想了很久：整整一年，无时无刻不在思考这个问题，不敢奢望他的听众会比其他牢友所面对的听众有教养。

狱警打开牢房铁门，带布扎蒂穿过整个监狱，爬两级阶梯，进入一间庄严的大厅，然后站上露台。布扎蒂身后的门被锁上，一个人面对黑压压的人群。

布扎蒂连眼睛都睁不开——光太强了。然后他看到至少有3000人，包括最高法官,都在盯着自己看。

台下发出长长的嘘声,骂声四起。布扎蒂憔悴的脸,担忧造成的惊慌表情,逗得大家乐不可支,这点儿由笑声、喧闹、各种鬼脸可得印证。"喔,伟大的操盘手出场了!你说话啊,无辜的受害者!快逗我们笑,说点笑话来听。你在微博上挺幽默的,对不对?你想死你的小孩了,对吧?"

布扎蒂双手扶着栏杆,不为所动。露台下恰好经过一个美丽的姑娘,她用手将原本就很暴露的低胸上衣再往下拉,好叫布扎蒂一览无遗。"先生,喜欢吧?"她对着布扎蒂喊,"想不想试试啊?"然后浪笑着走开。

布扎蒂心里已盘算好了,它说不定是唯一能救自己脱困的妙计。他显得无动于衷,无所谓,既不要求围观的人们安静,也不做任何表示。

很快布扎蒂就欣慰地发现,他的举动让大众不知所措。显然在布扎蒂之前站在露台上的牢友都用了另一套策略,或许大吼大叫,或许用软话请求下面安静,结果都不讨好。

布扎蒂还是不说不动,像尊雕像。嘈杂声渐渐平缓下来,偶尔还冒出一两下嘘声,然后一片静默。

不动。布扎蒂鼓起全部的勇气,不出声。

最后,一个和气、诚恳的声音说:"你说话啊,你说我们听。"

布扎蒂孤注一掷。

"我为什么要说话?"布扎蒂说,"我站在这里是因为轮到我了,如此而已,我并不想感动你们什么,我有罪,我不想再看见我的家人,我不想离开这里,我在这里过得很好。"

台下交头接耳,然后有人喊:"别装了!"

"我过得比你们好。"布扎蒂说,"我不能说细节,不过我兴致一来,便穿过一条没人知道的秘密通道,可以从我牢房直通某栋美丽别墅的花园,当然不能跟你们说是哪一栋,反正这附近多得是。那里的人都认识我,很照顾我。还有……"

布扎蒂故意停下不说卖个关子。台下的人群一脸的迷茫与失望,好像眼睁睁看着手中的猎物跑掉。

"还有一位少女深爱着我。"

"够了,不要再说了!"有人失望地大喊。得知我过得那么幸福,想必触痛了他的伤口。

"所以你们最好别来烦我！"布扎蒂声嘶力竭，"我求你们，好心人，可怜可怜我吧！让我留在这里！嘘我，快，嘘我呀！"

布扎蒂意识到群众中传开一股愤恨不平之意，他们开始恨这个犯人，只是还在怀疑他说的是真是假，布扎蒂真的快乐吗？他们苦恼不已。他们依然犹豫不决。

布扎蒂整个身体探到露台外面，做作地颤着声音喊："答应我，大慈大悲的先生小姐们！你们又没有任何损失！求求你们，嘘我这个幸福的犯人吧！"

人群中传出一个恶毒的声音："你想得美！才没那么好的事！"说完就鼓起掌来，第二个人跟进，然后十个、百个，全场响起一片如雷掌声。

布扎蒂搞定了这些白痴。布扎蒂身后的门打了开来。"你走吧，"监狱长说，"你自由了。"

沙陀人——石敬瑭

石敬瑭，太原沙陀族人（沙陀族属于唐代沙陀突厥族别部。沙陀的意思是"沙漠蛮荒之民"。源于唐朝初年，西突厥处月散居于今新疆准噶尔盆地东南，天山山脉东部巴里坤一带有大碛，名沙陀，故号"沙陀突厥"，后一部分移居中原，逐渐与汉民族同化）。生于公元892年。公元936~942年建国后晋，并称帝，在位6年。卒于公元942年，终年50岁。他是五代时期后晋王朝的创立者，史称后晋高祖。

石敬瑭是胡人，那为什么许多人骂他是汉奸呢？这主要是情绪化和自我角度的问题，许多熊市中的重仓被套者也骂空仓没赔钱的人是汉奸。

一、勇冠三军

石敬瑭在家里排行第二，从小就沉默寡言，喜欢读兵法书，而且非常崇拜战国时期赵将李牧和汉朝名将周亚夫。青年时武艺高强，尤其射箭很准，喜好穿白袍，长得帅，军中称之为"二郎"。

后梁朱温与晋王李克用、李存勖父子争雄中原之时，石敬瑭跟随李家父子冲锋陷阵，战功卓著。公元915年，李存勖得魏州，后梁大将刘鄩急攻清平。李存勖急往驰援，却被刘鄩围困。石敬瑭率十余骑兵奋力拼搏，击败了刘鄩，从危难之中救出了李存勖。李存勖拍着他的背说："将门出将，言不谬尔。"由此声威大振，在军中名噪一时。

在晋军和后梁军队激战黄河沿岸时，晋军先攻下了杨柳镇，李嗣源却中了梁军的埋伏，危急时刻又是石敬瑭拼死掩护他撤退，才得以领兵突出重围。

不久后，梁晋又大战于胡柳陂，由于李存勖的冒险出战，大将周德威不幸战死，石敬瑭又率军和李嗣源一起重整军队，将后梁军队杀得损失殆尽。

李嗣源对石敬瑭很器重，把女儿永宁公主嫁给他，并让他统率"左射军"的亲兵卫队。

二、文武双全

在岳父李嗣源遇到政治难题时，石敬瑭也能帮助指点迷津，体现了一定的政治谋略。这方面最突出的一件事情就是劝李嗣源顺应时势，在兵乱时追求帝位。

赵在礼在魏博兵变，皇帝李存勖派李嗣源去镇压，但到了魏州时，李嗣源自己的军队也发生了兵变。这时，李嗣源对李存勖没有二心，想只身回去向李存勖言明真情。石敬瑭极力反对他这种不明智的做法，他说："岂有在外领兵，军队发生兵变后，其主将却没事的道理？况且犹豫不决是兵家大忌，不如趁势迅速南下。我愿领骑兵三百先去攻下汴州，这是得天下的要害之处。得之则大事可成。"

李嗣源这才醒悟过来，立即派他领兵先行，自己随后跟进。最后李嗣源终于像石敬瑭预料的那样登上帝位。石敬瑭也因功被授陕州保义军节度使，还赐号"竭忠建策兴复功臣"，兼任六军诸卫副使，这是亲军的最高副长官，可见李嗣源对他的宠信。但石敬瑭却认为不好，因为正职是李嗣源的儿子李从荣，李从荣骄横跋扈，自认为是父亲的继承人，看不起旧的功臣们。石敬瑭预料他日后必然出事，所以就极力推辞这个副职，后来李从荣果然因为急于继位而被杀。

石敬瑭要求去魏博任职，最后去了河东任节度使，并兼云州大同军等地蕃汉马步军总管，掌握了河东这块后唐起源地区的军政大权。

三、廉洁能吏

石敬瑭不仅在军事和政治方面有勇有谋、有韬略，在地方事务的治理方面也很有才干。到陕州、魏博、河东等地，他都很有政绩，而且断案也有奇招。

到陕州不到一年就将当地治理得井井有条，再加上他自己很清廉，施政很得民心。

在魏博时，由于当地民风剽悍，诉讼案件很多，许多人认为难以治理。但他到任之后，就勤于政务，处理疑难案件，不久案子就大大减少了。

有一次，一个小店的妇人和军士争执，告到官府，妇人说："我在门外面晒谷子，被他的马吃了很多。请大人明断。"

军士却说冤枉，但又没法证明自己的清白。

石敬瑭就对断案的属吏说："他们两个人争执不下，那用什么判断是非呢，你给我把马杀掉看看肠子里到底有没有谷子。有就杀军士，没有就杀妇人。"

于是就将马杀死了，马的肠子里没有谷子，证明是妇人在诬陷军士，想讹诈他的钱。石敬瑭就下令将那个刁妇处死了。处死虽有些重，但五代时的法律就是这个特点：立法重，处刑残忍。

这次处死妇人以后，境内肃然，再也没有人敢耍刁欺负别人了。

石敬瑭断案有时也用情理处理，这反而使一些棘手的事迎刃而解，当事人也都心服口服。

有一个人想卖地给他已经分家的哥哥，价钱没有讲好，弟弟就要卖给别人。

买主为防以后哥哥找麻烦，就让弟弟拿哥哥同意转卖的书面文书来。哥哥不肯给，弟弟就告到官府。

县令认为兄弟俩都理屈，然后送到石敬瑭那里请他处罚，石敬瑭说："人之所以做不义之事，是由于我这个父母官新来，没有及时教育百姓，我很惭愧。如果论他们的是非，哥哥得到好地，弟弟卖个好价钱，说有理都有理，说无理则都无理。但哥哥作为兄长不对的地方多一些，应该重打哥哥一顿板子。至于地，就卖给出高价的人。"

大家听了，都很佩服他将这个棘手的案子断得如此明了。

四、造反登基

李嗣源病死后，他的儿子李从珂通过争斗夺得帝位。虽然在对帝位的争斗中，石敬瑭曾经帮助李从珂除掉了大哥李从厚这个大患，但李从珂并没有信任他，反而将石敬瑭当成最大的威胁来对待，想尽办法要将他调离河东这块根据地。

在石敬瑭到首都参加完李嗣源的葬礼之后，不敢主动提出要回去，害怕李从珂起疑心，整天愁眉不展，再加上他当时有病，最后竟瘦得皮包骨，不像个人样。妻子赶忙向母亲曹太后求情，让李从珂放石敬瑭回去。李从珂见石敬瑭病成这样，估计难以构成什么威胁，于是就顺水推舟做个人情，让石敬瑭回到了河东。

石敬瑭回去之后，一直小心防范，妻子有次回去参加李从珂的生日宴会，想早点回来，李从珂却醉醺醺地对她说："这么着急回去，是不是要和石郎造反呀？"

妻子回来告诉了石敬瑭，这使石敬瑭更加相信李从珂对他疑心很重，酒后人常说些平时郁闷的话。从此石敬瑭就开始为以后反叛做准备。一方面，在首都的来客面前装出一副病态，说自己没有精力治理地方政务，以此来麻痹李从珂；另一方面，他几次以契丹侵扰边境为名，向李从珂要大批军粮，说是囤积以防敌入侵，实际是为以后打算。

李从珂被他蒙在鼓里，屡次上当，但石敬瑭的部下却看了出来，在朝廷派人慰劳将士时，有的人就高呼万岁，想拥立石敬瑭做皇帝以功邀赏。石敬瑭害怕事情泄露，就将领头的36人杀了。

石敬瑭决定试探李从珂，上书假装辞去马步兵总管的职务，让他到别的地方任节度使，他的意思是，如果李从珂同意就证明怀疑自己，如果安抚让他留任说明李从珂对他没有加害之心。但李从珂却听从了大臣薛文通的主意，薛文通说："河东调动也要反，不调动也会反，时间不会太长，不如先下手为强。"

李从珂就下令派石敬瑭去他处任节度使。

五、儿皇帝

石敬瑭和李从珂的矛盾迅速激化，李从珂向大臣们问计，李从珂对近臣说："一旦我和石敬瑭打起来，该怎么应对？"

一个大臣说："石敬瑭要造反，一定会勾结契丹结盟，他自己成不了气候。契丹整天要和我们'结亲家'，我们一直没有答应。现在到了我们答应的时候了，把我们的公主许配给他们的王子为妻，再每年给他几个压岁钱，他们一定高兴得嘴都合不上，哪里会不从命呢？这样一来，石敬瑭想找事，也掀不起什么浪花！"

另一个大臣赞同道："此计大妙！这样不但能够掐住石敬瑭的七寸，还能省去和契丹对抗的边防军费十分之九，没有比这更好的计策了！"

李从珂一听，龙颜大悦，吩咐大家准备停当，这就要和契丹玩"一家亲"。

然而，李从珂又征求另一个大臣的意见，这个大臣说："您现在是天子，怎么能委委屈屈地像个小媳妇去伺候还没有开化的夷狄野兽？这也太屈辱了！再者，契丹如果要依照惯例娶公主为妻，您舍得吗？"

最后，这个反对和亲的大臣，给李从珂吟诵了《昭君诗》：安危托妇人。

李从珂一听这话，勃然大怒，把前两个大臣招来，骂道："你们就出这样的馊主意？我就一个女儿，你们就想把她遗弃到蛮荒大漠！还想把军费拿去给契丹送礼，你们到底有何居心？"

正如李从珂的前两个大臣所料，石敬瑭独木难成林，他把和契丹结盟定为第一国策。契丹国王耶律德光和后唐明宗李嗣源曾经约为兄弟，而石敬瑭是李嗣源的女婿，所以石敬瑭向耶律德光称臣，并且用"父礼"来对待他。

石敬瑭许诺，事成之后，把幽云十六州割让给契丹。

部下刘知远对石敬瑭说：称臣就行了，没有必要叫他老爸吧，用钱就把契丹的兵买来了，还要许给他们土地？恐怕会成为后世之患！后悔莫及！

石敬瑭说：这些东西又不是我的，哪个有心打天下的人，不是先把天下先许给大家或者别人，等打赢了，有了实力，天下到底是谁的还不知道呢？

耶律德光看到石敬瑭称臣称儿割地的来信，大喜过望，对他母亲说："儿子不久前就梦见石郎送信来，今天果然应验了，真是天意！"于是他回信石敬瑭，许诺到秋天就倾全国之兵去支援石敬瑭。

耶律德光果然亲自带领5万铁骑来帮助石敬瑭，号称30万大军。立足未稳就对石敬瑭说："我打算就在今天大破敌军，你看如何？"

石敬瑭说："后唐军不可轻忽，您车马劳顿，还是明天再说吧。"

石敬瑭话未说完，契丹已经和唐军开战，果然大获全胜！

当天晚上，石敬瑭觐见耶律德光。耶律德光对石敬瑭一见如故，相见恨晚，他握住石敬瑭的手久久不愿放开。

石敬瑭问："您大老远地赶来，兵马都很疲敝，却马上开战而大获全胜，到底是什么缘故？"

耶律德光说："我大军南下，以为各个险要都会有人把守，谁知道派人一看，什么鸟也没有！所以我才能长驱直入，这时我就知道此行必然成功；再者，我方远来，利于速战，旷日持久，胜负未知，我们也消耗不起啊！这就是我取胜的原因，不能够用'以逸待劳'这样的兵家教科书来生搬硬套。"

石敬瑭大为叹服，二人秉烛夜谈，不知东方之既白。

等石敬瑭初步站稳脚跟，耶律德光对他说："我三千里赴难，一定要为你做成些什么，我看你器宇轩昂，见识不凡，很够格做中国大地的一国之主，我打算立你为天子，你看如何？"

石敬瑭辞让数次，再三逊谢，等到将士们都反复劝进，他这才答应登基称帝。同时，幽云十六州划归契丹，每年再输帛30万。

当时主要是后唐的赵德钧率领主力军队和契丹对抗，这个赵德钧也想学石敬瑭，他暗地里送给契丹很多的财物，并对耶律德光说：只要您也立我为帝，我现在就率领大军南下，灭掉后唐，然后我们永远缔结盟好。赵德钧知道耶律德光和石敬瑭"父子情深"，他同时许诺：允许石敬瑭永远做河东的一方诸侯。

当时的战争局势并不很明朗，契丹前有强敌，又怕被人断了归路，左右还被实力雄厚的敌军牵制，所以耶律德光打算接受赵德钧的计划。

石敬瑭听说以后，大为惶恐，他派桑维翰去见耶律德光。

桑维翰对耶律德光说：现在大功垂成，您不能在这时左右摇摆啊！赵德钧能送给您多少好处？等我们成功了，必定超出，哪里是他赵德钧的蝇头小利所能比的？

耶律德光说:"你见过捕鼠的吗？一不小心，就会被咬到手，况且我们面临的是强大的敌人。"

桑维翰说:"现在，您已经扼住了它的咽喉，它还怎么能咬到您？"

耶律德光说:"不是我改变了以前的盟约，但是兵家权谋不得不如此啊！"

桑维翰说:"您用自己的一诺千金来救我们于水火之中，全天下的人都以您为榜样，看着您哪，您怎么一下子就改变了初衷！使您的仁义受到玷污，我很不认可您的做法！"

桑维翰跪在地上。耶律德光顾念和石敬瑭的父子之情，又为桑维翰所感动，于是倒向了石敬瑭，他对赵德钧的使者说：我已经答应了石郎，海枯石烂，我才能变心！

最终石敬瑭联合契丹打败赵德钧，推翻了李从珂，登上帝位。

当上皇帝后，石敬瑭送给契丹的钱财数目非常小，不过就几个县的财政收入而已，常常用人民贫困、自然灾害为借口，很少按照约定数额按期送给契丹财物。

咸鱼翻身——耶律大石

"大石字重德，太祖八代孙也。"

由此来看大石的出身所谓"皇族"，必须上溯至八代，才与皇帝有直接亲缘，他与天祚帝的亲缘关系，恐怕不会比当年"皇叔"刘备与汉献帝近多少。因此，他的父祖并未因"皇族"关系而身居高位或显要，留名后世，而大石也只得以科举考试之路，才能进入统治阶层。史称大石"通辽，汉学，善骑射"。这说明他幼年确实刻苦学习过，既通晓契丹文字，也精通汉字，还掌握了军事技术骑射，这为他以后的文治武功打下了很好的基础。

一、状元郎

虽然是皇帝宗室，但到了耶律大石这一代，已经没有了世袭的官职和爵位。不过耶律大石有学问，他在辽天庆五年的科举考试中取得殿试第一名的优异成绩，即状元。被授予翰林院编修的职务，不久升任翰林承旨。契丹语称翰林为林牙，所以耶律大石在之后很长一段时间内被称为大石林牙，或林牙大石。

按照常理，耶律大石的前途一片光明，最初的发展也确实如此。短短的5年之内，耶律大石先后升任泰州刺史、祥州刺史、辽兴军节度使，成为辽国重要的封疆大吏。

可惜好景不长，皇帝耶律延禧喜爱游猎，腐化堕落，不理国政，百姓造反此伏彼起，统治集团上层内部的争斗愈演愈烈，各部首领也纷纷叛辽。更要命的是，在各部首领之中，有一个人叫完颜阿骨打，他把耶律延禧打得没有办法。大辽王朝处于风雨飘摇之中。

大辽皇帝耶律延禧本人率领5000名亲军突然逃亡，不告而别，从此音讯皆无；留守帝都的重臣们居然找不到皇帝。因此，宰相李处温、奚王萧干等重臣决定拥戴宗室耶律淳为新皇帝，史称天锡皇帝。

耶律大石支持了这次拥戴，从而进入了辽国政权的核心领导层。

面对金国的军事压力，耶律大石分析局势，认为辽国管辖领地十分狭小，只有燕、云、平及上京、中京、辽西六路；因此主张向金国称臣，同宋国结好。

然而金、宋两国都不接受耶律大石的"友好示意"，尤其是宋国，认为这是夺回燕云十六州的最佳良机。

二、保卫燕京

宋国与金国秘密订约，夹击辽国。

宋以援辽抗金的名义集精锐西军20万屯雄州，谋攻燕京。领兵的统帅就是《水浒传》里的童贯，带兵将领是王进、鲁智深从军时的上司老种经略相公种师道、小种经略相公种师中。

大宋统帅童贯派遣勇将杨可世率轻骑数千，直逼辽都城燕京，准备给辽国来个斩首行动，并抢在金军之前夺取燕云十六州。

在杨可世刚刚攻进燕京的关键时刻，辽兴军节度使耶律大石率兵及时赶到，痛击了这支偷袭部队，将其全歼。在这之前，状元郎耶律大石还没有打过仗。

这次胜利使得朝廷对状元郎刮目相看，给了他三万军队。

燕云十六州对大宋有着致命的诱惑，"燕云十六州是中国的"，这句话不知道喊了多少遍。大太监童贯再次派遣大军，浩浩荡荡正面向燕京杀来，自认强大的大宋军给耶律大石发来招降书，"我们优待俘虏，缴枪不杀"。耶律大石撕掉招降书，对将士们说"无多言，有死而已"。然后避开宋军锋芒，率军从上游渡过白沟河，包抄宋军后路，干净利落地消灭了宋军的守桥部队。

东路的宋军害怕退路被截断，仓皇逃走。与此同时，奚王萧干也击退了西路宋军。耶律大石乘胜追击，追杀宋军至雄州才停。

然而金军可不像宋军那么无能，金辽交战，都是金军获胜。

让天锡皇帝耶律淳胆战心惊的是，燕京内始终有传言说杳无音讯的天祚帝耶律延禧随时有可能回来复辟，把他干掉。

耶律淳生活在惶惶不可终日当中，没过几天就死了。

天锡皇帝耶律淳死后，其妻萧德妃被尊为皇太后，临朝称制，朝中大事由她做主，辽国统治集团内部这时发生内讧，宰相李处温暗通童贯，准备劫持萧德妃投降大宋，失败被杀。

辽国又要应付金国的军事压力，又要平息内讧，屋漏偏逢连夜雨，船破又遇顶头风，实在不好办。

股市中，好像也是这样，越是满仓被套，越是出利空，周边股市也大跌。

宋国大太监童贯看到机会，又集结大军卷土重来。

在宋军的压迫之下，辽国涿州汉军守将郭药师投降。辽国门户大开，奚王萧干和耶律大石率两万辽军在泸沟河与宋军对峙。

搞笑的是，降将郭药师带着降军向宋营奔来时，宋军误以为辽军来袭，自己烧掉大营逃跑了。

三、转战游击

然而辽国的好运到此为止，因为金军来了。虽然金军数量远不及宋军，但战斗力恐怖，辽国抵挡不住，放弃了都城燕京。

辽国朝廷内部发生争吵，奚王萧干力主去奚王府立国，因为那是他的地头；耶律大石主张去夹山投靠天祚帝耶律延禧，理由是辽国在西北地区还有相当可观的实力。

关键时刻，耶律大石斩杀持有异议的驸马萧勃迭，并传令军中："有敢异议者，斩！"

实力派人物奚王萧干当然不会听耶律大石的号令，他领着自己的部队回了奚王府，而耶律大石则挟持萧德妃，率领残军投奔藏在夹山的天祚帝。

天祚帝耶律延禧对投奔自己而来的这些官兵极为不满："我还在呢，你们怎么敢立新皇帝？"

耶律大石是翰林出身，伶牙俐齿："陛下以全国之势，不能拒一敌，弃国远遁，使黎民涂炭。我们立的新皇帝，也是太祖子孙，岂不胜投降他族吗？"

这些话义正词严，耶律延禧无言以对，下令赐给耶律大石酒食，赦免全部来投官兵，杀了萧德妃，反革命头子不能饶了。

前翰林承旨耶律大石毕竟是天祚帝耶律延禧的近臣，以前就很信任，现在又带领一大票人马不远万里前来投奔，天祚帝就让耶律大石统率这支军队进攻金军。然而这时的金军战斗力实在强悍，耶律大石率领的残兵败将不是对手，耶律大石本人也做了俘虏。

金军都统宗望，用绳子绑住大石，强迫他带路，袭击天祚帝在阴山一带的大营，成功俘获天祚之子秦王等宗室多人，得车万余乘。

看吧，"老虎凳、辣椒水"谁能抗住，耶律大石这样的硬汉被敌人抓住，不也得给敌人带路？

这次的金军偷袭，天祚帝恰巧去应州了，得以幸免于难。

完颜阿骨打对这仗非常高兴，特下诏奖励有功人员，并说："林牙大石虽非降附，其为向导有功劳，也要通报表扬。"

不管是出于自觉自愿，还是被强迫，为敌人带路总是人生很不光彩的一页，所以《辽史》中的"西辽始末"讳莫如深，只字不提，也可能是大石对朝廷隐瞒了带路袭营的情节，只有《金史》依据金朝的档案，才如实地记载了大石被俘后带金军袭击天祚帝大营的事实真相。

在金国，完颜阿骨打对有才华的林牙大石非常喜爱，还赏给他一个美女当老婆。

要说留在金国，耶律大石也能混得不错。但是，他在骗取了完颜阿骨打的信任后，趁金军没注意逃离金营，还带走了七千人马，回到天祚帝的行营。

漏网之鱼天祚帝得到这支人马，同时又征调到了仍然还忠于大辽朝廷的阴山室韦部落的武装。一向胆小的天祚帝一下子得到了两支武装，认为这是天意相助，忽然就大胆起来，雄心勃勃地准备要进攻金军，恢复国土。

耶律大石认为不可，说："自金人初陷长春，辽阳，则车驾不幸广平淀，而都中京。又陷上京，则都燕山，又陷中京，而幸云中，自云中而播迁夹山，向以全师不谋战备，使举国汉地皆为金有。国势如此，而方求战，非计也。当养兵待时而动，不可轻举。"

耶律大石不仅才华横溢，而且有些桀骜不驯，这话说得有点激烈不敬。

天祚帝没有接受他的建议，坚持出兵，两人矛盾激化，大石杀天祚帝的亲信萧乙薛和坡里括，率铁骑二百，乘夜离开天祚帝行营。

耶律大石出走后，天祚帝出兵夹山，先取得小胜，但很快被金军主力打败，将领多降，天祚帝也当了金军的俘虏。不听好人言，吃亏在眼前，良言难劝该死的鬼。

四、建立西辽

1122年，辽王室贵族耶律大石率众西撤，打算向阿拉伯借兵复国，一路上不断地收复辽国残军。

1123年，耶律大石率4万契丹军队兵分两路进入西域；为数不多的一支兵力南下喀什噶尔，准备打通帕米尔通道西进，结果遭到东部喀喇汗王朝的有力抵抗而告失败；而由耶律大石亲自率领的北路军在穿过伊犁河谷后，却受到八拉沙衮一带早年已居此地的同宗的热烈欢迎，再加上这一带康里人与葛逻禄人大规模起义的配合，耶律大石在北线的军事行动获得了出乎意料的胜利，大败了这个区域的几个政权。

1124年，耶律大石改八拉沙衮为虎斯斡鲁朵，之后挥兵西进，顺利攻占了中亚大部分地区。这一年，38岁的耶律大石在中亚起尔漫城（在乌孜别克斯坦的布哈拉与撒玛尔罕之间）宣布建立喀喇契丹王朝。

西辽后扩张到中亚，首都虎斯翰鲁朵，一时成为中亚强国。

真可谓：人挪活，树挪死。炒股也应这样，如果不顺，别在一棵树上吊死！

第一部分 人 物 志

歌手——王杰

15岁那年，王杰还是个半工半读的少年。有一次在茶楼打工，肚子太饿了，客人埋单离去后，他趁人不注意偷吃了一个客人剩下的叉烧包。谁知被经理看见了，他硬说王杰偷吃茶楼的食物，王杰死不承认，经理恼羞成怒给了王杰一个耳光。当时一阵眩晕，眼泪不受控制地流下来了，且王杰还是被开除了。

王杰一边哭一边走回租住的地方。其实那只是一个两层铁架床的上层，香港称之为"笼屋"。王杰跟住在他隔壁床位的老伯哭诉，老伯慈祥地安慰着王杰，他问老伯："为什么我的命这么苦？12岁爸妈就离婚不要我了，上学受人欺负，打工也被人冤枉，难道我注定要一辈子倒霉吗？"

老伯看着王杰好一会儿，突然笑出了声："嘿，小鬼头，胡说八道！谁告诉你人是要被注定的，要是这样那还有什么惊喜，连做百万富翁也没什么意思了，你这个小笨蛋！"说完老伯便去上班了。老伯是个当夜班的保安员，平时喋喋不休，王杰向来把他的话当耳边风，但他这一句"人是不可能被注定的"却把王杰一言惊醒。

王杰热爱音乐，无论路有多难走，他都决心走下去，因为这样他才可以一生无悔，由坚持开始，自己给自己打着气，王杰的执着、信心来了，10年之后，《一场游戏一场梦》面世了。

《一场游戏一场梦》是王杰的第一张唱片，它也是王杰命运的转折点。唱片上市的第一天，公司的一位"前辈"讽刺他："王杰，你的唱腔实在太奇怪了，你觉得你的新唱片能卖多少？"他的眼神不太友善，但王杰还是很坦诚地说："应该可以卖到30万张吧。"没想到，不到半天，王杰的回答就被当成笑话传遍了公司，甚至有人见到王杰就开始叫他"30万"。在他们眼里，王杰是想一夜成名想疯了。看着他们的嘲笑，甚至连唱片的制作人都不帮王杰说句话。王杰只有在心里默念着老伯曾经说过的话，告诉自己：人是不可能被注定的，能否改变命运，就靠这一次了。唱片推出的第七天晚上，王杰下班后坐计程车回家。车窗外不断闪过美丽的夜景，闪烁的霓虹灯照耀着街上的夜归人，王杰却无心欣赏，一想到将来，想到自己夸下 30 万的海口，心就一阵阵刺痛。

隐约中，计程车的收音机里传出一个悦耳的声音：接下来播放的是本周流行榜的冠军歌曲。一阵音乐的前奏响起，熟悉的旋律让王杰的心开始狂跳。主持人继续说："本星期的流行榜冠军歌曲，就是王杰的《一场游戏一场梦》。"那一瞬间，王杰泪流满面。

第二天，王杰推开唱片公司大门，所有人的脸都在看到他的一瞬间挂上笑容。之后，王杰听到很多恭喜的声音，并不断向他们说着多谢。

不知道王杰的这个故事算不算是一场游戏一场梦。改变命运的时刻已经过去，而王杰也彻底相信了，人是不可能被注定的！

后来，《一场游戏一场梦》销量超过 1800 万张，可能大家不相信，其实王杰从来没有觉得自己红过，而后来他发生感情突变，甚至在官司中家财散尽，一切从头开始，他再也没有觉得气馁。

在世事动荡中，王杰对那位老伯的话有了更加深切的体会，人的一生是不可能被注定的，人来到了这世上，就是为了体验惊喜与激情，同甘共苦时，跌宕也难免。有过不一样体验的人才是真正幸福的人，就像那位老伯，他只是个守夜的，可是谁能想到他心里的快乐与富足呢？所以，尽一切可能改变自己，丰富自己，享受生活中的各种惊喜，这才是人们来到这个世界的目的！

这是香港歌手王杰的传奇经历。

包括笔者在内的中国股市操盘投资人大多有类似于王杰的经历。人生，三分依天运，七分靠打拼！充满希望、有信心地坚持努力非常的重要，尤其是在 36 岁以前。笔者在 36 岁的时候，总资产都没有超过 30 万元，现在有时一天就能赚到这个数。

每当笔者在人生遇到困难的时候，都要听一下王杰的歌曲《是否我真的一无所有》，或者是看一遍美国励志电影《肖申克的救赎》。

第一部分 人　物　志

没法说——李成栋

历史上总有一些说不清楚的人物，李成栋就是这样的，一生反复的大起大落。

一、李诃子

李成栋早先曾经参加明末李自成的农民起义，绰号"李诃子"，长期跟随李自成的部将高杰（绰号"翻山鹞"），后来随高杰投降南明，弘光时任徐州总兵。

1645年，高杰在睢州被许定国刺杀，清兵南下时，李成栋奉高杰的妻子邢氏之命投降了清朝。

二、嘉定三屠

清军占领南京后，基本上已经控制了江南。多尔衮在接到攻占南京的捷报后，即遣使谕豫亲王多铎，命令"各处文武军民尽令剃发，倘有不从，以军法从事"。在危难关头，江南各地的汉族绅民不愿意执行剃发令，群情激奋，纷纷自发举兵抗清。

清朝委派的知县颁布剃发令后，嘉定百姓愤愤不平，拒不从命。有人征询著名乡绅侯峒曾的意见。他毅然回答："听说太史徐汧不愿意剃发自杀了，大家何不奋义？即不可为，乃与城存亡，未晚也。"也就是说，他反对徐汧的这种只顾自身名节的消极抵制，主张积极地起兵抗清。

于是侯峒曾带领两个儿子侯玄演、侯玄洁，进士黄淳耀及其弟黄渊耀入城倡义反清复明。他们同当地士绅商议后，决定率领百姓上城画地而守，并在城上竖立白旗，上面写着"嘉定恢剿义师"。

嘉定绅民起义反清后，清吴淞总兵李成栋立即领兵五千来攻。

嘉定城在黄淳耀的领导下，重新用土石加固了城墙，并且派了一个密使前往在苏州与松江一带活动的复明分子吴志葵那里，请求立即给予增援。8天后，吴志葵派来的援军终于赶到了。然而，这支由蔡乔率领的队伍只有

300人，而且兵器不行，转眼间就被李成栋的部队拦截击溃了。嘉定城的老百姓现在意识到，只有完全依靠自己了。

侯峒曾、黄淳耀等人本来想借用城外乡兵遏阻清兵。可是，乡兵都是临时组织起来的农民，根本没有作战经验，人数虽多，实际上处于一种无序无领导的状态，难以同正规清军作战。双方才一交锋，乡兵就不战自溃，"走者不知所为，相蹈藉而死"，许多人被挤入河中淹死，"尸骸乱下，一望无际"。

不过乡兵经常能消灭一些小股的清兵，李成栋的弟弟就在乡兵的一次伏击中被杀死。李成栋恼羞成怒，亲自率领全部人马进攻城北的娄塘桥，大部分乡兵都聚集在这个地方，于是上万的农民在这里被杀死。

三天后的黎明时分，在红衣大炮的隆隆炮声中，李成栋下令攻城。次日城破，侯峒曾奋身投入池中，被清兵拖出斩首，他的儿子侯玄演、侯玄洁同时遇害。黄淳耀躲进一座寺庙，在墙上写下一段悲壮之词后，上吊自杀。

出于野蛮的报复之心，李成栋下令屠城，清军"家至户到，小街僻巷，无不穷搜，乱草从棘，必用长枪乱搅"，一心要杀个鸡犬不留。当时的惨景，有亲历者朱子素的《嘉定屠城略》作证："市民之中，悬梁者，投井者，投河者，血面者，断肢者，被砍未死手足犹动者，骨肉狼藉。"可谓一幅活的人间地狱图。

像扬州城被破的情况一样，妇女们惨遭强奸。如遇抵抗，这些前南明军队就用长钉把抵抗妇女的双手钉在门板上，然后再肆行奸淫。一顿杀戮过后，李成栋的属下又四处劫掠财物，见人就喊"蛮子献宝"，随手一刀，也不砍死，被砍人拿出金银，前南明军队就欢跃而去；腰中金银不多者，必被砍三刀，或深或浅，刀刀见骨。当时"刀声割然，遍于远近。乞命之声，嘈杂如市"。大屠杀持续了一天，直到尸体堵塞了河流，有三万多人遇害。这就是史册上臭名昭著的嘉定屠城。最后，这五千拖着大辫子的汉人清军竟抢夺三百大船的财物，统统在李成栋的指挥下运离嘉定。

但嘉定城的劫难仍然没有结束。李成栋大屠杀后的三四天，侥幸逃脱的嘉定幸存者开始溜回城里。中国人普遍有种强烈的乡土情结。黄河边的原住民宁可坐以待毙，也不愿乔迁他乡；即使政府强令迁徙，没多久，他们也会回来，不管当地多穷多苦。嘉定的绅民也是如此，他们回城后看到如此惨状，立即在一个叫朱瑛的义士领导下，重新集结起来，共两千多人。朱瑛领导着幸存者们在这座残破的城市展开了一场反屠杀运动,处死了归降清军的汉奸和清军委派的官吏。

同时,在嘉定城外,一支被打散的乡兵队伍聚集在葛隆和外冈,他们一旦发现那些剃了发的人,就将这些人当场处死。李成栋的一支小分队也被这群乡兵歼灭。李成栋狂怒下派了一支大军进入葛隆和外冈,屠杀了所有的居民。这两个城镇也被夷为平地。

李成栋任命的新县令浦嶂为虎作伥,领着李成栋的军士直杀入城里,把许多还在睡梦中的居民杀个精光,积尸成丘,然后放火焚图。浦嶂不仅把昔日几个朋友娄复文等人全家杀尽,还向李成栋进言:"若不剿绝,必留后患!"清军杀得兴起,嘉定又惨遭"二屠"。在"二屠"之后,富裕嘉定的所有人都变成了雇农成分。

20多天后,原来南明的一个名叫吴之番的将军率余部反攻嘉定城,周边民众也纷纷响应,竟在忽然之间杀得城内清兵大溃出逃。不久,李成栋整军反扑,吴之番所率兵民大多未经过作战训练,很快就溃不成军,吴之番也提枪赴阵而死。李成栋军第三次攻城,不仅把吴之番数百士兵砍杀殆尽,顺带着又屠杀了近2万刚刚到嘉定避乱的民众,血流成渠,这就是著名的"嘉定三屠"。

三、除灭两帝

李成栋因"赫赫"功劳,被提拔为江南巡抚。

不久,清廷又把他调往东南,派他去平灭南明的另一个皇帝隆武帝。

虽为英明之主,隆武帝却一直为郑氏集团所架空。以郑芝龙、郑鸿逵、郑芝豹、郑影为首的郑氏家族,都是大海盗头子出身,数十年横行福建、广东、浙江一带沿海,兼商兼盗,崇祯初年受招安后,趁天下大乱之际一直忙于扩大地盘,充实实力。郑芝龙等人推举隆武帝,其实也是看上了这位爷"奇货可居",朝中一切实权都掌握在郑家手里。郑芝龙从小就不是好人,不到20岁,就因为勾引后妈被父亲驱逐出家门为盗,比汪直还坏。

郑氏家族不仅傲慢无上,还卖官鬻爵,大肆搜刮百姓,狠毒凶暴甚至超过弘光朝的马士英、阮大铖,以至于受害者希望清兵打过来解放。

一帮发迹的海盗奸商,经营朝政仍同经营生意一样,如此,其后果可知。同时，由于当时另一个宗室鲁王朱以海在绍兴也称监国，两个朱明同姓政权也产生龃龉，最后竟闹出互杀来使的事情。

不出意外的，李成栋的清军在南方等地一路大胜。

逃亡的隆武帝在汀州刚刚歇过一口气，转天凌晨，就有大队身穿明军军服的人叩汀州城门，声言护驾。守门士兵不知是计，城门一开，原来都是李成栋派出的化装的清军。隆武帝闻乱惊起，持刀刚入府堂，为清军乱箭射杀，同时遇难的还有其皇后曾氏和不满月的皇子。

1646年12月14日，李成栋派三百精骑兵从惠州出发，连夜西行，从增城潜入广州北。清军十多人化装成舢公，从水路大摇大摆乘船入城，然后上岸，直到布政司府前他们才在众人面前掀掉头上包布，露出剃青前额的满人发式，挥刀乱砍，大呼："大清兵到！"

"鞑子来了！"一句惊呼，满城皆沸，百姓民众争相躲避，乱成一锅粥。说来也真是奇怪，能征善战如李自成的"大顺军"，杀人如麻如张献忠的"大西军"，即使是出生入死、血斗冲杀无数次的明军勇兵武将，只要一声"鞑子来了"，个个亡魂皆冒，立时溃散。300人就把偌大的广州给解放了。

入城的清兵很快杀掉广州东门守卫，大开城门，数百清兵策马冲入，大红顶笠满街驰奔。绍武君臣这才知道清兵真的杀到，无奈大兵都西出和自己人永历军交战未返，宿卫禁兵也一时召集不全，一时间作鸟兽散。

情急之下，绍武帝易服化装外逃，但最终在城外被清兵抓住，关押在府院。

射死一帝，又生擒一帝，至此，李成栋的灭明之功臻至高峰。

四、反清归明

在清廷进兵江南的过程中，李成栋奉命率部沿江苏、浙江、福建、广东、广西一线进攻，为清廷收取了大片疆土。特别是在清军第一次进攻广东和广西部分州县的战役中，李成栋起了关键作用。他自以为功勋卓著，两广总督一职非己莫属。不料论功行赏之际，清廷重用"辽人"。

佟养甲属于辽阳世家。努尔哈赤进攻抚顺时，他的同族兄弟佟养正叛变投降，佟氏家族一部分为明朝在辽阳所杀，一部分被押进山海关内拘禁。佟养甲的父亲就是被押进关内受冤而死。佟养甲为了避祸，改名为董源，投入左良玉幕下。1645年清军南下，他投靠清军，恢复姓名，立即受到满洲贵族的信任。占领广州以后，尽管佟养甲没有多少军队，也没有多大战功，却被封为广东巡抚兼两广总督。李成栋只落个两广提督，不仅无权过问地方政务，而且在军事行动上还要接受佟养甲的调度和节制，两人原先的同僚地位变成了上下级关系。清廷重用"辽人"而做出不公平的对待，对于野心勃勃的李成栋来说是难以忍受的，内心的不满逐渐积累起来。

1648年正月，江西提督金声桓、副将王得仁反清归明的消息传来时，李成栋认为时机成熟，决定反正易帜。四月十五日，他在广州发动兵变，剪辫改装，用永历年号发布告示，宣布反清归明；总督佟养甲仓皇失措，被迫剪辫，违心地附和反正。广东全省都在李成栋的部将控制之下，各州县官员望风归附。广西巡抚耿献忠也在梧州同梧州总兵杨有光、苍梧道陈轼率部反正，并且立即派使者进入南明辖区报告两广反清归明，接着李成栋的使者带来了正式贺表和奏疏。

当时，永历朝廷正处于艰难窘迫之中，广东全省和广西已失府州的突然反正简直是喜从天降，开初都不敢相信，经过几天的探听，特别是原已降清的广西巡抚曹烨、高雷巡抚洪天擢等人前来朝见，说明原委，永历君臣才消除了疑虑，顿时一片欢腾，收拾逃难行装，准备重整河山了。

李成栋决策反清归明也不是一下子拍脑门的行为，内幕情况在南明史籍中记载分歧。促成他决心反正的原因除了上面说过的清廷歧视政策以外，还有三个原因：一是张家玉、陈子壮、陈邦彦等人的誓死抗清，杀身成仁，使他这位明朝降将不能无动于衷，尽管他亲自镇压了这些抗清战斗，他的良心并未完全泯灭；二是在广东的一部分原明朝官绅如大学士何吾驺、吏科都给事中袁彭年等人心不忘明，当他们察觉李成栋同佟养甲（实际上是同清廷上层）有矛盾对立倾向，立即抓住机会暗中策动李成栋反正；三是李成栋的爱妾赵氏以死相激成为反正的导火线。不知为什么，大明的女人反而比男人更爱国。

广东反正之后，永历帝下诏封李成栋为广昌侯，佟养甲为襄平伯，升耿献忠为兵部尚书。不久，又晋封李成栋为惠国公。李成栋特意派使者迎请永历帝来广东，但大学士瞿式耜等人认为朝廷如果迁到广州，势必为李成栋操纵，重新上演当初刘承胤的闹剧，因而表示强烈反对。几经商讨，最后才决定以永历帝即位的肇庆为行在。

李成栋反正初期,对永历帝忠心耿耿,颇能尊重朝廷,恪守臣节。尽管广东全省和广西梧州等地是由于他反正而归入南明版图,他却主张地方官员应该由朝廷任免,而不是由他自己掌控,并特意嘱咐布、按二司说:"皇上到,造册一本送部,或用,或不用,或更调,听部为之。"然而,没有过多久,李成栋就发现永历朝廷从上到下窃权弄私,几无功过是非可言。这给李成栋的热情带来了极大的伤害,也影响了他的作为。

李成栋是个勇将,曾经战无不胜、攻无不克,但他在反清后却毫无建树,与清军对敌几乎也是一战即溃。由此可见,历史人物几乎是完全受环境和局势所控制的。

清满汉主力由赣州出发,向李成栋驻扎的信丰进攻,李成栋挥军迎战。

然而,李成栋当年为清廷从北打到南无敌手的威风再也没有出现,很轻易地就被清军打败,李成栋不得已退入城中。

清军开始攻城。当时信丰东门外桃江河水泛涨,无法渡河。清军便在西、北两门外和南门旱路上挖濠栽桩,防止明军突围。李成栋部下军心不稳,见清军对东门未加防守,便蜂拥出东门渡河逃窜。清军轻而易举地占领了信丰,一边对城中居民滥加屠杀,一边乘势尾随追击。

明军大乱,将领纷纷逃窜,李成栋在渡河时坠马淹死。

海盗——汪直

这是一个海盗的故事。

一、海禁

朱元璋建立大明朝后,担心流亡海外的原方国珍、张士诚旧部与内地反明势力勾结起来反攻大陆,出台了"申禁人民不得擅出海与外国互市"政策,核心内容是"双不",即既不让中国人出海经商,也不让外国人登陆贸易。外国商人擅自进入,就要以盗论处,不管你是不是海盗;中国人一旦违反,擅自出海,初犯,当众刺穿双耳,再犯,立即处死。

历史上汪直所在的家乡徽州歙县地域，人穷地薄，无以聊生，所以经商成为当地人的一条主要生计，徽商之所以能成为中国古代最大的商业群体之一，原因即在于此。

据《歙志》记载，相传汪直在出生时，其母汪氏曾梦见有大星从天上陨入怀中，星旁有一峨冠者，汪氏遂惊诧地说道："此弧星也，当耀于胡而亦没于胡。"

大雪纷飞，草木皆为结冰。

稍长后，汪直闻听母亲讲述关于他降生时的异兆，独窃喜曰："天星入怀，非凡胎也；草木冰者，兵象也。天将命我以武显乎？"

小时候，家里不富裕，但是小汪直已有任侠气，等大一些后更显露出脑瓜活、为人比较大方的优点，人缘很好。

汪直年轻时做过盐商，但因明制森严，动辄触禁，官员老是无故生事，汪直感觉没有海外逍遥。

嘉靖十九年，汪直和朋友徐惟学、叶宗满等在广东打造海船，开始创业，做起外贸生意。

由于海外贸易是非法活动，刚开始汪直依附于徽州府歙县同乡的许栋集团公司，主要在浙江海岸一带做生意。

汪直的海外贸易经历最早应该是在东南亚开始的，那些地方物资贫乏，汪直的商品都是他们的生活必需品，贸易可以带来不错的利润。但是，这生意是朱家天下万年永固的朝廷不许可的，从做生意开始起，汪直也开始了自己的人生不归路。

不久，汪直发现了新市场。

二、五峰船主

当时的日本，正好处于战国时代，军阀混战，什么东西都缺。而汪直却什么东西都有，而且不仅仅限于生活用品。因为汪直还有更牛的商品，那就是枪。有人会疑问：难道汪直有兵工厂吗？答案当然是否定的了，那么枪从何来呢？那当然是贸易了，因为汪直就是做商人生意的。

这时的葡萄牙在全世界扩张，穷得叮当响，对中国的瓷器和丝绸仰慕得不得了，但是又没有钱买，于是只好拿枪换了。而且还生怕汪直不要他们的破铜烂铁，不惜贱价出售。得了便宜的汪直马上把枪卖给了混战的日本人，从而获得了更高的利益。

在海上航行，最怕的是海盗。面对海盗的抢劫，汪直从郁闷逐渐转为恼火。因为他的船队运的不是什么日用商品，而是军火。你们海盗瞎眼了啊？连军火也敢抢？于是汪直组织了自己的护船队，成立了自己的私人武装。

16世纪正是欧洲海权开始向全球扩张的时候。海上力量都是首先在民间崛起，然后获得政府背书。比如与汪直同时代、出生于英国德文郡贫苦农民家庭的大海盗——弗朗西斯·德雷克，就获得了英国女王伊丽莎白一世的全力支持，通过贸易和战争，不但帮助女王获得了巨大的财富，还帮助英国打败西班牙"无敌舰队"，确立了英国海上霸权，并最终被封为勋爵、海军中将。

汪直开始也在努力获得大明政府的承认。所以，早年他主动和明朝地方政府合作，共同剿灭海盗以及真正的倭寇，维护海上秩序，保护正常的海洋贸易。然而，这与明帝国"片板不得入海"的海禁政策格格不入。1552年，新任地方政府官员恢复强硬政策，利用汪直的信任，偷袭了汪直位于宁波外海30公里处的双屿岛贸易基地。

双屿被官军偷袭后，逃脱的汪直收余众北上烈港盘踞，此处距舟山县城30公里。

此时，汪直虽已取代了许栋原先的武装走私犯罪集团头子的地位，但是他也存在着强大的竞争对手，横港海盗走私犯罪集团头子陈思盼便是其中的一个。

嘉靖三十年，汪直率众攻入横港，黑吃黑杀了陈思盼，强夺了其船队。

至此，汪直确立了自己在海盗武装走私犯罪集团的地位。

此时，汪直得意扬扬，自号"五峰船主"。附近海域船只只有插了他的"五峰旗"方能进退。实力最为鼎盛时，汪直拥众20万人，巨舰百余艘。尽管在海上纵横，但汪直始终想为自己的走私犯罪活动谋取"合法经商"的地位。

用金帛厚贿浙东地方官员，并与驻浙江的明军开展有限度的军事合作。浙江部分军政官员的私下许诺与庇护，令汪直产生了有"靠山"可恃的错觉。他公然在舟山开始进行大规模的走私贸易。

浙东的异常行为，引起了朝廷的警惕。于是，廷臣经过会议，任命王忬为浙江巡抚，提督沿海军务。王忬起用被废置多年的名将卢镗，并征调驻守广东的参将俞大猷、汤克宽率部来浙江。

嘉靖三十二年闰三月，王忬遣俞大猷等人率兵夜袭烈港。汪直猝不及防，于慌乱中乘船仓皇逃跑。在中国沿海无处藏身的汪直携残部去了日本，暂住平户与萨摩一带岛屿。

三、壬子之变

在日本，汪直与肥前大名浦隆信私交很好，在他招聚人马时，日本浪人多郎、次郎、四助四郎等都加入了他的船队，汪直还造巨舰。联舫是一种船，船身长120步，可容2000人，上可驰马。积聚实力，图谋反噬。

这时，汪直的私人贸易武装成为中国沿海势力最强的海商集团，拥有兵众20余万人及载重120吨以上巨舰百余艘。这规模，堪与后世的郑芝龙、郑成功父子的海上郑氏王国相媲美。

当时的日本国四分五裂，由冷兵器时代向热武器过渡，当时日本各个家族兵力大概也就三千，最强的诸侯也只有几万人。

而汪直则有多达五千人的装备精良的武装。汪直的船队经常是耀武扬威地经过日本海，诸侯大名反而还要派兵护送汪老板的船队。如果汪直有什么政治野心的话，有人、有钱、有先进武器，无论是在日本还是在中国，他都有可能翻起更大的波浪。但是，汪直就是一个商人，只认钱，别的没有更多的想法。

嘉靖三十三年四月，准备好的汪直带着报复心理，驾百余艘巨舰而来，浙江与南直隶数千里地面同时告警。八月，汪直率部攻克嘉定县城，沿途剽掠，复趋入江北，大掠通州、如皋、海门诸州县，进窥山东。史称"壬子之变"。

复仇的恐怖军事行动中，汪直的手下尽量把自己的发式装扮成日本浪人的模样，并用倭刀作为近战武器。唯恐国人知道是他这个汉奸在作恶。

在烈港战役前，明朝的官方文书还将汪直等人称为"舶盗"，而非"倭寇"。但自嘉靖三十三年后，"倭寇"一词就屡屡出现在邸报中。汪直也确实变成了一个彻头彻尾的海盗。

实际在这些"倭寇"中，真正的日本人极少，且地位较低。在攻战之时，"真倭"往往冲在前面，一旦攻下城堡，剽掠获利的却是汪直手下的"假倭"。

兵力不敷调遣，王忬无力阻挡如浪潮一般的袭击，接连丢城失地，嘉靖皇帝只得另命徐州兵备副使李天宠代任，可浙江倭患越发不能抑制。

之后，数名封疆大吏相继在浙江剿倭战事中折翼，而汪直的"倭寇事业"却达到了顶峰。在占领浙江黄岩府后，汪直身穿绯袍佩玉带，张金顶黄伞，剃日本人的发式，50多名佩带倭刀的武士环立左右，自称"净海王"。

四、诱降

嘉靖三十五年二月，胡宗宪出任浙江、南直隶总督。他认为，倭寇杀之不尽，不若诱降。胡宗宪将汪直的母亲与妻儿接到杭州作为人质，并于当年九月，派宾客蒋洲与陈可愿出使日本，与汪直接触。

此时汪直仍然是以战谋和，希望通过军事上的优势，迫使明帝国开放自由贸易，并没有想与大明朝为敌。但是，他接待蒋洲与陈可愿的时候，对胡宗宪还是信不过。

碰了壁的胡宗宪没有灰心，很快他的参谋徐渭（徐文长）就想到了另外一个妙计——招安！胡宗宪派使者请汪直的养子毛海峰上岸饮酒，胡宗宪假装喝醉，毛海峰将其扶回房内，看见许多讨伐汪直的文书，但在最后看见了胡宗宪的请求招安的文书，骗取了汪直的好感。

此时，汪直也有些苦衷。当初，汪直率日本浪人入犯，大获其利，日本各岛浪人纷纷随军。而在俞大猷的反击下，日本浪人多有死伤，引起了家属的愤恨。

作为商人，汪直的野心并不大，因为只是想要一个地位，那就是自由通商的权利。虽然胡宗宪给不了他这个要求，但是并不代表不能糊弄汪直。

在这一情形下，汪直将蒋洲扣留在日本，令义子毛海峰跟陈可愿一道回到国内。毛海峰带来了汪直的答复"愿意听从胡公的命令，但要允许他走私合法"。

嘉靖三十五年十月，汪直从日本扬帆起程，至舟山群岛的岑港下锚停泊。而胡宗宪为了"请君入瓮"，事先做了布置。命总兵卢镗驻守舟山附近海面。

为此，汪直心存疑虑。他派人向胡宗宪传话说："我等奉命前来，胡公应派使者远迎，而今盛陈军容，胡公是诳我吗？"他让胡宗宪派一名贵官为人质。胡宗宪立即派遣指挥夏正与毛海峰同往。

果然，汪直见有朝廷命官亲身前来，便不再怀疑。至此，于嘉靖三十五年十一月，汪直被诱入胡宗宪府邸。

由于胡宗宪害怕担当责任，他根本没有开放海禁的权力，就把汪直移交给了杭州谒巡按王本固，嘉靖三十七年二月五日被王本固诱捕，三司集议时曰："汪直始以射利之心，违明禁而下海，继忘中华之义，入番国以为奸。勾引倭夷，比年攻劫，海宇震动，东南绎骚。……上有干乎国策，下遗毒于生灵。恶贯滔天，神人共怒。"

胡宗宪建议："汪直等勾引倭夷，肆行攻劫，东南绎骚，海宇震动。臣等用间遣谍，始能诱获。乞将直明正典刑，以惩于后。宗满、汝贤虽罪在不赦，然往复归顺，曾立战功，姑贷一死，以开来者自新之路。"

明世宗嘉靖下诏：把汪直斩首。

嘉靖三十八年十二月二十五日汪直被斩首于杭州省城宫港口，临刑前见儿子最后一面，儿子抱住他哭泣，汪直拿一根金簪授其子叹曰："不意典刑兹土！"至死不挠。其妻子被赏给功臣之家为奴。

毛海峰得知汪直下狱后，诛杀肢解人质夏正，噩耗传来，胡宗宪"亲临海边望祭之，恸哭不已，军将皆坠泪不能仰视"。

汪直被处死后，由于群龙无首，倭寇之患重又严重起来。

谈迁云："胡宗宪答应汪直以不死，其后由于朝廷议论汹汹，就不敢替汪直求情了。假如饶了汪直，灵活地管理海上贸易，福建、广东、浙江亦不至于再度战乱了。"

但是，汪直死了也有个好处，海盗群龙无首，最终被戚继光各个击灭。

五、后话

作为当时全球最强的海上力量之一，军事上无法获胜的明朝，利用汪直的故土亲情心理诱捕了他。据记载，汪直甚至在狱中临死前仍试图说服朝廷认识对外贸易的好处。

汪直的人头落地,不但使东南海域的海上贸易秩序崩溃并最终导致大规模倭乱真正开始,而且不可避免地成为了世界史的一道分水岭:在欧洲人迈向海洋,人类第一次全球化曙光到来的时刻,明帝国主动扼杀了自己的海上力量。

不倒翁——冯道

冯道,字可道,名字取自《道德经》第一句:"道可道,非常道。"他于道家宠辱不惊一道,可谓深得其髓!

一、刘守光时代

冯道,字可道,自号长乐老,瀛洲人,祖上有时务农,有时教书,地位都不显赫。

冯道从小受到家庭的影响,酷爱读书,文章写得很好。他沉稳忠厚,不挑剔吃穿,只知读书,即使是大雪封门,尘埃满座也要先读书,书虫冯道在本地出了名,占据幽州的刘守光慕名将他召去做了幕僚。

刘守光识人稍有点灵光,玩政治则不太聪明。有点不自量力,实力不行还总想扩充地盘,还妄想称帝,这不是自己给自己树敌吗?与聪明人在乱中"缓称王"的路数反着来。

冯道此时年轻气盛,多次劝阻,惹得刘守光一怒之下将他打入大牢,幸好朋友相救,这才脱险。

二、李存勖时代

刘守光不出意外地出了灾祸,被李存勖俘虏后杀害,冯道投入河东当一个小官,大管家张承业很欣赏他的文采,将他保举给了李存勖,做了掌书记。后梁和后唐沿黄河反复激战。

冯道在后唐做书记官,得到少帅李存勖器重。冯道选择住在一个茅草庵中,不仅无床,连席子也没有,直接睡在一束干草上。收入奉行"月光"政策,和他的跟班杂役们在一个锅里吃饭。似乎觉得冯道的生活实在无趣,一些外出的将官掳掠到女色后，主动给冯道送来。冯道推迟不下，只好收容，然后打探其家人信息，一经确认就派人送回。

有一天，文武双全、性格直率的大将郭崇韬对李存勖说："将领们的饭太奢侈，陪吃的闲散人也太多，导致供应不足，请您下令降低标准。"

李存勖是个打仗的天生高手，但也是个花花公子，不但他自己喜欢吃好的，打仗时还带着几个歌手玩。

郭崇韬的建议惹恼了李存勖，少帅一气之下，说让大家另选主帅，并让冯道起草这个命令。

冯道执笔久之不写，李存勖厉色催促。

冯道劝道："郭崇韬言语有失，不听就行了，但不能分散将士之心。假如敌人得知，一定认为我们君臣不和，那就给了他们可乘之机，请三思为好。"

李存勖醒悟过来，马上消了气。

一会儿，郭崇韬也来向李存勖谢罪，这件事就这么平息了。

不可思议的一件事是，在后梁被后唐所灭之际，李存勖称帝，冯道的父亲去世。当时，大部分官员将领都在抢着论功劳、排座次，冯道却急如星火地回乡奔丧，对官位毫无依恋。

服孝期间，家乡闹饥荒，冯道便将自己家里的财物全部拿出来救济乡亲，自己住在茅草屋里，当地的官吏送来的东西他都没有接受，当时契丹也素闻冯道大名，想偷袭将他抢走，由于边境守军严密防备，这才没有得逞。

冯道在家乡丝毫没有官架子，常常下地劳动，也上山砍柴，对一些缺乏劳力的人家他也尽力帮助。

三、李嗣源时代

守孝期满后，他又回到京城，这时的皇帝已经是明宗李嗣源了。

李嗣源久闻冯道大名，问重臣安重诲原来的那个冯道郎中在哪里，安重诲说刚复任翰林学士，李嗣源不禁说道："他肯定是我的好宰相！"

在和大臣们相处时，冯道并非像老好人一样一味地懦弱忍让，有时也讥讽反击，同时团结一些人。加上他有度量，文采出众，日子一长，众人都对他肃然起敬。李嗣源对他的为人也很赞赏，说他当初在家守孝时自己耕种、上山砍柴、不端官架，是真士大夫。

因为李嗣源的赏识，不久冯道便被升为宰相，在李嗣源这个明君手下做宰相很顺利，他也找机会向李嗣源进谏。有一次，李嗣源问起他治国之道，他就说："陛下以德得到天下，应当日慎一日，以答谢天下百姓。臣早年侍奉先皇时，曾奉命出使，过大山的关隘时由于险要，所以非常小心地拉紧缰绳，人和马都没有事。但到了平地上，就觉得不用小心了，结果从马上摔了下来，伤得不轻。此事虽小但所含的道理很大，所以陛下不要觉得天下太平、五谷丰登了就可以松懈点，想多享受一些，应该兢兢业业使江山永固。"

李嗣源非常赞同地点点头。

有一天，李嗣源又问冯道："天下虽然富足，那百姓过得好吗？"

冯道说："谷贵则饿农，谷贱则伤农，这是常理。臣还记得近代举人聂夷中的一首诗《伤田家》：'二月卖新丝，五月粜新谷。医得眼前疮，剜却心头肉。我愿君王心，化作光明烛。不照绮罗筵，只照逃亡屋。'"

李嗣源说："此诗甚好。"于是让侍臣记录下来，经常诵读，以提醒自己。

有一次，李嗣源拿出自己心爱的玉杯给冯道看，上面刻有一行字"传国宝万岁杯"。冯道便说："这是前世有形之宝，王者则有无形之宝。仁义是帝王之宝，古人说：'皇帝的宝座叫作位，怎样守住这个位叫作仁。'"

李嗣源基本上是个文盲，他听不懂冯道这些话，等他走了，找来别人一问，才明白了冯道是在劝谏他，因而对冯道更加器重了。

四、石敬瑭

李嗣源死后，李从厚即位，冯道还是宰相，等李从珂起兵夺得帝位后，他率领百官迎接，但李从珂不喜欢有些圆滑的冯道，让他到京城以外去做官。

不用冯道，说明李从珂眼光不行，事实也证明了这一点。

不久，石敬瑭勾结契丹灭了后唐，为稳定政局，又让冯道当宰相。

不久，冯道经受了一次考验，那就是出使契丹。契丹原来就想抢走他而没有得逞，现在直接要他去，名义是出使，实际是想把他要走。

石敬瑭不愿让他去，知道很难再回来，冯道说："臣受陛下恩，有何不可！"坚持要去。

其他官员听说皇上要派自己出使契丹去，脸色就变了，手也发抖，冯道却镇静地在一张纸上写了两个字"道去",大家看了流下了眼泪,写到这里,笔者也有点感动,古代就有孔繁森和雷锋啊。

契丹王听说冯道要来了,就要亲自迎接,有大臣劝阻他说:"天子没有迎接宰相的礼节。"契丹王这才没有去。

为能回到中原,冯道用心周旋。

有次契丹王话中流露出留他的意思,他说:"南朝为子,北朝为父,两朝为臣,岂有分别哉!"冯道听后没有吭声。

得到契丹王赏赐后,冯道立刻都换成薪炭,有人问他为什么这样做,他说:"北地太冷,我年老难以抵御,所以早做准备。"像要久留的意思。

见冯道这样,契丹王很感动,就让他回去,冯道却三次请求留下来,契丹王仍让他走。冯道又在驿馆驻了一个月才起程上路,路上也走得很慢,契丹的官员让住就住,两个月才走出契丹边界。左右随从不解地问:"从北边能回来,我们都恨不得插上翅膀飞,您还要住宿停留,为什么这样啊?"

冯道说:"纵使你急速返回,那契丹的良马一夜就能追上,根本就逃不掉,慢慢走反倒能安全返回。"大家听了,叹服不止。

出使契丹顺利归来后,冯道受到石敬瑭的进一步重用,后晋不设枢密使后,将其职权归入了中书省,由冯道主持,政务不管大小,石敬瑭都问冯道如何处理。有一次,石敬瑭竟问起冯道军事方面的事来,冯道谦逊地说:"陛下久经沙场,神威睿智,军事讨伐之事,自行裁断即可。臣只是一个书生,为陛下守历代的成规,不敢有丝毫差错。军事之事,臣确实不知。"

辅佐石敬瑭的时候,冯道也提出过退休,但石敬瑭不准,连他的申请也不看,让人去告诉他,如果不来上班我就亲自上门来请,冯道只好出来任职。不知冯道是否也觉得为儿皇帝当宰相感到屈辱,所以才提出退休。但最终还是身不由己地继续去做,软弱和忍耐两种特性在冯道身上融合在了一起。

五、石重贵时代

石敬瑭死后,石重贵即位,新皇帝不喜欢冯道,而且有人对石重贵说冯道只能做太平时代的宰相,没能力做挽救危难兴亡时期的宰相,于是石重贵就将他打发到地方上任节度使。

冯道对此并无怨言,心胸很开阔,下放之前他曾经问别人大家对他的评价如何，有人告诉他说是非各半。冯道笑了笑说："赞同我的人说我是，不同意的人说我非，反对我的人恐怕有十分之九吧。"

石重贵在景延广等人的支持下，和契丹开战，大战了三次，最后终因杜重威投降，无兵可调，后晋灭亡，石重贵等也被迫流亡契丹。

有一个有眼无珠的皇帝，不用冯道，活该灭国。

六、耶律德光时代

冯道前去见耶律德光，遭到斥责，耶律德光问他："你为何来见我？"

冯道答道："无兵无城，怎敢不来？"

耶律德光又刁难他："你是怎样的一个老家伙？"

冯道说："无才无德，痴顽的老家伙。"

耶律德光不禁笑了，免了他的罪，授予他太傅的荣誉职衔。

耶律德光问冯道如何治理中原："天下百姓，如何救得？"

冯道顺着他说："现在的百姓即使佛再出也救不得，只有皇帝能救得！"

虽然有点讨好的意思，但耶律德光听过冯道的这些话后，在中原不再像先前那样滥杀百姓了。

契丹军队在中原的掠夺终于导致军民的大反抗，耶律德光只得退兵，没等回到老家，就死在了栾城。接着，阿保机长子耶律倍的儿子耶律阮被将领拥立为帝，北上囚禁了述律后。契丹的内争又给中原的抵抗提供了有利时机，被耶律德光一起带走的冯道等人到镇州时，契丹军被伪军打败，获得自由。

当时，造反的众将士要推举冯道为帅，冯道推辞说："儒臣怎么能做成这样大的事呢，都是众将的功劳。"

七、刘知远时代

后汉冯道仍然被授予太师，生活得自由又自在，为此他还写了篇《长乐老自叙》，将他历代的官职都列了出来，他也说了一些为人处世的道理，如"口无不道之言，门无不义之财"。还有三不欺，即"下不欺于地，中不欺于人，上不欺于天"，而且不管贵贱都能坚持。他说死后希望选择一块无用之地埋葬即可，不像别人那样嘴里含珠玉下葬，也不穿豪华的寿衣，用普通的粗席子安葬就行。最后，冯道说他唯一遗憾的是不能辅佐明君完成统一大业，安定八方，所以有愧于曾经担任的官职。

后汉高祖刘知远时代，百姓买卖牛皮是犯法的，按照后汉严酷的法律规定要处死刑。有一个地方判官反对这种做法，遇到一宗类似案件，还大胆地上书给刘知远。

刘知远大怒，下令犯人和判官一块儿处死。

冯道出来反对，说牛皮不应该禁止买卖于民不利，至于判官则是个敢于直言、赤胆忠心之人，不但不应该杀，还应当奖赏。然后冯道将责任揽到自己身上，说他失职，没有及时出来制止这种法令的实施，以致今天害死无辜百姓，让刘知远治自己的罪，最后刘知远只好赦免了判官和百姓。

有一次，一个出身军吏的官员在衙门口无故骂冯道，冯道说："他肯定是醉了！"然后让他进来，设宴招待，一直到了晚上，也没有丝毫不快和怨言，不久还升了那人的官。

八、郭威时代

郭威起兵灭了后汉，去见冯道，想试探一下他的看法，是不是可以称帝了，但冯道却没有什么表示，郭威见他碍事，就把他打发到徐州接刘崇的儿子来即位，没等冯道回来，郭威已经在开封称帝，刘崇的儿子被杀后，冯道回到京城，郭威又重用了冯道，让他任宰相。

冯道从不结党营私，也不以权谋私，他的儿子冯吉喜欢弹琵琶，并以此为生。冯道对此非常不满，认为是不务正业，经常骂他。冯吉却有逆反情绪，根本不听，练琴越加用功。没办法，冯道宴请客人时，让冯吉演奏助兴，弹完琴之后还用私钱赏赐束棉。

老年的冯道，已经70多岁了，不知为何他竟又大胆地劝谏了周世宗一次，而且讽刺世宗。

当时，北汉军队在刘崇的率领下，联合契丹军，想趁郭威刚死灭掉后周。后周前方军队初战失利，世宗柴荣要亲征，冯道就反对，柴荣说要学唐太宗定天下，冯道说不必学唐太宗，柴荣说后周打北汉，如同大山压累卵，冯道又讥讽地问柴荣能做得了山吗？！

结果惹恼了柴荣，让他负责修郭威的陵墓，当了个没有什么实权的山陵使。

柴荣还是自己率领军队亲征去了，在高平大胜北汉军队，但是胜得很侥幸。

陵墓修好后，冯道就病逝了，终年73岁。

后世人评论冯道，正反两面都有。

有的人说他没有气节，特别是他曾事契丹，用今天的话说，是汉奸。

也有说冯道是汉奸说到底还是因为"家天下"思想在作祟，以为这天下就是皇帝老儿的天下，食皇上的禄，就要为皇上尽忠，否则就是失节。其实照现代意识来看，一个国家的运转靠的是老百姓纳的税，你食老百姓的禄，就要为老百姓办事，为老百姓尽忠。皇帝轮流做，人民都是这些人民，所以不管谁当皇帝，作为人民公仆的官僚们都应该全心全意为人民服务。从这个意义上来说，冯道可以说是中国古代最合格的公务员了。

桃花扇——李香君

明朝末年，皇帝昏庸，奸党弄权，清兵压境。

一批复社文人聚会留都南京。他们在莫愁湖畔听柳敬亭说书，抒发兴亡之感。他们对柳敬亭宁可饿死不当奸党门客，交口称颂。

祭孔之日，复社中的骨干人士吴次尾、陈完生等人公推名士侯朝宗领衔，在孔庙贴出"留都防乱公揭"，痛骂了宦党魏忠贤的干儿义子阮大铖。

侯朝宗，商丘人，祖父及父辈都是东林党人，均因反对宦官专权而被黜和入狱。他少年即有才名，参加复社，与东南名士交游，时人以他和方以智、冒襄、陈贞慧为"四公子"。

一次偶然机会，侯朝宗与画舫上的秦淮名妓李香君邂逅，一见钟情，并写下文章《李姬传》，表达爱慕、赞美之情。

侯朝宗的朋友杨龙友看到文章后，自告奋勇愿陪同侯朝宗前去媚香楼寻访李香君，他对媚香楼比较熟。

两人到的时候，正巧李香君与众姐妹共度盒子会。由苏生吹笛，欢唱《牡丹亭》。

侯朝宗两人吃了闭门羹。后来他把折扇扔上楼去。李香君在扇上见到侯的名字，敬重他的才能和品德，热情邀他上楼侍茶。

两人一见倾心，后由杨龙友从中撮合，两人商量"闪婚"。

阮大铖也与杨龙友相识，他想通过杨龙友调和，缓解与复社的秀才们的关系，当听说侯朝宗将要与李香君"闪婚"，而侯朝宗为清贫发愁的时候，表示愿意出资帮助侯李两人的婚礼费用，由杨龙友和媚香楼楼主新婚日转赠，而此事侯朝宗不知情，误以为是杨龙友等人的馈赠。

新婚之日，侯朝宗在扇上题了情诗送给李香君，两人情意绵绵。这时，李香君得知了这次新婚嫁妆花去的三百两银子都是阮大铖出赠，便当场脱去婚嫁盛装，决心退还银两，打破了阮大铖收买侯朝宗的阴谋。

李自成大军攻破北京，崇祯皇帝自杀。

福王在南京登基建立南明，奸臣马士英当了宰相，阮大铖又受到了重用，他立刻对复社进行血腥的报复，将吴次尾、陈完生等人逮捕入狱。

柳敬亭、苏生劝侯朝宗投奔史可法。

阮大铖不肯善罢甘休，进谗马士英，迫使李香君嫁重贿捐官的田仰。

李香君至死不从，在田仰强娶的时候，一头撞向屋柱，血溅扇底，昏死了过去。

杨龙友从中斡旋，让媚香楼楼主李贞丽李代桃僵，冒名远嫁田仰，渡过了难关。

杨龙友在溅血的扇面上添笔点染，画成了一幅桃花图。

李香君抱病抚琴，自悲身世。众姐妹嗟叹不已。

阮大铖听说李香君并未嫁给田仰，依然不肯善罢甘休。逼迫苏生为他向福王献媚的传奇《燕子笺》吹笛，苏逃离南京去找侯朝宗。

李香君托他捎去桃花扇。

阮大铖又借福王的名义，拘走李香君等为他排演《燕子笺》，借以献媚昏庸的福王。

这时，清兵南下，史可法扬州殉国。

侯朝宗只身逃回南京。当他重返媚香楼时早已满园荒芜，人去楼空。接着他也被捕，锒铛入狱。

李香君在排演歌舞时，当着马士英和阮大铖的面指桑骂槐，痛斥奸党误国。

阮大铖听出后恼怒万分，要将李香君打死，亏得杨龙友以翁舅之亲向马士英求情，李才免于一死。

劫后余生，李香君与众姐妹在山上道庵安身。

苏生在江北找不见侯公子，送还了桃花扇。

李香君睹物思人，倍加思念。

正在这时，侯朝宗找上山来，李香君大喜过望，正要畅叙离情，侯朝宗脱下风衣风帽，露出一身清装。原来，侯朝宗对大明失望透顶，接受了清朝的任命。

李香君见侯朝宗顺清，气恨交加，大明再坏，可也是你的祖国啊？当场撕了桃花扇，大骂侯朝宗汉奸，昏死过去。

侯朝宗只得在众目睽睽下，手拖风衣，蹒跚而去。

股海加油站

1. 不怕

幼儿园里，老师警告一个顽皮的小男孩："你如果再不吃的话，我就去你爸爸那里，说明你的不良行为！"

小男孩："我爸爸是医生，你去看一次最少得花三百元。"

2. 逻辑推理

"外婆，我要抱小弟弟了。"

"你怎么知道？"

"上回妈妈住院，我有了一个小妹妹。这回是爸爸住院了。"

3. 醉氧

公司派我去瑞士出差，一走出飞机，好纯的空气啊，可是我身体突然剧烈抖动，头晕目眩，倒在地上。迷糊中听到救护车来，有人喊着："China！China！"他们给我拿来一罐汽车尾气让我吸，我很快恢复了意识，就是这味道，熟悉的味道，味道真纯！

第二部分
孙子兵法

关键语:

《孙子兵法》又称《孙武兵法》《吴孙子兵法》《孙子兵书》《孙武兵书》等,是世界上第一部军事著作,世界三大兵书之一(另外两部是克劳塞维茨的《战争论》和宫本武藏的《五轮书》),被誉为"兵学盛典"。

《孙子兵法》是中国古典汉族军事文化遗产中的璀璨瑰宝,是中国优秀文化传统的重要组成部分,其内容博大精深,思想精髓富赡,逻辑缜密严谨,是古代汉族军事思想精华的集中体现。

作者为春秋吴国将军孙武,字长卿,汉族,中国春秋时期齐国乐安(今山东惠民,一说博兴,或说广饶)人,著名军事家、政治家。

计 篇

孙子说:

战争是一个国家的大事,关系到军民的生死、国家的存亡,是不能不非常慎重地分析、探究的。

所以,必须通过敌我双方五个方面的分析,比较敌我双方的各种条件,来探求战争胜负的可能性:

一是道,二是天,三是地,四是将,五是法。所谓道,指君主和民众的意愿一致,大家同生共死,而不会惧怕危险。所谓天,指昼夜、阴晴、寒暑、四季更替。所谓地,指地势的高低,路程的远近,地势的险要、平坦与否,战场的广阔、狭窄,是生地还是死地等地理条件。所谓将,指将领的才能,赏罚有信,爱护部下,勇敢果断,军纪严明。所谓法,指组织结构,责权划分,人员编制,管理制度,资源保障,物资调配。以上五个方面,将帅们都不能不做深刻了解。了解就能胜利,否则就不能胜利。不仅如此,还要通过对双方下面七种情况的考察分析并加以比较，从而来预测战争的胜负。哪一方的君主是有道明君，能得民心？哪一方的将领更有才能？哪一方占有天时地利？哪一方的法令更能严格执行？哪一方资源更充足，装备更精良，兵员实力更强？哪一方的士兵训练更有素，更有战斗力？哪一方的赏罚更公正严明？通过上面的对比，我们就知道了胜负。

如果将领听从我的计策，任用他必胜，我就留下他；将领不听从我的计策，任用他必败，我就撤他的职。

正确的计策已被采纳，还要设法造"势"，作为协助我方军事行动的外部条件。"势"，就是按照我方建立优势、掌握战争主动权的需要，根据具体情况采取不同的行动措施。用兵作战是一种诡诈的行为。所以，有能力要装作没有能力，真要进攻就装作不准备攻打，欲攻打近处却装作攻打远处，攻打远处却装作攻打近处。对方贪利就用利益诱惑他，对方混乱就趁机进攻他，对方强大就要避开他，对方暴躁易怒就可以撩拨他发怒而失去理智，对方自卑而谨慎就使他骄傲自大，对方体力充沛就使其劳累，对方内部和睦团结就要挑拨离间，要攻打对方没有防备的地方，在对方没有料到的时机发动进攻。这些都是军事家克敌制胜的奥妙，不可先传泄于人也。

在开战之前，经过周密的分析、比较、谋划，如果结论是我方占据的有利条件多，就有较大的胜利把握；如果结论是我方占据的有利条件少，则没有胜利的把握。如果在战前干脆就不做周密的分析、比较，或分析、比较的结论是我方只有五成以下的胜利把握，那在实战中就不可能获胜。仅根据计算比较的结果，不用实战，胜负就显而易见了。

花荣注：笔者顺势而为的操作系统，就比较符合这篇兵法。

作战篇

孙子说：

要用兵打仗，需要的物资准备有：轻车千辆，重车千辆，全副武装的士兵上万，并向千里之外运送粮食。那么前后方的军内外开支，招待使节、策士的用度，用于武器维修的胶漆等材料费用，保养战车、甲胄的支出等，每天要消耗千金。按照这样的标准准备之后，数万大军才可出动。

所以，军队作战就要求速胜，如果拖得很久则军队必然疲惫，挫失锐气。一旦攻城，则兵力将耗费，长期在外作战还必然导致国家财用困难。如果军队因久战疲惫不堪，锐气受挫，军事实力耗尽，国内物资枯竭，其他诸侯必定趁火打劫。这样，即使有足智多谋之士也没办法来挽救危局。因此，在实际作战中，宁愿简单也求速胜，却没有见过高手愿意打持久战的。战争旷日持久而有利于国家的事，从来没有过。所以，不能详尽地了解用兵的害处，就不能全面地了解用兵的好处。

善于用兵的人，不用再次征集兵员，不用多次运送军粮。武器装备从国内取用，粮食从敌人那里设法夺取，这样军队的粮草就可以充足了。国家之所以因打仗而贫困，是由于军队远征，不得不进行长途运输。长途运输必然导致百姓贫穷。驻军附近处物价必然飞涨，物价飞涨，必然导致物资枯竭，财富枯竭，赋税和劳役必然加重。在战场上，军力耗尽，在国内财源枯竭，百姓私家财产损耗7/10。公家的财产，由于车辆破损，马匹疲惫，盔甲、弓箭、矛戟、盾牌、牛车的损失，而耗去3/5。所以智慧的将帅，一定要在敌国解决粮草，从敌国搞到1钟的粮食，就相当于从本国起运时的20钟，在当地取得饲料1石，相当于从本国起运时的20石。所以，要使士兵勇敢杀敌，就必须怒之，激励之。要使士兵勇于夺取敌方的军需物资，就必须以缴获的财物作奖赏。所以，在车战中，抢夺10辆车以上的，就奖赏最先抢得战车的。而夺得的战车，要立即换上我方的旗帜，把抢得的战车编入我方车队。要优待俘虏，使他们有归顺之心。这就是战胜敌人而使自己越发强大的方法。所以，作战最重要、最有利的是速胜，最不宜的是旷日持久。真正懂得用兵之道、深知用兵利害的将帅，掌握着民众的生死，主宰着国家的安危。

花荣注：炒股短线技术最重要，不要轻易炖股。

谋攻篇

孙子说：

用兵的原则是：使敌人举国降服是上策，用武力击破敌国就次一等；使敌人全军降服是上策，击败敌军就次一等；使敌人全旅降服是上策，击破敌旅就次一等；使敌人全卒降服是上策，击破敌卒就次一等；使敌人全伍降服是上策，击破敌伍就次一等。

所以，百战百胜，算不上是最高明的；不通过交战就降服全体敌人，才是最高明的。所以，上等的军事行动是用谋略挫败敌方的战略意图或战争行为，其次就是用外交战胜敌人，再次是用武力击败敌军，最下之策是攻打敌人的城池。攻城，是不得已而为之，是没有办法的办法。制造大盾牌和四轮车，准备攻城的所有器具，起码需要3个月。堆筑攻城的土山，起码又要3个月。如果将领难以抑制焦躁情绪，命令士兵像蚂蚁一样爬墙攻城，尽管士兵死伤1/3，而城池却依然没有攻下，这就是攻城带来的灾难。所以善用兵者，不通过打仗就使敌人屈服，不通过攻城就使敌城投降，摧毁敌国不需长期作战，一定要用"全胜"的策略争胜于天下，从而既不使国力兵力受挫，又获得了全面胜利的利益。这就是谋攻的秘诀。

因此，在实际作战中运用的原则是：我有10倍于敌的优势就实施围歼，5倍于敌的优势就实施进攻，两倍于敌的优势就要努力战胜敌军，势均力敌则设法分散各个击破之，兵力弱于敌人就避免作战。所以，如果弱小的一方死拼硬守，那就会成为强大敌人的俘虏。

将帅，国家之辅助也。辅助之谋缜密周详，则国家必然强大；辅助之谋疏漏失当，则国家必然衰弱。所以，国君对军队的可能危害有三种：不了解军队不可以前进而硬下令前进，不了解军队不可以后退而硬下令后退，这叫作束缚军队；不了解军队的战守之事、内部事务而干涉三军之行动，将士们会无所适从；不知道军队战略战术的权宜变化，却干预军队的指挥，将士们就会疑虑。军队既无所适从，又疑虑重重，诸侯就会趁机兴兵作难。这就是自乱其军，把胜机送给敌人。

所以，预见胜利有五个方面：能准确判断仗能打或不能打的，胜；知道根据敌我双方兵力的多少采取不同的对策者，胜；全国上下，全军上下，意愿一致、同心协力的，胜；以有充分准备来对付毫无准备的，胜；主将精通军事、精于权变，君主又不加干预的，胜。以上就是预见胜利的方法。所以说：了解敌方也了解自己，每一次战斗都不会有危险；不了解对方但了解自己，胜负的概率各半；既不了解对方又不了解自己，每战必败。

花荣注：炒股也不能硬拼，而且要做到"有知者无畏"，所以个人投资者要建立炒股互助组。

军形篇

孙子说：

从前善于用兵作战的人，总是首先创造自己不可战胜的条件，并等待可以战胜敌人的机会。使自己不被战胜，主动权掌握在自己手中；敌人能否被战胜，在于敌人是否给我们以可乘之机。所以，善于作战的人只能够使自己不被战胜，而不能使敌人一定会被我军战胜。所以说，胜利可以预见，却不能强求。敌人无可乘之机，不能被战胜，且防守以待之；敌人有可乘之机，能够被战胜，则出奇攻而取之。防守是因为我方取胜条件不足，进攻是因为兵力超过对方。善于防守的，隐藏自己的兵力如同在深不可测的地下；善于进攻的部队就像从天而降，猝不及防。这样，才能保全自己而获得全胜。预见胜利不能超过平常人的见识，算不上最高明；力战而后取胜，即使天下都称赞，也算不上最高明。正如举起秋毫称不上力大，能看见日月算不上视力好，听见雷鸣算不上耳聪。古代所谓善于用兵的人，只是战胜了那些容易战胜的敌人。所以，真正善于用兵的人，没有智慧过人的名声，没有勇武盖世的战功，而他既能打胜仗又不出任何闪失，原因在于其谋划、措施能够保证他所战胜的是已经注定失败的敌人。所以善于打仗的人，不但使自己始终处于不被战胜的境地，也绝不会放过任何可以击败敌人的机会。所以，打胜仗的军队总是在具备了必胜的条件之后才交战，而打败仗的部队总是先交战，在战争中企图侥幸取胜。善于用兵的人，潜心研究制胜之道，修明政治，坚持制胜的法制，所以能主宰胜败。

用兵之法：一是"度"，即估算土地的面积；二是"量"，即推算物资资源的容量；三是"数"，即统计兵源的数量；四是"称"，即比较双方的军事综合实力；五是"胜"，即得出胜负的判断。土地面积的大小决定物力、人力资源的容量，资源的容量决定可投入部队的数目，部队的数目决定双方兵力的强弱，双方兵力的强弱得出胜负的概率。获胜的军队对于失败的一方就如同用"镒"来称"铢"，具有绝对优势，而失败的军队对于获胜的一方就如同用"铢"来称"镒"。胜利者一方打仗，就像积水从千仞高的山涧冲决而出，势不可当，这就是军事实力的表现。

花荣注：与熊大哥拼刺刀，拼赢了也算不上高手；但好多新手，总是鼓励笔者与熊大哥拼刺刀，我哪能上当？我与熊大哥是哥们儿，打不过的敌人就是朋友。

兵势篇

孙子说：

治理大军团就像治理小部队一样有效，是依靠合理的组织、结构、编制；指挥大军团作战就像指挥小部队作战一样顺畅，是依靠明确、高效的信号指挥系统；整个部队与敌对抗而不会失败，是依靠正确运用"奇正"的变化；攻击敌军，如同用石头砸鸡蛋一样容易，关键在于以实击虚。

大凡作战，都是以正面迎敌，用奇兵制胜。善于运用奇兵的人，其战法的变化就像天地运行一样变化无尽，像江海一样永不枯竭；像日月运行一样往复循环；与四季更迭一样去而复来。声音不过五种，然而五音的组合变化永远也听不完；颜色不过五种，但五种色调的组合变化永远看不完；味道不过五种，而五种味道的组合变化永远也尝不完。战争中军事实力的运用不过"奇""正"两种，而"奇""正"的组合变化永远无穷无尽。奇正相生、相互转化，就好比圆环旋绕，无始无终，不能穷尽。

湍急的流水所以能漂动大石，是因为使它产生巨大冲击力的势能；猛禽搏击雀鸟，一举可置对手于死地，是因为它掌握了最有利于爆发冲击力的时空位置，节奏迅猛。所以善于作战的高手，他所造成的态势是险峻的，进攻的节奏是短促有力的。"势险"就如同满弓待发的弩那样蓄势，"节短"正如扳动弩机那样突然。旌旗纷纷，人马纷纭，双方混战，战场上事态万端，但自己的指挥、组织、阵脚不能乱；混混沌沌，迷迷蒙蒙，两军搅作一团，但胜利在我把握之中。双方交战，一方之乱，是因为对方治军更严整；一方怯懦，是因为对方更勇敢；一方弱小，是因为对方更强大。军队治理有序或者混乱，在于其组织编制；士兵勇敢或者胆怯，在于部队所营造的态势和声势；军力强大或者弱小，在于部队日常训练所造就的内在实力。

善于调动敌军的人，向敌军展示一种或真或假的军情，敌军必然据此判断而跟从；给予敌军一点实际利益作为诱饵，敌军必然趋利而来，从而听我调动。一方面用这些办法调动敌军，一方面要严阵以待。

所以，善战者追求形成有利的"势"，而不是苛求士兵，因而能选择人才去适应和利用已形成的"势"。善于创造有利"势"的将领，指挥部队作战就像转动木头和石头。木石的性情是：处于平坦地势上就静止不动，处于陡峭的斜坡上就滚动，方形容易静止，圆形容易滚动。所以，善于指挥打仗的人所造就的"势"，就像让圆石从极高极陡的山上滚下来一样来势凶猛。这就是所谓的"势"。

花荣注：要正和奇相结合，短线和波段相结合，题材股与成长股相结合，股票和衍生品种相结合，不能僵化于一种思维不变，自己的主观努力做到不亏钱，什么时候赚大钱是市场提供的，笔者的战法好像都符合《孙子兵法》。

虚实篇

孙子说：

大凡先期到达战地等待敌军的就精力充沛、主动从容，而后到达战地匆忙投入战斗的就被动疲劳。所以，善战者调动敌人而绝不为敌人所调动。能够调动敌人按照自己的意图行动，要用利益来引诱；能使敌人不能先我来到战场，要设置障碍、多方阻挠。所以，敌人若体力充沛，要使之疲劳；如果敌人粮食充足就要使之匮乏；如果敌人安然不动，就要想法调动他。出兵要指向敌人无法急救的地方，行动要出乎敌人意料之外。进军千里而不疲惫，是因为走在敌军无人抵抗或无力抵抗的地区，如入无人之境。我进攻就一定会获胜，是因为攻击的是敌人疏于防守的地方。我防守一定稳固，是因为守住了敌人一定会进攻的地方。所以善于进攻的，能做到使敌方不知道在哪儿防守，不知道怎样防守。而善于防守的，使敌人不知道从哪儿进攻，不知道怎样进攻。深奥啊，精妙啊，竟然见不到一点形迹；神奇啊，玄妙啊，居然露不出一点消息。所以能成为敌人命运的主宰。

进攻时，敌人无法抵御，那是攻击了敌人兵力空虚的地方；撤退时，敌人无法追击，那是行动迅速敌人无法追上。所以我军要求战，敌人就算垒高墙挖深沟，也不得不出来与我军交战，是因为我军攻击了它非救不可的要害之处；我军不想与敌军交战，虽然只是在地上画出界线权作防守，敌人也无法与我军交战，原因是我军已设法改变了敌军进攻的方向。所以，使敌军处于暴露状态而我军处于隐蔽状态，这样我军兵力就可以集中而敌军兵力就不得不分散。我军集中兵力于一点，而敌人分散为10处，我就是以10对1。这样，直接交战就会出现我众敌寡的态势，在这种态势下，我军就更容易获胜。敌军不知道我军所预定的战场在哪里，就会处处分兵防备，防备的地方越多，能够与我军在特定的地点直接交战的敌军就越少。这样就会造成：防备前面，则后面兵力不足，防备后面，则前面兵力不足，防备左方，则右方兵力不足，防备右方，则左方兵力不足，所有的地方都防备，则所有的地方都兵力不足。兵力不足，全是因为分兵防御敌人；兵力充足，是由于迫使敌人分兵防御我。所以，既预知与敌人交战的地点，又预知交战的时间，即使行军千里也可以与敌人交战。不能预知与敌人交战的地点，又不能预知交战的时间，仓促遇敌，就会左军不能救右军，右军不能救左军，前军不能救后军，后军不能救前军，何况远的相距十里，近的也有好几里呢。依我看来，越国虽然兵多，但对它的胜利又有什么帮助呢？所以说：胜利是可以创造的，敌人虽然兵多，却可以使敌人无法有效地参加战斗。

通过认真分析可以判断，搞清楚敌人作战计划的优劣得失；通过试探敌人，可以了解敌方的活动规律；通过"示形"，可以弄清地形是否对敌有利；通过试探性进攻，可以探明敌方兵力布置的强弱多寡。所以，实行诱敌的方法运用得极其巧妙时，一点破绽也没有。到这种境地，即使隐藏再深的间谍也不能探明我的虚实，智慧高超的敌手也想不出对付我的办法。根据敌情采取制胜的策略，即使摆在众人面前，众人也理解不了。人们都知道我克敌制胜的方法，却不能知道我是怎样运用这些方法制胜的。所以战胜敌人的战略战术每次都是不一样的，应适应敌情灵活运用。

用兵的规律就像水，水流动的规律是避开高处流向低处，用兵取胜的关键是避开设防严密实力强大的敌人而攻击其薄弱环节；水根据地势来决定流向，军队根据敌情来采取制胜的方略。所以用兵作战没有一成不变的态势，正如流水没有固定的形状和去向。能够根据敌情的变化而取胜的，就叫作用兵如神。金、木、水、火、土这五行相生相克，没有哪一个常胜；四季相继更替，没有哪一个固定不移。白天的时间有长有短，月亮有圆也有缺。万物皆处于流变状态。

花荣注：明显的错误不能犯，明显的利润要拿下。不预测市场，要应对市场。

军争篇

孙子说：

用兵的法则，将领接受君命，从召集军队、安营扎寨到开赴战场、与敌对阵，这中间最困难的事情莫过于与敌人争夺有利的制胜条件。军争中最困难的地方，又在于如何迂回进军实现更快到达预定战场的目的，把看似不利的条件变为有利的条件。所以，由于我迂回前进，又对敌诱之以利，使敌不知我意欲何去，因而出发虽后，却能先于敌人到达战地。这就叫作懂得"以迂为直"的高手。军争为了有利，但军争也有危险。带着全部辎重去争利，就会影响行军速度，不能先敌到达战地；丢下辎重轻装去争利，装备辎重就会损失。轻装急进，白天黑夜不休息地急行军，奔跑百里去争利，则三军的将领有可能会被俘获。健壮的士兵能够先到战场，疲惫的士兵必然落后，只有 1/10 的人马如期到达；强行军 50 里去争利，先头部队的主将必然受挫，而军士一般仅有一半如期到达；强行军 30 里去争利，一般只有 2/3 的人马能如期到达。这样，部队没有辎重就不能生存，没有粮食供应就不能生存，没有战备物资储备就无以生存。

所以不了解诸侯各国的图谋，就不要和它们结成联盟；不知道山林、险阻和沼泽的地形分布，就不能行军；不使用向导，就不能掌握和利用有利的地形。所以，用兵是凭借施诡诈出奇兵而获胜的，根据是否有利于获胜来决定行动，根据双方形势或分兵或集中为主要变化。按照战场形势的需要，部队行动迅速时，如狂风飞旋；行进从容时，如森林徐徐展开；攻城略地时，如烈火迅猛；驻守防御时，如大山岿然；军情隐蔽时，如乌云蔽日；大军出动时，如雷霆万钧。夺取敌方的财物，掳掠百姓，应分兵行动。开拓疆土，分夺利益，应该分兵扼守要害。这些都应该权衡利弊，根据实际情况，相机行事。率先知道"迂直之计"的就会获胜，这就是军争的原则。

《军政》中说："在战场上用语言来指挥，听不清或听不见，所以设置了金鼓；用动作来指挥，看不清或看不见，所以用旌旗。"金鼓、旌旗是用来统一士兵的视听，统一作战的行动。既然士兵都服从统一指挥，那么勇敢的将士不会单独前进，胆怯的也不会独自退却。这就是指挥大军作战的方法。所以，夜间作战，要多处点火，频频击鼓；白天打仗要多处设置旌旗。这些是用来扰乱敌方的视听的。

对于敌方三军，可以挫伤其锐气，可使其丧失士气；对于敌方的将帅，可以动摇他的决心，可使其丧失斗志。所以，敌人初战的时候，士气必然旺盛；经过一段时间就会逐渐怠惰；到了后来，人心思归，其气益衰。善于用兵的高手，总是避开敌人士气正旺的时间，趁敌人士气衰竭时才发起猛攻。这就是正确运用士气的原则。用治理严整的我军来对付军政混乱的敌军，用我镇定平稳的军心来对付军心躁动的敌人。这是掌握并运用军心的方法。以我就近进入战场而待长途奔袭之敌；以我从容稳定对仓促疲劳之敌；以我饱食之师对饥饿之敌。这是懂得并利用自己之力以困敌人之力。不要去迎击旗帜整齐、部伍统一的军队，不要去攻击阵容整肃、士气饱满的军队，这是懂得战场上的随机应变。

所以，用兵的原则是：对占据高地、背倚丘陵之敌，不要作正面仰攻；对于假装败逃之敌，不要跟踪追击；敌人的精锐部队不要强攻；敌人的诱饵之兵不要贪食；对正在向本土撤退的部队不要去阻截；对被包围的敌军要预留缺口；对于陷入绝境的敌人不要过分逼迫，这些都是用兵的基本方法。

花荣注：这篇还是说要注意战斗的时机，对于不熟悉的机会不要贪婪，对于别人的消息，如果研究不透彻，不要大规模买进，更不能动摇自己的营利模式，还有穷寇莫追。

九变篇

孙子说：

用兵的原则，将接受国君的命令，召集人马组建军队，在难于通行之地不要驻扎，在四通八达的交通要道要与四邻结交，在难以生存的地区不要停留，要赶快通过，在四周有险阻容易被包围的地区要分批通过，误入死地则须坚决死战。有的道路不要走，有些敌军不要攻，有些城池不要占，有些地域不要争，君主的某些命令也可以不接受。

所以将帅精通多变的具体运用，就是真懂得用兵了；将帅不精通变通的具体运用，就算熟悉地形，也不能得到地利。指挥作战如果不懂变通的方法，即使知道"五利"，也不能充分发挥部队的战斗力。

聪明的将帅考虑问题，必然把利与害一起权衡。在考虑不利条件时，同时考虑有利条件，大事就能顺利进行；在看到有利因素时同时考虑到不利因素，祸患就可以排除。因此，用最令人头痛的事去使敌国屈服，用复杂的事变去使敌国穷于应付，以利益为钓饵引诱敌国疲于奔命。所以用兵的原则是：不抱敌人不会来的侥幸心理，而要依靠我方有充分准备，严阵以待；不抱敌人不会攻击的侥幸心理，而要依靠我方坚不可摧的防御，不会被战胜。

所以，将领有五种致命的弱点：有勇无谋，死拼硬打，可能招致杀身之祸；临阵畏缩，贪生怕死，则可能被俘虏；性情暴躁易怒，可能受敌轻侮而失去理智；过分洁身自好，珍惜声名，可能会被羞辱引发冲动；由于爱护民众，受不了敌方的扰民行动而不能采取相应的对敌行动。所有这五种情况，都是将领最容易有的过失，是用兵的灾难。军队覆没，将领牺牲，必定是因为这五种危害，因此一定要认识到这五种危害的严重性。

花荣注：炒股要两手硬，防范风险第一，机会来时也要果断。情绪要稳定，坚决照系统干，不要让情绪改变系统原则。

行军篇

孙子说：

在各种不同地形上处置军队和观察判断敌情时，应该注意：通过山地，必须依靠有水草的谷地，驻扎在居高向阳的地方，敌人占领高地，不要仰攻。这些是在山地上对军队的处置原则。横渡江河后，应远离水流驻扎，敌人渡水来战，不要在江河中迎击，而要等他渡过一半时再攻击，这样较为有利。如果要同敌人决战，不要紧靠水边进行战斗；在江河地带扎营，也要居高向阳，不要在下游驻扎，这是在江河地带上对军队处置的原则。通过盐碱沼泽地带要迅速离开，不要逗留；如果同敌军相遇于盐碱沼泽地带，那就必须靠近水草而背靠树林，这是在盐碱沼泽地带上对军队处置的原则。在平原上应占领开阔地域，要背托高地，前低后高，这是在平原地带上对军队处置的原则。以上四种"处军"原则的好处，就是黄帝之所以能够战胜其他四帝的原因。

大凡驻军，总是喜欢干燥的高地，避开潮湿的洼地；重视向阳之处，避开阴暗之地；靠近水草地区，军需供应充足，将士不会生病，这样就有了胜利的保证。在丘陵堤防驻军，必须占领它向阳的一面，并把主要侧翼背靠着它。这些对于用兵有力的措施，是利用地形作为辅助条件的。上游下雨，洪水突至，禁止徒涉，应等待水流稍平缓以后。凡遇到或通过"绝涧""天井""天牢""天罗""天陷""天隙"这几种地形，必须迅速离开，不要接近。我们应该远离这些地形，而让敌人去靠近它；我们应面向这些地形，而让敌人去背靠它。军队两旁遇到有险峻的隘路、湖沼、水网、芦苇、山林和草木茂盛的地方，必须谨慎地反复搜索，这些都是敌人可能埋设伏兵和隐伏奸细的地方。

敌人离我很近而安静的，是依仗他占领险要地形；敌人离我很远来挑战的，是想诱我前进；敌人之所以驻扎在平坦地方，是因为对他有某种好处。许多树木摇动，是敌人向我袭来；草丛中有许多遮障物，是敌人布下的疑阵；群鸟惊飞，是下面有伏兵；野兽骇奔，是敌人大举突袭；尘土高而尖，是敌人战车驶来；尘土低而宽广，是敌人的步兵开来；尘土疏散飞扬，是敌人正在拽柴而走；尘土少而时起时落，是敌人正在扎营。敌人使者措辞谦卑却又在加紧战备的，是准备进攻；措辞强硬而军队又做出前进姿态的，是准备撤退；轻车先出动，部署在两翼的，是在布列阵势；敌人尚未受挫而来讲和的，是另有阴谋；敌人急速奔跑并排兵列阵的，是企图约期同我决战；敌人半进半退的，是企图引诱我军。敌兵倚着兵器而站立的，是饥饿的表现；供水兵打水自己先饮的，是干渴的表现；敌人见利而不进兵争夺的，是疲劳的表现；敌人营寨上聚集鸟雀的，下面是空营；敌人夜间惊叫的，是恐慌的表现；敌营惊扰纷乱的，是敌将没有威严的表现；旌旗摇动不整齐的，是敌人队伍已经混乱；敌人军官易怒的，是全军疲倦的表现；用粮食喂马，杀马吃肉，收拾起汲水器具，部队不返营房的，是要拼死的穷寇；低声下气同部下讲话的，是敌将失去人心；不断犒赏士卒的，是敌军没有办法；不断惩罚部属的，是敌人处境困难；先粗暴然后又害怕部下的，是最不精明的将领；派来使者送礼言好的，是敌人想休兵息战；敌人逞怒同我对阵，但久不交锋又不撤退的，必须谨慎地观察他的企图。

打仗不在于兵力越多越好，只要不轻敌冒进，并集中兵力、判明敌情，取得部下的信任和支持，也就足够了。那种既无深谋远虑而又轻敌的人，必定会被敌人俘虏。士卒还没有亲近依附就执行惩罚，那么他们会不服，不服就很难使用。士卒已经亲近依附，如果不执行军纪军法，也不能用来作战。所以，要用怀柔宽仁使他们思想统一，用军纪军法使他们行动一致，这样就必能取得部下的敬畏和拥戴。平素严格贯彻命令，管教士卒，士卒就能养成服从的习惯；平素从来不严格贯彻命令，管教士卒，士卒就会养成不服从的习惯。平时命令能贯彻执行的，表明将帅同士卒之间相处融洽。

花荣注：炒股与打仗一样，要总结出一些小绝招。有时，就是细节决定成败。遇到不利的情况，要尽快撤出。

地形篇

孙子说：

地形有"通""挂""支""隘""险""远"六种。凡是我们可以去、敌人也可以来的地域，叫作"通"；在"通"形地域上，应抢先占开阔向阳的高地，保持粮道畅通，这样作战就有利。凡是可以前进、难以返回的地域，称作"挂"。在挂形的地域上，假如敌人没有防备，我们就能突击取胜；假如敌人有防备，出击又不能取胜，而且难以回师，这就不利了。凡是我军出击不利、敌人出击不利的地域叫作"支"。在"支"形地域上，敌人虽然以利相诱，我们也不要出击，而应该率军假装退却，诱使敌人出击一半时再回师反击，这样就有利。在"隘"形地域上，我们应该抢先占领，并用重兵封锁隘口，以等待敌人的到来；如果敌人已先占据了隘口，并用重兵把守，我们就不要去进攻；如果敌人没有用重兵据守隘口，那么就可以进攻。在"险"形地域上，如果我军先敌占领，就必须控制开阔向阳的高地，以等待敌人来犯；如果敌人先我占领，就应该率军撤离，不要去攻打它。在"远"形地域上，敌我双方地势均同，就不宜去挑战，勉强求战很是不利。以上六点，是利用地形的原则。这是将帅必须掌握的，不可不认真研究判断。

军队打败仗有"走""驰""陷""崩""乱""北"六种情况。这六种情况的发生，不是天时地利的灾害，而是将帅自身的过错。地势均同的情况下，以一击十而导致失败的，叫作"走"。士卒强悍，军官懦弱而造成失败的，叫作"驰"。将帅强悍，士卒懦弱而失败的，叫作"陷"。部将怨仇不服从指挥，遇到敌人擅自出战，主将又不了解他们的能力，因而失败的，叫作"崩"。将帅懦弱缺乏威严，治军没有章法，官兵关系混乱紧张，列兵布阵杂乱无常，因此而致败的，叫作"乱"。将帅不能正确判断敌情，以少击众，以弱击强，作战又没有精锐先锋部队，因而落败的，叫作"北"。以上六种情况，均是导致失败的原因。这是将帅也必须知道的，是不可不认真考察研究的。

地形是用兵打仗的辅助条件。正确判明敌情，考察地形险易，计算道路远近，这是智慧的将领必须掌握的方法，懂得这些道理去指挥作战的，必定能够胜利；不了解这些道理去指挥作战的，必定失败。所以，根据分析有必胜把握的，即使国君主张不打，坚持打也是可以的；根据分析没有必胜把握的，即使国君主张打，也可以不打。所以，战不谋求胜利的名声，退不回避失利的罪责，只求保全百姓和士卒，符合国君利益，这样的将帅，才是国家的宝贵栋梁。

对待士卒像对待婴儿一样体贴，士卒就可以同他共患难；对待士卒像对待自己的儿子一样，士卒就可以跟他同生共死。如果对士卒厚待却不能使用，溺爱却不能指挥，违法而不能惩治，那就如同娇惯了的子女，是不可以用来同敌作战的。只了解自己的部队可以打，而不了解敌人可不可打，取胜的可能只有一半；只了解敌人可以打，而不了解自己的部队可不可以打，取胜的可能也只有一半。知道敌人可以打，也知道自己的部队能打，但是不了解地形不利于作战，取胜的可能性仍然只有一半。所以，懂得用兵的人，他行动起来不会迷惑，他的战术变化无穷。

所以说：知彼知己，胜乃不殆；知天知地，胜乃可全。

花荣注：如果自己犯错误，违反操作系统，也要用戒尺打；如果大赚一把，也要奖赏自己一下。

九地篇

孙子说：

按照用兵的原则，军事地理有散地、轻地、争地、交地、衢地、重地、圮地、围地、死地。诸侯在本国境内作战的地区，叫作散地。在敌国浅近纵深作战的地区，叫作轻地。我方得到有利，敌人得到也有利的地区，叫作争地。我军可以前往，敌军也可以前来的地区，叫作交地。多国相毗邻，先到就可以获得诸侯列国援助的地区，叫作衢地。深入敌国腹地，背靠敌人众多城邑的地区，叫作重地。山林、险阻、沼泽等难于通行的地区，叫作圮地。行军的道路狭窄，退兵的道路迂远，敌人可以用少量兵力攻击我方众多兵力的地区，叫作围地。迅速奋战就能生存，不迅速奋战就会全军覆灭的地区，叫作死地。因此，处于散地就不宜作战，处于轻地就不宜停留，遇上争地就不要勉强强攻，遇上交地就不要断绝联络，进入衢地就应该结交诸侯，深入重地就要掠取粮草，碰到圮地就必须迅速通过，陷入围地就要设谋脱险，处于死地就要力战求生。

古时善于指挥作战的高手，能使敌人前后部队不能相互策应，主力和小部队无法相互依靠，官兵之间不能相互救援，上下级之间不能互相联络，士兵分散不能集中，合兵布阵也不整齐。对我有利就打，对我无利就停止行动。试问："如果敌军兵员众多且又阵势严整地向我发起进攻，那该用什么办法对付它呢？"回答是：先夺取敌人要害之处，这样，敌人就会听从我们的调遣了。用兵之理贵在神速，要乘敌人措手不及的时机，走敌人意料不到的道路，攻击敌人没有戒备的地方。

在敌国境内进行作战的规律是：越深入敌国腹地，我军军心就越坚固，敌人就不易战胜我们。在敌国丰饶地区掠取粮草，部队给养就有了保障。要注意休整部队，不要使其过于疲劳，保持士气，养精蓄锐。部署兵力，巧设计谋，使敌人无法判断我军的意图。将部队置于无路可走的绝境，士卒就会宁死不退。士卒既能宁死不退，那么他们怎么会不殊死作战呢？！士卒深陷危险的境地，就不再存在恐惧，一旦无路可走，军心就会牢固。深入敌境军队就不会离散。遇到迫不得已的情况，军队就会殊死奋战。因此，无须整治就能注意戒备，不用强求就能完成任务，无须约束就能亲密团结，不待申令就会遵守纪律。禁止占卜迷信，消除士卒的疑虑，他们至死也不会逃避。我军士卒没有多余的钱财，并不是不爱钱财；士卒置生死于度外，也不是不想长寿。当作战命令颁布之时，坐着的士卒泪沾衣襟，躺着的士卒泪流满面，但把士卒置于无路可走的绝境，他们就都会像专诸、曹刿那样勇敢了。

善于指挥作战的高手，能使部队自我策应如同"率然"蛇一样。"率然"是常山地方的一种蛇，打它的头部，尾巴就来救应；打它的尾巴，头部就来救应；打它的腰，头尾都来救应。试问：可以使军队像"率然"一样吗？回答是：可以。那吴国人和越国人是互相仇视的，但当他们同船渡河而遇上大风时，他们相互救援，就如同人的左右手一样。所以，想用缚住马缰、深埋车轮这种显示死战决心的办法来稳定部队是靠不住的。要使部队能够齐心协力奋勇作战如同一人，关键在于部队管理教育有方。要使强弱不同的士卒都能发挥作用，在于恰当地利用地形。所以善于用兵的人，能使全军上下携手团结如同一人，这是因为客观形势迫使部队不得不这样。

统率军队，要做到考虑谋略沉着冷静而高深莫测，管理部队公正严明而有条不紊。要能蒙蔽士卒的视听，使他们对于军事行动毫无所知；变更作战部署，改变原定计划，使人无法识破真相；不时变换驻地，故意迂回前进，使人无从推测意图。将帅向军队赋予作战任务，要像使其登高而抽去梯子一样。将帅率领士卒深入诸侯国土，要像弩机发出的箭一样一往无前。对待士卒要能如驱赶羊群一样，赶过去又赶过来，使他们不知道要到哪里去。集结全军，把他们置于险境，这就是统率军队的要点。九种地形的应变处置，攻防进退的利害得失，全军上下的心理状态，这些都是作为将帅不能不认真研究和周密考察的。

深入敌国境内作战的规律是：深入敌境则军心稳固，浅入敌境则军心容易涣散。进入敌境进行作战的称为绝地；四通八达的地区叫作衢地；进入敌境纵深的地区叫作重地；进入敌境浅的地区叫作轻地；背有险阻前有隘路的地区叫围地；无路可走的地区就是死地。因此，在散地，要统一军队意志；在轻地，要使营阵紧密相连；在争地，要迅速出兵抄到敌人的后面；在交地，就要谨慎防守；在衢地，就要巩固与列国的结盟；入重地，就要保障军粮供应；在圮地，就必须迅速通过；陷入围地，就要堵塞缺口；到了死地，就要显示死战的决心。所以，士卒的心理状态是：陷入包围就会竭力抵抗，形势逼迫就会拼死战斗，身处绝境就会听从指挥。不了解诸侯列国的战略底细，就不要与之结交；不熟悉山林、险阻、沼泽等地形情况，就不能行军；不使用向导，就无法得到地利。这些情况，如有一样不了解，都不能成为"王者之师"的军队。凡是"王者之师"的军队，进攻大国，能使敌国的军民来不及动员集中；兵威加在敌人头上，能够使敌方的盟国无法配合策应。因此，没有必要去争着同天下诸侯结交，也用不着在各诸侯国里培植自己的势力，只要施展自己的战略意图，把兵威施加在敌人头上，就可以夺取敌人的城邑，摧毁敌人的国家。施行超越惯例的奖赏，颁布不拘常规的号令，指挥全军就如同使用一个人一样。向部下布置作战任务，但不要说明其中意图。只告知利益而不指出危害。将士卒置于"死地"，才能转危为安；使士卒陷于死地，才能起死回生。军队深陷绝境，然后才能赢得胜利。所以，指导战争的关键，在于谨慎地观察敌人的战略意图，集中兵力攻击敌人一部，千里奔袭，斩杀敌将，这就是所谓巧妙用兵，实现克敌制胜的目的。

因此，在决定战争行动的时候，就要封锁关口，废除通行凭证，不允许敌国使者往来；要在庙堂里再三筹划，做出战略决策。敌人一旦出现间隙，就要迅速乘虚而入。首先夺取敌人战略要地，但不要轻易与敌约期决战。要灵活机动，因敌情来决定自己的作战行动。因此，战争开始之前要像淑女那样显得沉静柔弱，诱使敌人放松戒备；战斗展开之后，则要像脱逃的野兔一样行动迅速，使敌人措手不及，来不及抵抗。

花荣注：这篇兵法是说，要做抄底、上升通道、无风险获益这几种投资的式。

火攻篇

孙子说：

火攻形式共有五种：一是火烧敌军人马，二是焚烧敌军粮草，三是焚烧敌军辎重，四是焚烧敌军仓库，五是火烧敌军运输设施。实施火攻必须具备条件，火攻器材必须随时准备。放火要看准天时，起火要选好日子。天时是指气候干燥，日子是指月亮行经"箕""壁""翼""轸"四个星宿位置的时候。月亮经过这四个星宿的时候，就是起风的日子。

凡是火攻，必须根据五种火攻所引起的不同变化，灵活部署兵力策应。在敌营内部放火，就要及时派兵从外面策应。火已烧起而敌军依然保持镇静，就应等待，不可立即发起进攻。待火势旺盛后，再根据情况做出决定，可以进攻就进攻，不可进攻就停止。火可从外面放，这时就不必等待内应，只要适时放火就行。从上风放火时，不可从下风进攻。白天风刮的时间久了，夜晚就容易停止。军队都必须掌握这五种火攻形式，等待具备条件时进行火攻。用火来辅助军队进攻，效果显著；用水来辅助军队进攻，攻势必能加强。水可以把敌军分割隔绝，但却不能焚毁敌人的军需物资。

凡打了胜仗，攻取了土地、城池，而不能巩固胜利战果的，会很危险，这种情况叫作"费留"。因此，圣明的国君要慎重地考虑这个问题，贤良的将帅要严肃地对待这个问题。没有好处不要行动，没有取胜的把握不能用兵，不到危急关头不要开战。国君不可因一时愤怒而发动战争，将帅不可因一时气愤而出阵求战。符合国家利益才用兵，不符合国家利益就停止。愤怒还可以重新变为欢喜，气愤也可以重新转为高兴，但是国家灭亡了就不能复存，人死了也不能再生。所以，对待战争，明智的国君应该慎重，贤良的将帅应该警惕，这都是关系到国家安定和军队正常的基本道理。

花荣注：炒股要炒题材，题材是第一生产力！

用间篇

孙子说：

凡出兵十万，征战千里，百姓们的耗费，国家的开支，每天都要花费千金，举国骚动，戍卒疲惫地在路上奔波，不能从事正常生产的有千万家。战争相持数年，就是为了决胜于一旦，如果吝惜爵禄和金钱，不肯用来重用间谍，以致因为不能掌握敌情而导致失败，那就是太不明智了。这种人不配作为军队的统帅，算不上国家的栋梁，也不是胜利的主宰。所以，明君和贤将之所以一出兵就能战胜敌人，功业超越众人，就在于能预先掌握敌情。要事先了解敌情，不可求神问鬼，也不可用相似的现象作类比推测，不可用日月星辰运行的位置去验证，一定要取之于人，从那些熟悉敌情的人的口中去获取。

间谍的运用有五种，即乡间、内间、反间、死间、生间。五种间谍同时用起来，使敌人无从捉摸我用间的规律，这是使用间谍神妙莫测的方法，也正是国君克敌制胜的法宝。所谓乡间，是指利用敌人的同乡做间谍；所谓内间，就是利用敌方官吏做间谍；所谓反间，就是使敌方间谍为我所用；所谓死间，是指制造散布假情报，通过我方间谍将假情报传给敌间，诱使敌人上当，一旦真情败露，间谍难免一死；所谓生间，就是侦察后能活着回来报告敌情的人。所以在军队中，没有比间谍更亲近的人，没有比间谍更为优厚奖赏的，没有比间谍更为秘密的事情了。不是睿智超群的人不能使用间谍，不是仁慈慷慨的人不能指使间谍，不是谋虑精细的人不能得到间谍提供的真实情报。微妙啊，微妙！无时无处不可以使用间谍。间谍的工作还未开展而已泄露出去的，那么间谍和了解内情的人都要处死。凡是要攻打的敌方军队，要攻占的敌方城市，要刺杀的敌方人员，都须预先了解其主管将领、左右亲信、负责传达的官员、守门官吏和门客幕僚的姓名，指令我方间谍一定要将这些情况侦察清楚。

一定要搜查出敌方派来侦察我方军情的间谍，从而用重金收买他，引诱开导他，然后再放他回去，这样，反间就可以为我所用了。通过反间了解敌情，乡间、内间也就可以利用起来了。通过反间了解敌情，就能够让死间传播假情报给敌人了。通过反间了解敌情，就能使生间按预定时间报告敌情了。五种间谍的使用，国君都必须了解掌握。了解情况的关键在于使用反间，所以对反间不可不给予优厚的待遇。

从前商朝的兴起，在于重用了在夏朝为臣的伊尹；周朝的兴起，是由于周武王重用了在商朝为臣的吕牙。所以，英明的国君，贤能的将帅，能用智慧高超的人充当间谍，就一定能建树大功。这是用兵的关键，整个军队都要依靠间谍提供的敌情来决定军事行动。

花荣注：信息很重要。炒股有三样东西不能忽视：信息、题材、主力，这是三大法宝。

股海加油站

1. 打赌

"大丈夫要懂得节制！"看到老公一瓶酒快要喝完了，我忍不住就说他。

老公歪头看了我一眼，端起酒杯："我刚刚和自己打赌，喝完这杯你要不说话，我就不喝了，结果还是我输了……"

语毕，一饮而尽，又倒上了一杯。

2. 孙子兵法

有个股友对我说："你是个坏人，因为你说新股开闸是利空。"

我回答说："你是个不分好歹的家伙。我是好人，我说新股开闸是利空，无形之手为了发行新股，才会出资金托市。如果大家都说是利好，无形之手就不会出钱了。你们这些家伙，不但不愿意听真话，不分好歹，不会炒股，更不懂《孙子兵法》！"

没看过《千战成妖》的人真可怕。

3. 准妖精的宣言

风，吹野了黑郁的发丝，也吹干了长久的回忆。

从今天起，我要做一个有操作系统的股民，操作系统的话要听，操作系统化的技术要信，操作系统不让干的事坚决不干。

为此，我还要学会打羽毛球，准备好去世界最美丽的10个地方旅行……

还准备好了一把戒尺。

最后的话

读者朋友,您已经把《千炼成妖——沪深股市专业投资原理》全部读完了。我想告诉您的是,这本书可不是您只读一遍就能够把书中的精要全部理解的。尽管您可能很自信,但在老牌的职业杀手眼中,您还只是一个外行。

在本书的最后,需要提醒读者的是,知与行还有较大的差距。人们的行为,通常不是决定于正确的认识,而是取决于习惯。一切天性和希望都不如习惯更有力,以致一个人尽可以诅咒、发誓、夸口、保证,到头来还是难以改变一种习惯。在证券市场中,投资者长期按照一种错误的习惯操作,久而久之,就会形成一种固有的行为模式。这种模式一旦形成,同样具有顽固的、令人难以改变的力量。学习职业投资学,必须首先把你原来固有的错误习惯改掉,其次养成本书倡导的投资习惯。否则,这本书您就白读了。

读完这本书后,您能做一个适合您自己的操作系统吗?

这本书阅读补充参考书是《百战成精》《操盘手——股海梦》《操盘手——骑士精神》。

欢迎您继续关注:

花荣的新浪博客:http://blog.sina.com.cn/u/1282871591;

花荣的新浪微博:http://weibo.com/hjhh。

休闲工程师

花　荣